本书为国家社会科学基金重点项目『项目批准号：15AZX011』结项成果

本书获二〇二二年贵州省出版传媒事业发展专项资金资助

本书获贵州省孔学堂发展基金会资助

阳明文库

学术专著系列

日本阳明学家经典著作译注与研究丛书　刘金才　主编

大盐中斋《洗心洞札记》译注与研究

李凡荣　译著

孔學堂書局

本书获2022年贵州省出版传媒事业发展专项资金资助

本书获贵州省孔学堂发展基金会资助

图书在版编目（CIP）数据

大盐中斋《洗心洞札记》译注与研究 / 李凡荣译著
.－ 贵阳 : 孔学堂书局, 2023.4
（阳明文库.学术专著系列）
ISBN 978-7-80770-405-8

Ⅰ.①大… Ⅱ.①李… Ⅲ.①王守仁（1472-1528）
－哲学思想－研究 Ⅳ.①B248.25

中国国家版本馆CIP数据核字(2023)第021293号

阳明文库（学术专著系列）

日本阳明学家经典著作译注与研究丛书　刘金才　主编

大盐中斋《洗心洞札记》译注与研究　李凡荣　译著
DAYANZHONGZHAI〈XIXINDONGZHAJI〉YIZHU YU YANJIU

审　　定：刘金才

项目执行：苏　桦

责任编辑：陈　真　杨翌琳

责任校对：王紫玥　孟　红

书籍设计：曹琼德

责任印制：张　莹

出　　品：贵州日报当代融媒体集团

出版发行：孔学堂书局

地　　址：贵阳市乌当区大坡路26号

印　　刷：雅昌文化（集团）有限公司

开　　本：889mm×1194mm　1/24

字　　数：260千字

印　　张：11.5

版　　次：2023年4月第1版

印　　次：2023年4月第1次

书　　号：ISBN 978-7-80770-405-8

定　　价：98.00元

阳明文库

总序

一、缘起

明代大儒王守仁(1472—1529)集心学之大成而创立的阳明心学,成就了中国儒家思想史上一个新的高峰,是中华传统思想文化的精华。阳明心学自16世纪初创立以降,其"门徒遍天下,流传逾百年"(《明史》),形成了黔中、江右、浙中、楚中、闽粤、南中、北方、泰州八大王门学派,不仅在明代中后期"震动一世,而风行天下",对中国人文精神发展和近代思想的启蒙发挥了"震霆启寐,烈耀破迷"的作用,而且渐次传播到东亚诸国,被输入国基于自我文化自觉认知、吸纳、阐发和转化,诞生了一批批异域阳明学者和流派,著述浩瀚,言说纷呈,对传播、丰富、拓展阳明心学思想和促进东亚人文精神的发展做出了重要贡献。

特别是与中国一衣带水的邻邦日本,早在1513年,室町幕府以高僧了庵桂悟(1424—1514)出使明朝,遣明正使了庵桂悟在浙江拜会王阳明,并与其"辩空""论教",获得阳明所赠《送日东正使了庵和尚归国序》及其心学著作。了庵桂悟东归后开始了阳明心学在日本的传播,于儒学被定为官方意识形态的江户幕府(1603—1868)治世初期,应运诞生了以"近江圣人"中江藤树(1608—1648)为始祖的日本阳明学。自17世纪40年代初中江藤树开办藤树书院、著《翁问答》《孝经启蒙》等而开创具有日本特色的阳明学流派,阳明心学的"心即理""致良知""知行合一""万物一体之仁"等核心思想和精神便在日本近世儒学者和中下阶层中不断传布。他们以"致良知"为宗,视"心"为"万物之本体",立"孝德"为"明德"伦理之核心,主张以良知为镜而慎独、自省和践行,以及反对泥古而强调"时·处·位"之权变等思想,尽管经历了"蕃山遭禁"(1687—1691)、宽正"异学之禁"(1787—1793)等坎坷,但一直薪火相传,学者辈出、著作层现,形成了独特的日本近世阳明学之谱系。

纵观继中江藤树之后的日本近世阳明学发展轨迹,各个时期都涌现出了具有代表性的人物、著作和受阳明心学影响的思想精神。例如在江户时代前期,既有阳明学主事功派代表熊泽蕃山(1619—1691)及其著作《集义和书》和《大学或问》,亦有阳明学主内省派代表渊冈山(1617—1686)及其著作《冈山先生示教录》等。在江户时代中期，既有主张"致良知""知行合一"之旨为孔孟之正宗的三重松庵（1674—1734）及其《王学名义》，亦有被称为"外朱内王之学"的大阪怀德堂第一任学主三宅石庵（1665—1730）及其《藤树先生书简杂著》；既有以传播阳明学为使命而在日本最先注解《传习录》的三轮执斋（1669—1744）及其《日用心法》和《四句教讲义》等，亦有倡"致良知"之教、明"天地万物一体"之义的中根东里（1694—1765）及其《大人歌》和"人说"等。在江户时代后期，既有主张"朱王调和"的佐藤一斋（1772—1859）及其《言志四录》和《传习录栏外书》等，亦有开陈"良知、太虚"之哲学的贫民起义领袖大盐中斋（1793—1837）及其《洗心洞札记》和《儒门空虚聚语》等。幕末更出现了大力张扬阳明"万物一体"思想的吉村秋阳（1799—1866）及其《王学提纲》、农政家二宫尊德（1787—1856）强调"至诚即神·实行为先"的"报德思想"，以及藩政改革家山田方谷（1805—1877）贯彻"致良知"的"诚意本位主义"精神等。

正是这些日本近世阳明学家言说和思想的传承及其对社会大众的近代思想启蒙作用，使阳明学不但成为日本江户时代封建社会思想解体的催化剂，而且成了鼓舞吉田松阴、高杉晋作、西乡隆盛等幕末志士进行倒幕维新的思想武器和行为动力，为成就明治维新变革做出了重要贡献。到了日本迈向近代化的明治时代（1868—1912）中期，还以国粹主义者三宅雪岭出版《王阳明》、平民主义者德富苏峰出版《吉田松阴》为先导，兴起了阳明学复兴运动，《日本之阳明学》（高濑武次郎，1898）、《日本阳明学派之哲学》（井上哲次郎，1900）、《精神修养与阳明学》（岛有生，1902）、《阳明学神髓》（杉原夷山，1904）、《吉田松阴精神修养谈》（杉原三省，1909）等著作纷纷问世，阳明学不仅被用为抑制道德西化风潮，重铸日本"国民之道德心"和救治腐败、匡救时弊的良药，而且被井上哲次郎等日本近代知识精英定位为"代表心德的东洋道德的精华和东方哲学史的最重要构成部分"。由此可见，日本阳明学不仅使阳明心学的内涵和外延、价值和意义得到了极大的丰富和扩展，而且对日本的人文精神的发展、近代思想的发育以及近世以来的社会革新和进步产生了重要影响。

日本近世阳明学的主要人物和思想著述，在前述的明治阳明学复兴运动中，经日本国家主义汉学家高濑武次郎在其所著《日本之阳明学》中强调中国"王学末流"吸收了阳明学"枯禅元素"，"日本阳明学"发扬了阳明学"事业元素"而形成了"凛然有生气，懦夫能立志，顽夫亦有廉风"之特质，成就了"维新诸豪杰的惊天动地之伟业"，而被正式定名为与"中国阳明学"相对应的"日本阳明学"。在高濑著述的基础上，御用文人井上哲次郎出版《日本阳明学派之哲学》，较系统地梳理了从中江藤树一直到幕末吉田松阴等的"日本阳明学"谱系，强调"日本阳明学派成活泼之事迹，留赫奕之痕迹"，具有让国民"领悟陶铸日本国民之心性之德教精神"，从而基于日本国家主义和哲学思想史，构建了与"日本朱子学派""日本古学派"相并列的"日本阳明学派"之体系。日本近世阳明学的主要著作，也于日本明治三十四年（1901），由井上哲次郎、蟹江义丸编成《王阳明学之部（上）》《王阳明学之部（中）》《王阳明学之部（下）》三卷收入《日本伦理汇编》出版。第一次世界大战后岩波书店陆续出版的"日本思想大系"，也推出了《中江藤树》《熊泽蕃山》《佐藤一斋大盐中斋》等专卷，使日本阳明学成为阳明心学在东亚传播和本土化的典型而备受瞩目，发展为日本思想研究乃至东亚思想研究的显学之一。

然而令人遗憾的是，上述日本近世阳明学家的代表性著作，在我国除了三轮执斋所注释的《标注传习录》（吴志远、李小希译，2014）外，至今没有一部原典完整地译注为现代汉语出版，也未见有人对其中一部原著进行完整解读和专门研究。这使中国大多不懂日文的学者在研究中只能使用日本阳明学的第二、第三手资料，参考经近代日本阳明学研究者解读和确立的观点，很难全面了解阳明心学在日本被容受、改造和发展的过程及内容，也很难确切地认识和把握日本代表性阳明学家的思想特色及其实践的特质。这种状况既严重影响着阳明学普世价值研究的深化和拓展，也有碍中国读者深入了解和认知日本阳明学，不利于提高国人对阳明思想文化普遍价值的认识。

为此，我们于2015年申报了国家社会科学基金重点项目"日本阳明学家经典著作译注与研究"（项目批准号：15AZX011）并获批，对6位日本近世最具代表性的阳明学家及其经典著作进行了中文译注和研究，于2021年2月以"良好"成绩结项。现经课题组成员进一步修改完善，冠以《日本阳明学家经典著作译注与研究丛书》之名出版，以期为弥补上述中国阳明学界的缺憾，进一步推动阳明学普世价值研究的深化和拓展提供有益的助力。

二、译注与研究的对象和目的、意义

（一）译注与研究对象的选取

迄今的日本学界，对于何为"日本阳明学"、何为"日本阳明学家"

的范畴界定并非完全一致。其中既有专指"日本近世阳明学"之说，亦有指包括具有国家主义和民粹主义性质的"日本近代阳明学"之说，有的将近代直至现代日本有关中国阳明学和日本阳明学的研究统称为"日本阳明学"，极端者甚至将仅发表过一篇题为《作为革命哲学的阳明学》文章的现代日本著名右翼作家三岛由纪夫（1925—1970）也称为"日本阳明学者"。因此，我们选取日本阳明学家及其经典著作作为译注与研究的对象，首先应明确"日本阳明学"和"日本阳明学家"的范畴及选取原则。

"日本阳明学"之说，发端于前述的高濑武次郎的《日本之阳明学》，成型于井上哲次郎的《日本阳明学派之哲学》。井上提出的日本阳明学之范畴，在时间上界定在了日本近世（江户时代），在谱系建构上不仅包括了以中江藤树为首的日本近世阳明学的学者及其著述，而且包含了曾受阳明心学思想影响或倾慕阳明学的思想家和政治家及其言说等。其为主张日本阳明学较之于中国阳明学的"先进性"与"革命性"，彰显阳明学对于明治维新大业的贡献，将幕末开国论者佐久间象山、横井小楠、河井继之助，尊王思想家吉田松阴，倒幕维新志士高杉晋作、西乡隆盛等算不上阳明学者之人，也纳入了日本阳明学派的谱系。这不仅使"明治维新的成功有赖于阳明学""阳明学是明治维新的原动力"等说法风靡于世，也导致许多人往往以幕末阳明学来解释和定性日本阳明学（中国近代知识精英如梁启超、章太炎等人以及近现代学者张君劢、朱谦之等也多受此影响），以致有学者将井上建构的日本阳明学称为"日本国家主义阳明学"，批评其有"政治化""历史后设"或"后见之明"之嫌。然而井上建构（有人称其为"塑造"）的日本阳明学谱系，尽管具有明显的政治化乃至为近代日本国家主义服务的倾向，但其基本上是以扎实的文献史料为依据的，最大可能地囊括了从江户初期中江藤树到幕末云井龙雄（1844—1870）等的近70名阳明学者或关涉阳明心学的思想家和践学者，描述出了日本近世阳明学的主要历史形态，是迄今学界最详细、较有系统和被普遍接受的"日本近世阳明学谱系"。因此，我们对"日本阳明学家及其经典著作"的选取，仍然参考井上哲次郎的"日本近世阳明学谱系"，将"日本阳明学家"的范围界定在日本近世尊崇、学研、阐发和著述阳明心学的儒学者。

我们知道，日本阳明学的生成发展历经德川时代260多年。在以"封建领主土地所有制""士农工商等级身份制"和"朱子学思想统治"为基石的幕藩体制下，朱子学成为代表武士阶级"武尊町卑""义理本位"价值伦理的官学，而阳明学则成了中下阶层"四民平等""情心本位（心本情主）"价值伦理的代表。日本阳明学的境遇，虽然未必像明治阳明学者吉本襄所说"一直受到严重压抑，几乎命悬一线"（《阳明学》第4卷第60号），但总体上处于"在野"的地位，经历了如下非常曲折的历程：中江藤树"由朱转王"创始，其弟子熊泽蕃山等继承发展，"蕃山遭禁"后三重松庵等坚守不懈，"元禄文化"（1688—1705年间以新兴町人特别是京阪商人为主体展开的，以重人性、合理性为精神特质的町人文化）高潮后三轮执斋等奋力中兴，宽正"异学之禁"后佐藤一斋等"朱王调和"论重构，幕末大盐中斋等革命性地再兴阳明学。因此本丛书对日本近世阳明学家及其著作的选择，遵循既要照顾日本阳明学纵向性发展历程，又要照顾其学术历史形态，集中反映其在各个阶段的思想特征之原则，选取了如下具有代表性的日本近世阳明学家及其经典著作为译注和研究的对象。

1. 日本阳明学派创始人中江藤树及其代表作《翁问答》，译注日文底本为山井勇、山下龍二等编：《日本思想大系29：中江藤樹》，岩波书店1974年版。

2. 日本近世初期阳明学主事功派代表人物熊泽蕃山及其代表作《集义和书》，译注日文底本为後藤陽一、友枝龍太郎编：《日本思想大系30：熊沢蕃山》，岩波书店1971年版。

3. 日本近世中期坚守阳明学代表人物三重松庵及其所著《王学名义》，译注日文底本为井上哲次郎、蟹江義丸共编：《日本倫理彙編　陽明學派の部（中）》，東京育成會1901年版。

4. 日本近世中期阳明学中兴代表人物三轮执斋及其所著《日用心法》和《四句教讲义》，译注日文底本为井上哲次郎、蟹江義丸共编：《日本倫理彙編　陽明學派の部（中）》，東京育成會1901年版。

5. 日本近世后期大儒、朱王调和派代表人物佐藤一斋及其所著《言志录》，译注日文底本为相良亨、溝口雄三、福永光司校注：《日本思想大系46：佐藤一斎　大塩中斎》，岩波书店1980年版。

6. 日本近世末期阳明学再兴代表人物大盐中斋及其所著《洗心洞札记》，译注日文底本为相良亨、溝口雄三、福永光司校注：《日本思想大系46：佐藤一斎　大塩中斎》，岩波书店1980年版。①

---

①译注日文底本图书信息保持日文原貌。

（二）译注与研究的目的和意义

译注与研究上述日本近世阳明学家的经典著作具有以下的目的和意义：

1. 本丛书所遴选和译注的七部日本近世阳明学家的日文原典著作，迄今没有一部译为汉语或进行中文编注而出版，因而本丛书的译注成果，不仅能为中国的阳明学研究者提供重要的研究资料和素材，而且能填补世界阳明学界译注领域的一个空白。

2. 本丛书所译注的七部著作，是自日本阳明学开创者中江藤树至幕末将阳明学再兴并付诸实践的大盐中斋之著作中最具代表性的经典著作。将其译为汉语和进行中文编注，不仅可以使不懂日文的中国读者全面了解和把握阳明学在日本被容受乃至本土化的过程及内容，而且有助于中国学者深入认知和研究日本阳明学的特质。

3. 本丛书所译注的七部著作，是最能体现日本阳明学者对中国儒学吸纳、阐发和践履的代表性著作，其汉译文本展现了日本阳明学在形成过程中对中国儒学各派思想及概念的容受轨迹及其基于自我实践需要而转化、创新的内容，这对于深化中国阳明学研究以及拓展阳明学普世价值的研究具有重要的学术价值和资料参考价值。

4. 本丛书各辑（卷）在中文译注所选著作之前，首先对作者的人生经历、人物性格及著述业绩，该著作的生成背景、成书经纬、思想精髓进行了基于时代背景和社会文化语境的评介，明确了其思想价值和译注意义。这对于中国研究者和读者详细了解和准确把握作者的言说特点和学问立场，确切地根据该著作的文化语境读解其思想内容和观点，深入地认识日本阳明学的思想特质具有重要的导读性意义。

5. 迄今，在有关日本阳明学的研究中，未见一项是对某部近世阳明学家经典著作的专门研究。本丛书各辑在每位阳明学家经典著作的译注之后，以"思想评述"为题，就每位作者的学问历程和思想形成轨迹，各部著作的核心思想内容 及其与中国阳明学的渊源、异同、学术和实践价值、影响、历史作用等，进行了综合考察和较为深入地论析，阐明了各部著作的思想特征及其在日本思想史上的地位、学术价值与现实意义。这对于明确日本阳明学的品格特色及其在世界阳明学中的地位，深化和丰富国际阳明学研究不无裨益。

三、译注与研究的原则和方法

（一）和文类著作汉译和注释的原则和方法

1. 和文类著作汉译的原则和方法

本丛书收入的中江藤树著《翁问答》、熊泽蕃山著《集义和书》、三重松庵著《王学名义》、三轮执斋著《日用心法》及《四句教讲义》，均是近世日语著作，其所使用的文体，基本上是由中世日语向近代日语演变过程的"候文"体（日语文言文体）。因而在汉译作业中要求努力做到：（1）在坚持忠于原著的原则下，特别注意近世日语语法和词语的表述意义，做到确切把握原意而实现日汉书面语的等值转换，译成相应的汉语；（2）在争取译作与原作语义等值的前提下，使词、词组、句、超句体、篇章之间实现最大的等值转换；（3）运用日汉书面语的翻译转换规则，把具有体用对峙式的日语翻译成动宾平衡式的流畅汉语；（4）日文原著中的中文著作名、引文和用语的翻译和注释，尽量找到中文原典进行核定。

2.和文类著作汉译中的注释对象和方法

和文类著作汉译中的注释，一律采用脚注形式，加注的主要对象和方法为：（1）对文中的"引经据典"注出其原典出处或原典内容；（2）中文读者不熟悉的日本专用术语或生僻词语，注明其义，并标明"译者注"；（3）中文读者较为陌生的典故、古代人物、历史事件、年号、地名等，添加注释；（4）无法译为确切汉语而直接用日文"汉字词汇"表达的词语，进行注解；（5）原文中由中文典籍译成日语后的同源词语，进行相应标注。

（二）日本古典汉文类著作译注的体例和方法

本丛书收入的佐藤一斋著《言志录》和大盐中斋著《洗心洞札记》，均是用日本古典汉文写成，其中夹杂了大量中文繁体字、异体字、日文特殊汉字以及各种不同文字、词义用法，故译注工作主要是对原著各条进行原文点校、难解词语注解和翻译为现代汉语。译注体例参考中华书局"中国古典名著译注丛书"之体例，设"原文（点校）""注解""今译"三个部分，主要对象和方法如下。

1."原文（点校）"部分的主要内容和方法：（1）按照中文古典通常的点逗方法对原文添加了标点；（2）原文中的中文繁体汉字皆改为现代汉语中常用简体字；（3）原文中日文特有写法的汉字，皆改为中文常用汉字写法；（4）现代汉语中仍沿用的部分古字予以保留。

2."注解"部分的主要对象为：（1）文中"引经据典"的原典出处；（2）中文读者陌生的典故、历史事件、名人别号等；（3）中文读者难解的日本专用术语或生僻词语；（4）关乎识解原文本义的概念性词语等。

3."今译"部分遵循忠于原著的原则，为准确表达原著之原意和体现原作文笔之风格，译文采取了文白夹杂的译法，尽量保留了部分现代汉语中常见的古汉语词句用法，而将较为晦涩、生僻的古文以及日式汉语古文部分译成现代汉语。

（三）对作家作品研究的理论和方法

1. 援用历史学的理论和方法，对作者的人生经历、著述业绩、学问历程、思想形成轨迹以及本部著作撰著的时代背景和成书经纬进行了考察和评介。

2. 利用文本分析的方法，从思想史角度，对各部著作的主要内容、所反映的核心思想内涵和特征进行了基于时代背景和社会文化语境的解读和分析。

3. 援用比较哲学和比较文化学的理论和方法，对各作者作品的思想渊源和特质及其与中国阳明学的容受关系、异同、在日本思想史上的地位、学术价值和现实意义等进行了学术性评析。

四、丛书构成结构与主要内容

本丛书按日本阳明学创始、继发、坚守、中兴、"朱王调和"和再兴的发展轨迹，选取 6 名日本阳明学家及其 7 部经典著作进行了译注，由四辑共六个单元构成。每辑附有"总序"和"总跋"，每个单元由"作家作品述介""作品译注"和"作家作品思想评述"三个部分构成。

"总序"部分阐述了本丛书的缘起及目的、译注及研究的对象及意义，明确了对 6 位日本阳明学家的著作进行译注和研究的方法与体例，概述了各单元译注与研究的主要内容。各辑的主要内容如下。

第一辑：《中江藤树〈翁问答〉译注与研究》，由三部分构成。第一部分为"中江藤树生平与《翁问答》述介"，对日本阳明学创始人中江藤树的生平、人物性格及业绩，《翁问答》的生成背景、成书经纬、思想价值和译注意义进行了评介；第二部分为"《翁问答》译注"，对《翁问答》全书进行了汉译和注释；第三部分为"中江藤树《翁问答》思想评述"，对中江藤树由朱子学转向阳明学的心路历程、思想形成轨迹，《翁问答》的主要内容和思想精髓进行了深入的考察和分析，并通过考察中江藤树认知和阐发阳明学的视角和立场及其思想对于民众道德培育的影响，探究了他的阳明学思想与中国阳明心学思想的关系和异同，阐明了其人其书以"孝德"为本位，主张以良知为镜而慎独、自省，践行和强调"时·处·位"之思想特色，明确了其在日本思想史上的价值和对日本近世以来的道德教育的意义。

第二辑：《熊泽蕃山〈集义和书〉译注与研究》，由三部分构成。第一部分为"熊泽蕃山生平与《集义和书》述介"，对熊泽蕃山拜中江藤树为师求学、出仕从政、著书立说以及因反抗幕府被幽禁致死的人生经历，智、仁、勇品格，主要著述业绩，《集义和书》的撰写宗旨、成书背景和主要内容、价值进行了述介；第二部分为"《集义和书》译注"，对《集义和书》全书四卷——《书信问答》《心法图解》《始物解》《论义》进行了汉译和注释；第三部分为"熊泽蕃山《集义和书》思想评述"，对熊泽蕃山从学阳明学的心路历程、重视践履和强调"即知即行"及"时·处·位"之权变等思想的形成轨迹、《集义和书》的核心思想内容进行了较深入的考察和分析，并通过阐析熊泽蕃山阳明学思想的特质、其与中国阳明学的异同及其历史影响和作用，阐明了熊泽蕃山及其《集义和书》的思想特色，其人其书在日本思想史上的地位、学术价值与现实意义。

第三辑上卷：《三重松庵〈王学名义〉译注与研究》，由三部分构成。第一部分为"三重松庵与《王学名义》述介"，对三重松庵的人生经历，其古义学思想沿袭和邂逅王学的过程，《王学名义》的撰写宗旨、成书经纬、主要内容和译注价值进行了评介；第二部分为"《王学名义》译注"，对《王学名义》全书（上、下卷）进行了汉译和注释；第三部分为"三重松庵《王学名义》思想评述"，对松庵将古义学与王学相融合的思想形成轨迹、《王学名义》的思想内涵和精神指向进行了比较深入地考察和分析，并通过阐析三重松庵的核心思想与中国阳明心学思想的渊源关系和异同，明确了松庵及其《王学名义》视致良知及知行合一之旨为孔孟之正宗的思想特色，揭示了其人其书在日本思想史上的价值和意义。

第三辑中卷：《三轮执斋〈日用心法〉〈四句教讲义〉译注与研究》，由四部分构成。第一部分为"三轮执斋与《日用心法》及《四句教讲义》述介"，对三轮执斋的人生经历、由朱子学转向阳明学的过程及著述业绩、《日用心法》和《四句教讲义》的成书经纬及其价值和译注意义进行了评介；第二部分为"《日用心法》译注"，对《日用心法》全文进行了汉译和注释；第三部分为"《四句教讲义》译注"，对《四句教讲义》全文进行了汉译和注释；第四部分为"三轮执斋《日用心法》及《四句教讲义》思想评述"，对三轮执斋的学问历程和思想形成轨迹，《日用心法》和《四句教讲义》的生成背景、主要内容和思想精髓及其学术价值和社会意义进行了综合考察和分析，并通过考析其阳明学思想与中国阳明心学思想的关系和异同，认为执斋阳明学的思想特色是将阳明心学与尧、舜之传、孔孟之道相贯通，强调"执心"为"日用行仪"之功夫，"四句教"

为本于人心本体之诚实而有正学脉、示学术、励学业之作用，从而揭示了其人其书对于日本近世中期阳明学中兴的作用和意义。

第三辑下卷:《佐藤一斋〈言志录〉译注与研究》，由三部分构成。第一部分为"佐藤一斋与《言志录》述介"，对佐藤一斋的人生经历、志学心路、著述业绩和学术品格，《言志录》的成书经纬、主要思想内容及其译注价值进行了评介；第二部分为"《言志录》译注"，对《言志录》全书进行了点校、注解和今译；第三部分为"佐藤一斋《言志录》思想评述"，对佐藤一斋的思想形成轨迹、《言志录》基于儒家工夫论的四大论域的主要内容和思想指归进行了深入细致的阐释和论析，阐明了一斋基于日本儒学自觉的立场而阐发儒家思想的学术特色，揭示了其将朱子学和阳明学进行调和的"朱王会同"思想指向。同时，通过考察和分析一斋生前身后的思想影响和作用，阐明了其人其书对于儒学思想史的重要意义和当代价值。

第四辑:《大盐中斋〈洗心洞札记〉译注与研究》，由三部分构成。第一部分为"大盐中斋生平与《洗心洞札记》述介"，对大盐中斋的人生经历、思想沿袭、著述业绩、主要事迹及其历史影像，《洗心洞札记》的成书背景及其开陈"良知、太虚"之哲学的价值进行了评介；第二部分为"《洗心洞札记》译注"，对《洗心洞札记》全书进行了原文点校、注解和今译；第三部分为"大盐中斋《洗心洞札记》思想评述"，对大盐中斋的思想形成轨迹，《洗心洞札记》的主要内容、思想精髓和特质进行了较为深入的考察和分析，并将《洗心洞札记》作为王学在日本被继承和容受的一个案例，探讨了其开陈"良知、太虚"之哲学在对抗朱子学的新儒教中的历史地位，揭示了其学术价值及其对于当代的启示意义。

综上所述，热盼能为读者阅读和识解这套《日本阳明学家经典著作译注与研究丛书》提供有益的参考和助力。

刘金才

2022 年 7 月于北京

目录

第一部分

大盐中斋生平与《洗心洞札记》述介

《洗心洞札记》是日本江户时代后期阳明学者大盐中斋的一部代表性著作。"洗心洞"是其在大阪天满家中开设的私塾之名，借自《易经·系辞》中"圣人以此洗心，退藏于密，吉凶与民同患"之语。该著作刊行于天保四年（1833），即大盐中斋年逾不惑之际。书名虽为"札记"，但全书结构、体系整然，是自中江藤树、熊泽蕃山、三轮执斋之后象征日本阳明学再兴的名著。大盐中斋的《洗心洞札记》，通过自身的语录和对中国儒者言论的独特解释，开陈"良知""太虚"之哲学，再次宣扬、兴盛阳明心学。大盐进一步发展"致良知"之说，提出"太虚即良知"，主张从"道"而把身置于心内，就可"常有超脱之妙"而不被物所累，且能支配物。这是陆王心学的延续，是大盐中斋阳明学思想的重要内容。

一、大盐中斋生平及主要事迹

大盐中斋，初名正高，后改为后素，字子起，号中斋，通称平八郎。生于1793年3月4日，卒于1837年5月1日。系日本江户时代后期阳明学者、大阪町奉行所与力（江户幕府代表性的基层职务，属奉行所管辖，辅助町奉行，执行行政、司法、警察等基层治理的职能）。因发动日本史称"大盐平八郎之乱"的大阪贫民起义而闻名于世。

（一）仕途之路与廉洁尽职

大盐家族世代担任大阪东町奉行所与力之职。自初代大盐六兵卫成一算起，大盐中斋为第八代。大盐中斋家境不好，故少年时代有关记述资料甚少。据其《寄一斋佐藤氏书》中记述，大盐中斋自幼父母双亡，由祖父母抚养成人，且不得不在14岁时就早早继承祖父之职，在大阪东町奉行所担任见习与力，从而走上仕途。15岁时，阅读家谱得知，祖上原本是今川氏臣下。今川氏灭亡后，又投效德川家，曾在小田原战役中获军功而被赏赐弓箭与采邑①。大盐中斋意识到自己如今地位低微，遂发愤以功名气节而继祖先之志。据传曾赴江户苦修文武之道，亦有一说，其在途中遭一行脚僧人棒喝，醒悟后返回大阪，于1818年正式成为与力。因才能出众，大盐中斋被提拔为"吟味役"（裁判官）。

大盐中斋担任"吟味役"之后，一次他负责案件的当事人送来点心，里面却装着"金果子"（即小判金币）。官府中这种行为早已

---

① 参见《洗心洞札记》，《日本思想大系：佐藤一斋　大盐中斋》（第46册），（日本）岩波书店1980年版，第633页。

司空见惯，且同僚中公然索贿者更是不在少数。奉行所腐败至此，令大盐中斋异常吃惊。他决定向上层举报此等行径，遂开始暗暗收集证据。在这过程中，大盐中斋调查到西町奉行所一个名叫弓削新左卫门的与力是某黑社会组织的首领，常指使手下恐吓抢劫，乃至杀人越货。弓削新左卫门终日花天酒地，还利用与力的职务之便妨碍调查。大盐中斋确认其为主谋，将潜伏在大阪各处的弓削手下逐个击破，使弓削的组织网络遂土崩瓦解，弓削也无奈自尽。大盐中斋将没收的3000两赃款悉数散与贫民。此事与"捉拿切支丹""破戒僧"两件事，并称"大盐三大功绩"。可此事并未就此完结。在搜查过程中，大盐中斋掌握了大量多名幕府高级官员贪污腐败的证据，但是幕府却对他施加压力，暗示他休要多管闲事。大盐恐家人受到牵连，遂将同居而未娶的恋人藏匿在亲戚家，独自与巨恶斗争。1830年，相关恶政丑闻的裁决终于公布，但结果却让大盐中斋无比失望。幕府高官的罪行只字未提，只是将几名小卒发配了事。一个月后，一直在背后支持大盐中斋的旧上司高井实德辞官。受此影响，大盐中斋也感到心灰意冷，遂将职位让与养子格之助，结束了自己25年在奉行所供职的生活。

（二）学问之路与认知阳明学

随着年龄的增长与职位的提升，大盐中斋逐渐成熟，也得以进一步接触到社会现实。他发觉昔日的功名气节之志，只是从好胜心出发，自己的价值观念与人生目标，也只是盲从了幕府灌输的理念。深深感到自己欠缺学问修养，且高傲自大，不少之行为失当，于是便立志学习儒学，以根除弊病，提高素养。

然而江户幕府官学本为朱子学，尤其江户中期以后，古学兴起，学术界的风气是热衷于训诂，严重脱离实际，不仅不能医治自己的"心病"，反而加深旧弊。正当此时，他发现了明朝儒者吕新吾（即吕坤）的《呻吟语》。

大盐中斋在《寄一斋佐藤氏书》中说道：

> 因天佑，得购舶来宁陵《呻吟语》，此亦吕子病中言也，
> 熟读玩味，道其不在焉耶。恍然如有觉，庶乎所谓长针去远痦，
> 而虽未能全为正心之人，然自幸脱于赭衣一间之罪矣。①

《呻吟语》是明代晚期著名学者吕坤（1536—1618）语录体、箴

① 《洗心洞札记》，《日本思想大系：佐藤一斋　大盐中斋》（第46册），第633—634页。

言体的小品文集,成书于明万历二十一年(1593)。吕坤《原序》中称:"呻吟,病声也,呻吟语,病时疾痛语也。"《呻吟语》以儒家思想为基础,包容吸纳了道、法、墨等诸子百家的思想精华,并希望超越诸子以回归先秦的儒学,肯定"我只是我",以自身体验发挥儒学。与此同时,《呻吟语》中革命性地提出了唯物主义的"气"说,称"天地万物只是一气聚散,更无别个"。

这本书对陷于迷茫的大盐中斋而言,无疑是一盏明灯,不仅在本体论和认识论上,乃至文体风格,都对他产生了巨大影响,更造就了大盐中斋毕生最重大的一次转折。例如他说:

> 自是又究宁陵所渊源,乃知其亦从姚江来矣。而我邦藤树、蕃山二子,及三轮氏之后,关以西,良知学既绝矣,故无一人讲之者焉。仆窃复出三轮氏所翻刻古本《大学》及《传习录》坊本于芜废中,更稍知用功乎心性,且以喻诸人。于是夫袭取外求之志又既一变矣。①

通过《呻吟语》,大盐中斋第一次产生了阳明学者的自觉,并且率先对日本阳明学的系谱进行了整理。他奉中江藤树为日本阳明学的鼻祖,说"先生我邦姚江开宗也"②。后世井上哲次郎及朱谦之基本上也沿袭了大盐中斋的观点。以此为契机,大盐中斋不断精进,终于达到了以诚意为目的,以致良知为手段,排斥外界的感诱,弄清心的本意——天理的境地。

1817年,大盐中斋时年25岁,即在大阪天满家中开设了私塾"洗心洞"。大盐中斋在私塾中向与力、同心、医师以及周边富农们教授阳明学。大盐中斋布"学堂西揭""学堂东揭"以为教学纲领,还制定入学盟誓八条,排除空头理论,严格实行大盐学的宗旨——务实。虽然学堂中规则严格,据传二更便开始授课,隆冬时节也门户大开,可门徒却不断增加。大盐中斋自奉行所隐退之后,潜心学问,私塾工作也有了教学相长之功,使之前感性、零碎的感悟得以系统化、体系化。1833年,大盐中斋年逾不惑,完成了倡导"知行合一"的《洗心洞札记》。其脱稿后曾抄录75条札记送佐藤一斋,并在附信中说明撰写《札记》的动机与经过。信中称:"我邦藤树、蕃山二子,及三轮氏之后,关以西,良知学既绝矣,故无一人讲之

---

① 《洗心洞札记》,《日本思想大系:佐藤一斋 大盐中斋》(第46册),第634页。
② 《洗心洞札记》,《日本思想大系:佐藤一斋 大盐中斋》(第46册),第614页。

者焉！仆窃复出三轮氏所翻刻古本《大学》及《传习录》坊本于芜废中，更稍知用功乎心性，且以喻诸人。于是夫袭取外求之志，又既一变矣，而仆志遂在以诚意为的，以致良知为工焉。"[1]遂撰成此书。

大盐中斋一生三变其志，自重振门楣的"功名气节之志"，转为"读书穷理"而治己病，又从"则犹以袭取外求之功，望病去而心正"转为"用功乎心性，且以喻诸人"。他从一个追求功名利禄的普通武士，成长为一名成熟的阳明学者。

（三）知行合一，为救民而献身

阳明学主张以德行为第一的实践主义——所谓"知行合一"的哲学，而大盐中斋对其又加以发展，把它和现实紧密结合起来，成为一种对社会有用的学问。因此在他的眼中，腐朽的幕藩体制的弊病，在城市和农村到处以难以挽救的丑态暴露出来，使他不得不关心政治。而这种关心，随着社会矛盾的激化而日益升温。

自1833年始，因受寒流、台风之害，稻米产量锐减、米价高涨。连续三载凶年，饿死者达到30万人，史称"天保大饥馑"。1836年，连号称"天下厨房"的大阪也出现了饿死者。大盐于是向当时的东町奉行迹部良弼进言，认为大阪是全国稻米集散之地，即便是凶年，米铺商家处也屯满粮食，可是豪商囤积居奇、哄抬米价，才造成平民饿死。应该下令让商家开仓赈饥。可是迹部不但不采纳大盐的意见，还怒斥了他一番。更让大盐气愤的是，奉行所一方面将运至大阪的稻米截留在兵库，并直接从海上运抵江户，作为新将军德川家庆就任的贺礼，以换取嘉奖。并和豪商勾结，恶意买空平价米粮，令大阪米价上涨6倍之多。另一方面，奉行所还禁止大阪米粮流出，把从京都和其他地方涌来购米的饥民投入牢狱。

见大阪奉行所对日益严峻的事态无动于衷，大盐只好求助三井、鸿池等豪商，力陈"事关人命"，请豪商出6万两赈灾。豪商们自然无视他的要求。大盐无奈，卖尽自己5万册藏书，得钱620余两，尽数散与饥民。可奉行所一贯厌恶大盐为人，批评他个人赈灾行为实乃"沽名钓誉"之举，甚至有借赈灾之名高卖资产，中饱私囊的嫌疑。

大盐毕生信奉"知行合一"，至此，尽管他早已不是迷信武力的年轻武士，却不得不有所作为了。大盐一方面暗自派人去堺市购买枪支，还从高槻藩借来数门大炮，同时开始训练私塾里的门徒，为

---

[1]《洗心洞札记》,《日本思想大系：佐藤一斋　大盐中斋》(第46册)，第634页。

武装暴动做准备。另一方面，撰檄文散于四乡，呼吁民众响应，同时修书一封发向江户，痛陈大阪町奉行所贪污与恶政。计划借2月19日新任西町奉行堀利坚到东町奉行迹部处拜会之机举兵，以图一举击杀二奸。

起义当日清晨，大盐门徒中的两名与力平山助次郎及吉见九部右卫门将计划密告与奉行所。在奉行所值班的其他门徒得到消息立即向大盐通报。众人不得以在准备尚未充分的情况下匆忙举事。由于计划提前，开始只有25人投入战斗，随后大家依事先约好的暗号，点燃洗心洞，近邻农民才陆续赶来，聚齐70余众后，开始袭击鸿池、三井等豪商宅邸，将夺来的金银当场分与贫民。等过难波桥到达船场时，队伍已经聚集300余人。这次城市中心爆发的武装暴动，是自200年前的"岛原之乱"①以来的最大暴动。但是，正午过后，奉行所一方开始整顿反攻力量，大阪城出动2000名幕府军，凭借火器和人数优势，很快将大盐一众击退至淡路町，并在傍晚发起第二次总攻，彻底击败暴动力量。但火势一直延烧至第二天夜里，大阪城中心五分之一（约2万户）被彻底烧毁。

事后军队严密搜查，大盐门生悉数被捕，独有大盐与养子格之助去向不明。约40天后，潜藏在市内油挂町民家中的大盐父子被官军包围，父子二人点火引燃火药自尽。大盐享年44岁。幕府将大盐烧焦的尸体用盐保存下来，和门徒20人的遗骸一起施以磔刑。事件并未因大盐殒命而彻底终结。暴动两个月后，广岛三原有800人打着"大盐门徒"的旗号起义，6月，越后柏崎的国学者生田万也自称大盐门徒，率众袭击代官所和豪商，7月，大阪西北部山田屋大助率2000名农民以"大盐伙伴"名义，发动暴动。而奉行所命令大阪周边村民交出大盐的"檄文"时，农民并不遵从，反而无畏幕府的严密监视，纷纷誊抄，传到各地。幕府权威扫地，举国皆知。

大盐举兵前散尽家财，早已将生死置之度外，深具"虽千万人吾往矣"之大无畏精神。正因如此，被战火殃及的市民，并未迁怒于大盐，反而尊称其为"大盐样"，广颂其德。由此，大盐中斋成为以武装起义反抗幕府的先驱，极大影响了30年后的明治维新壮举，维新志士誉其为"今古民权之开宗"，后又成为自由民权论者攻击专制政府的一大精神支柱。是为以生命为代价实践"知行合一"的日本阳明学者代表。

---

① 日本江户幕府初期，九州岛原半岛和天草岛农民与天主教徒反对幕藩封建压迫和宗教迫害的大起义，又称"岛原天草起义"。爆发于1637年，次年失败。

二、《洗心洞札记》成书经纬及主要内容

作为哲学家，大盐中斋是日本江户时代后期阳明学者中一个最具代表性的人物。主要著作有：《古本大学刮目》《洗心洞札记》《儒门空虚聚语》《增补〈孝经〉汇注》。因朱熹依照自家言说需要修订了《大学》字句，随着朱子学的兴隆，新本《大学》广为流传。《古本大学刮目》正是为了正本清源，以阳明学的视角对古本《大学》进行注释的著作。阳明学主张"知行合一"，重视实践，故常有人批评其受禅宗影响甚大。《儒门空虚聚语》则是针对这一批判，将先儒所用的空、虚、太虚等词语用例收集编纂的一部编纂书，列举《论语》《中庸》《易经》涉及"空""虚"之言说，及张载和王阳明等儒者注疏，以实例证明了"空"和"虚"两个概念在佛教传入前就存在于儒教之中，阐明了阳明心学未必是受禅宗影响而成的事实。该书体例虽然为注疏，实际却是要为自说的真理性张目。《增补〈孝经〉汇注》是归纳先贤注释《孝经》的书籍，主张儒学的根本即在"孝亲"。

以上诸书基本为经语注疏，或诸儒论说，而《札记》一书，名为"札记"，盖因"效河东《读书录》，宁陵《呻吟语》，及寒松堂庸言等"[1]，是受到了吕坤《呻吟语》语录体、箴言体的启发而作，内容实质却是"要一家言也"。也就是说，《札记》并非经书注释，而是个人思想的表达，"每有目之所触，心之所得，笔之以自警。又以助发子弟之愤悱已矣"。《自序》中还借对门人之问答，讲述了自己学问不容于人情的五点："一曰太虚，二曰致良知，三曰变化气质，四曰一死生，五曰去虚伪。"[2]此即大盐学问的核心，也是《札记》讨论的最主要的内容。门人松浦诚之还指出，"先生之学……故其极在归乎太虚矣"[3]，表明其思想核心更是集中在"太虚"之概念上。可以说，《洗心洞札记》是表述大盐中斋思想与学说的最主要的著作，也是日本阳明学的重要典籍。

《洗心洞札记》为大盐中斋用汉文所撰，因大盐私塾"洗心洞"得名。全书分上下两卷，上卷180条，下卷138条，计七万余字。中心思想在于阐发"致良知"，在于说明心归太虚。全书集中表达了四个基本思想：（1）以太虚为核心的哲学本体论，视天地万物、时空、人的躯体与良知皆为太虚构成，太虚实则为心；（2）以致良知为中心的认识论，重视内省之知，强调剔除私蔽，求得心归太虚则

---

[1]《洗心洞札记》，《日本思想大系：佐藤一斋　大盐中斋》（第46册），第563页。
[2]《洗心洞札记》，《日本思想大系：佐藤一斋　大盐中斋》（第46册），第563页。
[3]《洗心洞札记》，《日本思想大系：佐藤一斋　大盐中斋》（第46册），第630页。

为致良知；（3）以孝本论为核心的伦理观，把道德教化与政治的最高标准归结为孝悌，孝兼万善，良知即孝；（4）书中还提出用顺逆、安危、聚散、睡醒、生灭等五对范畴来说明世界相互转化的辩证发展过程。这些基本思想统摄于致良知，从"心"出发，强调阳明学致良知的实践性，最后回归太虚。大盐把宇宙本体与道德本体、认识论与伦理观统一了起来，表达了日本阳明学"心外无物"的基本倾向。

值得一提的是，该书成书于天保四年（1833），即在"大盐中斋之乱"前四年刊行。大盐中斋为诛灭奸吏奸商而不得不揭竿而起，其思想背景也可借由该书窥见一斑。

三、内容结构、体例及参考文献

（一）内容结构

本辑《大盐中斋〈洗心洞札记〉译注与研究》内容分为三个部分。

第一部分为大盐中斋生平和《洗心洞札记》述介。主要介绍大盐中斋的人生经历、思想沿袭、主要事迹特别是"大盐中斋之乱"始末及其历史影响，对《洗心洞札记》的成书背景、主要内容及其在大盐中斋思想体系中的意义进行了说明。

第二部分为本卷的核心内容：《洗心洞札记》译注。分为自述、后自述、札记或问二条、上卷（180条）、下卷（138条）、跋（三则）、附录等部分。

第三部分为大盐中斋《洗心洞札记》思想评述。对《洗心洞札记》中体现出的大盐中斋思想精髓进行了更为深入的考察和分析，并将其作为王学在日本继承与容受的一个案例，对其思想的渊源、生成的历史背景等进行研究。同时，对《洗心洞札记》在对抗朱子学的新儒教展开中的历史地位，以及其对于当代的启示意义，进行了探讨。探讨了《洗心洞札记》开陈"良知""太虚"之哲学在对抗朱子学的新儒教展开中的历史地位，揭示了其学术价值及其对于当代的启示意义。

（二）译注体例及参考文献

《洗心洞札记》原文采用岩波书店于1980年5月刊行的《日本思想大系：佐藤一斋　大盐中斋》（第46册）之文本。原文用古典汉文所写。译注工作主要在于原文点校、注释词汇、翻译为现代汉语。体例主要参照中华书局"中国古典名著译注丛书"之体例，分为原文、注解、今译三部分。原文条目用汉字数字编制，注释编号亦采用汉字数字加方括号的形式，编号附于需注释的词句后方。

原文点校主要参照上述《日本思想大系：佐藤一斋　大盐中斋》（第46册），亦参考东京内外出版协会刊行的《通俗洗心洞札记》（下中芳岳译，1913年）和个人刊行的《洗心洞札记》（吉川延太郎译注，1939年）对原文汉文加注句读。并针对繁体字、异体字、日文汉字进行校对，将其转换为相应中文简体汉字。

因《洗心洞札记》内容涉及大量中国儒学经典语句及人名地名，《日本思想大系：佐藤一斋　大盐中斋》（第46册）一书中亦对其进行了较详细注释。考虑到中国读者对其中相当部分内容较为熟悉，本文进行译注时，主要集中在典籍出处、名人别号、难解语词等。该部分涉及参考书籍过于庞杂，不再一一列出。

今译部分主要依据原文语义，参考上述《通俗洗心洞札记》（下中芳岳译，1913年）、《洗心洞札记》（吉川延太郎译注，1939年），以及タチバナ教养文库刊行的《洗心洞札记·大盐平八郎的读书笔记》（吉田公平著，1998年）等书的现代日语进行了汉译。其中跋的部分，因无甚典故，用语平实，读者可顺利阅读，故不再翻译为现代汉语。

第二部分

《洗心洞札记》译注

札记自述

【原文】

余辞职家居，静闲无事。复取尝所读之古本《大学》以讲究之，粗窥得其诚意致知本色之一斑焉，乃觉其微异乎旧说矣。间窃辑录儒先之说以释是经，因名曰《古本大学刮目》①。秘焉而未敢传诸我社之子弟，况佗乎。然其与斯编摩之劳者请余曰，付之剞劂，以惠世之同志，则幸甚。余乃辞曰，何敢何敢，夫自注经固难矣，折衷诸说以释之尤难也。自非明鉴博雅之君子，则必有遗漏赘疣之误。故不释而可矣者，而犹释之，不可不释者而反不释之。而又其所采入，或有与经抵牾决裂如佗解者，则不独贼经，终至于并贻儒先解经之累也。余所辑录者，恐当有斯罪矣。故若以此传乎世，则百毁千谤，蜂起矢集，岂得免焉乎。于是悔亦既晚矣。故与梓而悔，何如不梓而无悔也。昔者伊川程子火其《中庸自注》②，朱子其死前三日犹改改本《大学·诚意章》，而阳明先生虽尝著《五经臆说》，今传乎世者其十三条与《自叙》，仅见之遗文中焉耳。如其全文，则先生既自谓付秦火久矣。注经之难，在大贤犹若此，况吾辈折衷诸说以释之乎。必不免向者所谓之罪断可知矣。故何敢付剞劂为。若夫有志于斯学者，写以阅可也。而犹无已则其唯札记乎。

余札记者，僭效河东③《读书录》，宁陵《呻吟语》，及寒松堂《庸言》等。每有目之所触，心之所得，笔之以自警。又以助发子弟之愤悱已矣，故子弟为省转写之劳，胥谋上诸梓，藏于家塾，而不公于世，则安得不许之哉。请者曰诺。舍彼梓此，将从命矣。虽然将来若漏出于世，则百毁千谤，必此甚乎彼矣。何则？先生论学，有不协于人情者五焉④。一曰太虚，二曰致良知，三曰变化气质，四曰一死生，五曰去虚伪。夫太虚似释老，致良知敌朱学，变化气质客气胜心者之所难，一死生凡庸怯惰辈之所忌，而虚伪则中人已下。弗无始之妄缘才和于其血肉间者鲜矣。故无一不逆其意，欲免于世之恶得乎？百毁千谤，此甚乎彼之云以此也，先生宜三思焉。

余对曰，诚然诚然。而子等以此五者为先贤之成语乎？又谓我之创说耶？我之创说，则宜有后虑也。先贤之成语，而吾特发挥之焉耳，则何足患哉？况此非如《刮目》释一经之比，是以未尝有贼经与贻儒先解经之累之罪也，要一家言也已矣。故纵百毁千谤萃于我，亦何避？必有益于我者矣，世之教我良师友，莫过于其百毁千谤，是余望乎人也尚矣。子等决梓之，于是我社之二三子捐资遂刻

诸家塾。不日工竣，因题于简端，说其所以舍彼梓此之由，而卷分
上下二篇云。

天保四癸巳夏四月大盐后素书于洗心洞无人处

【注解】

①大盐中斋对古本《大学》的注释书。费时十四年，于天保七
年（1836），大盐中斋四十四岁时刊行。

②指程颐焚其《中庸自注》一事。见于其门人尹焞所著《尹和
靖集》。另朱熹《中庸集解》序中亦引尹焞此言。

③河东：即薛瑄（1389—1464），字德温，号敬轩。河津（今
山西省运城市万荣县里望乡平原村）人。明代著名思想家、理学
家、文学家，河东学派的创始人，世称"薛河东"。永乐十九年
（1421）进士，官至通议大夫、礼部左侍郎兼翰林院学士。天顺八
年（1464）去世，赠资善大夫、礼部尚书，谥号文清。其著作集有
《薛文清公全集》四十六卷。

④以下五种，是中斋《洗心洞札记》的核心概念，正文中皆有
铺陈讲解，此处暂不多做注解。

【今译】

我辞职在家，清静闲逸，无所事事。把以前读过的古本《大学》
取出来细细研读，对《大学》所谓诚意、致知的本意又有了一些粗浅
的认识，感到与既往的说法有着细微区别。近来我编辑先儒的学说注
释《大学》，取名叫《古本大学刮目》。我私藏该书，没敢让洗心洞
的学生们传阅，其他人就更不要说了。可是参与该书编辑的人请求
说，要是能够将《古本大学刮目》刊刻出来、颁布给世间的同志之
士，该是多么好的一件事。我推辞说，哪里敢刊刻出来，自己注释经
书已经很困难了，而折衷诸家说法以解释经书就更加困难。如果不是
眼光锐利、知识渊博的君子，则注解上一定会有遗漏或多余的问题。
不必注释的地方却注释了，必须注释的地方反而没有注释。然后所采
用的内容，有的与经典的文本相左，简直像在注释别的语句。这就不
单单是有损经典，最终还会有累先儒对经书的解释。我所编辑的书
里，肯定也有类似的错误。如果将这样的书刊印出来，那无数非难、
攻击，肯定如蜂群箭雨一般，无可避免。到那时候后悔也晚了，所以
与其印出来再后悔，还不如不印也不悔。古时候，程颐烧掉自己的
《中庸自注》，朱熹死前三日还在修改《大学·诚意章》的注释，阳
明先生虽然写了《五经臆说》，可如今只有其中十三条和《自叙》还
见于其遗稿。而《五经臆说》的全文，先生自己说早就烧掉了。注释
经书的困难，在这些大贤那里尚且如此，更何况我这种要去折衷诸家
说法来注释经书的了。所以显然，我难免会犯前面所说的那些错误。

可为什么又敢刊刻了呢？原本如有志于斯学之人，抄写来阅读就可以了，犹不得已，就采用了札记的形式。

我所谓的札记，实为不揣浅陋，僭效仿薛敬轩的《读书录》、吕新吾的《呻吟语》，还有魏象枢的《庸言》等。把眼之所见、心之所得记录下来，用以自警，另外也有助于学生发挥向学之心而已。所以学生为了节省抄写之劳，前来商议刊印之事，如果藏在家塾而不公之于世，又有什么理由不允许呢？前来请愿的人说明白了，就按您的指示，不再刊印《古本大学刮目》，而刊印《札记》。可是如果将来流传于世的话，那遭受千百种毁谤的，肯定《札记》更甚于《古本大学刮目》。为什么这么说呢？因为先生学问之论中，有五处与一般的人情相违。一是太虚，二是致良知，三是变化气质，四是一生死，五是去虚伪。原本所谓太虚之论，听起来像是佛教、道教的东西；致良知之论，又与朱学相敌对；变化气质之论对那些意气用事、争强好胜的人来讲极难做到；生死如一之说，又是那些庸俗、胆小而懒惰之辈所忌讳的；而说到虚伪，中流以下的人，有几个不是有着与生俱来的虚妄？所以这五处，没一处不是与世人的观念相抵触，能不让世人憎恶么？正因为如此，才遭受千百种毁谤，《札记》更甚于《古本大学刮目》。还请先生三思啊。

我回答说，确实如此。可是诸君觉得这五处是先贤的话语呢，还是我新创的呢？如果是我创造的，那确实要考虑后世遭人非难。如果是先贤的话语，我不过是发挥了一下这些话语的意思，又有什么好担心的呢？况且《札记》也不是像《刮目》那种只是注释《大学》这一本经书的，所以也没有有损经典、有累先儒对经书的解释这些罪过了。总之不过是一家之言罢了。所以即便是有千百种毁谤冲着我来，我又有什么好逃避的呢？这反而对我有益。这世上对我来讲是良师益友的，莫过于这千百种非难毁谤了。我对世人的毁谤期待已久。你们一定要把《札记》刊印出来。于是洗心洞的几名学生出资，在家塾里刊印《札记》，近期就要完工，所以我卷首写了这篇文章，讲述不印《刮目》，而印《札记》的缘由。本书分为上下两卷。

天保四年癸巳夏四月
大盐后素书于洗心洞无人处

后自述

【原文】

道之大原出于天①，而由知德者鲜矣。则道德乃为圣学之极致。而天之太虚又为其原本，居可知也。然而中人已下，非有教，则不能窥其极致原本。故孔门其教有四，曰"文、行、忠、信"②。其则乃"《诗》《书》执礼"③。"《诗》《书》执礼"中有所以为"文、行、忠、信"之目焉，而要各从其性所近而入。先儒之所谓理只一件，人之根器不齐。宜从知识处入，则教以文。宜从践履处入，则教以行。宜从尽己处入，则教以忠。宜从孚④物处入，则教以信。犹造化之甄陶万类，而随物赋形云。因吾以为文便是道德太虚之华也，行便是道德太虚之实也，忠与信便是道德太虚之质也，而道德太虚乃化为"《诗》《书》执礼"也。故非离道德太虚而别有"文、行、忠、信"也，故又非离道德太虚而别有"《诗》《书》执礼"也。然而虽圣人一落言诠⑤，则其弊必生焉。故后之浮文而无实者，假是文以为口实矣。冥行⑥而不著者，假是行以为口实矣。忠信而不好学者，假是忠信以为口实矣。而"《诗》《书》执礼"，亦各有弊矣。其至于是，而道德太虚之微乃隐，而圣人之意亦荒矣。

夫圣人固知其弊盛乎将来矣。故曰："文胜质则史。"⑦"文莫吾犹人也，躬行君子，则吾未之有得。"是乃予防其浮文之弊也。曰："盖有不知而作之者，我无是也。"是乃予防冥行之弊也。曰："十室之邑，必有忠信如丘者焉，不如丘之好学也。"是乃予防忠信而不好学者之弊也。而"《诗》《书》执礼"之弊，亦见乎《戴记·经解》焉。吾故曰，虽圣人一落言诠，则其弊必生焉，以此也。呜呼！总之虽忠信人，然不好学，则庶乎溃决孔子之坊，而况浮文冥行人乎，况徒学"《诗》《书》执礼"者乎？而其"好学"二字，一则孔子自言，一则称颜子以之，而未尝许之其余人，则其重可知矣。是故人虽奉遵孔门之四教，以从事"《诗》《书》执礼"，然不知其好学之诀，则将从其性所近而入，而却偏乎其性所近，以不得窥道德太虚之微，遂坠乎浮文冥行，忠信而不好学之窠臼，而一生不能出头跳身。古往今来，其人不堪数，是岂不可惜矣乎？故后进者，不可不知好学之诀也。而诀者何也？孔子空空，颜子屡空⑧，是焉而已矣。而其工则有不善，未尝不知。知之，未尝复行也之外，更无别工也。是即孔子所谓致知也，慎独也，而虽中人已下，好学如好好色，实心为己，则必真觉其道德亦出于天之太虚。而事事致其知，则意必固我⑨、忿懥恐惧、好乐忧患等之诸翳，云散烟消，而见天之太虚果在于吾方寸间矣。是似难而非难。故孔子曰："仁远乎哉，我欲仁，斯仁至矣。"又曰："有能一日用其力于仁矣乎，我未见力不足者。"夫仁自虚生，故仁即虚，虚即仁，固非有二也。

故今举太虚，则仁在其中矣。如夫"文、行、忠、信"，及"《诗》《书》执礼"，要皆亦归乎太虚之途径阶梯也尔。予之不肖，奚足实得之。然向在仕路，于听讼断狱之间，一二发明虚景来，故曾所藏刻之《洗心洞札记》，解太虚之妙，与所以归乎太虚之工，不堪烦数。而反论及五伦亦罕何。此则以备乎笃倍四教及《诗》《书》诸儒之说故也。然五伦非太虚，则皆伪而已。太虚矣，则五伦各得其正，而道德贯其中。尝窃质诸董子、诸葛公等之群贤，虽其说如有小异，其于尊天也皆一也。故取其要语以载于卷末，乃明乎非臆断之说也。而始其刻之成也，授诸弟子，又以赠有志之人耳，而不敢欲公诸世也。顷者书肆积玉圃来曰，世既知有《洗心洞札记》，故间有就书肆以要购求之者，愿公诸世。不独书肆得利，学人亦当必大有益。予因再思之，其示于世，固非素志矣，然不示于世，则其所及者自不广。所及不广，则不觉道德太虚之微而终者，亦自不少也欤，同胞而忍坐视之哉。于是幡然改，而出藏刻之板以与之。而又谓之曰："汝等随意以售于购之者，如有获利，以其利乃别翻刻舶来圣贤之书，却复嘉惠吾辈，则其得益也，逾乎财货万倍。"

天保六乙未夏四月复题于洗心洞
门生白井为本　谨书

【注解】

①语出《汉书·董仲舒传》："道之大原出于天，天不变，道亦不变。"

②朱熹《四书章句集注》中解释"为人谋而不忠乎"说："尽己之谓忠。"

③语出《论语·述而》："子所雅言，《诗》《书》执礼，皆雅言也。"

④孚：信任。明薛瑄《读书录》："忠信积久，可孚于人。"

⑤语见明吕坤《呻吟语》卷一："道不可言，才落言诠便有倚着。"

⑥冥行：研求学问不识门径。汉扬雄《法言·修身》："擿埴索涂，冥行而已矣。"

⑦语出《论语·雍也》："质胜文则野，文胜质则史，文质彬彬，然后君子。"

⑧"空空""屡空"云云，其"空"的概念亦为《洗心洞札记》的核心概念，此处暂不做过多解释。

⑨语出《论语·子罕》,"子绝四:毋意,毋必,毋固,毋我。"后人总结为"意必固我"。意思是做事不能凭空猜测主观臆断,一切以事实为依据,对事情不能绝对肯定、不能拘泥固执、不要自以为是。

【今译】

董仲舒说:"道的根本来自于天。"而孔子说:"仲由啊!知道德的人太少了!"因此道德是圣学的极致。于是可知,天之太虚,就是道的本原。可是,中人以下的资质,不接受教育的话,就无法探究圣学的极致本原。所以孔子一门中有"文、行、忠、信"四种教育,其规范准则就是"《诗》《书》执礼"。"《诗》《书》执礼"之中则有实践"文、行、忠、信"的项目,而其要点就在于,须从与各自本性相近的地方着手。正如先儒所说,理虽然唯一的,人的素质特征却各不相同。适合从知识着手的,就教他"文"。适合从实践着手的,就教他"行"。适合从竭尽所能着手的,就教他"忠"。适合从待人诚信着手的,就教他"信"。就如同天地造化培养造就万物,都是根据事物本身的不同形态给予其形象的。于是我就觉得,"文"就是道德太虚的花朵,"行"就是道德太虚的果实,"忠"与"信"就是道德太虚的实质,而道德太虚又化成了"《诗》《书》执礼"。所以,并不是与道德太虚相分离而另有"文、行、忠、信",也不是与道德太虚相分离而另有"《诗》《书》执礼"。虽然如此,可是即便是圣人,一旦陷入对言语表面意思的理解,则必然会产生弊害。所以后世那些写华而不实文章的人,只不过是以这个"文"为托词罢了。研求学问不识门径、而没有成就的人,只不过是以这个"行"为托词罢了。人虽忠信却不好学,只不过是以这个"忠信"为托词罢了。而"《诗》《书》执礼",也各有各的弊害。到了这种地步,道德太虚的微妙道理就会隐去,圣人的意图也就成为无稽之谈。

原本圣人也知道这些流弊在将来会大行其道,才说:"文饰胜过了质朴就会虚浮","就书本上的学问来说,大概我同别人差不多。身体力行地去做一个君子,那我还没有达到"就是为了预防这些文饰浮夸文章的弊害。圣人说:"大概有自己不懂却凭空造作的人吧,我不是这样的人。"就是为了预防研求学问不识门径的弊害。圣人说:"就是在只有十户人家的小地方,一定有像我这样又忠心又守信的人,只是赶不上我这样好学罢了。"就是为了预防只讲忠信却不喜欢学习的弊害。而"《诗》《书》执礼"的流弊,在《礼记·经解篇》就有记载。我之所以说,即便是圣人,一旦陷入对言语表面意思的理解,则必然会产生弊害,就是这个原因。呜呼!总而言之,即便是忠信之人,如果不好学,也会破坏孔子建立的堤防,更何况那些文饰浮夸、研求学问不识门径的人，那些只形式上学习了"《诗》《书》执礼"的人呢？而那"好学"两个字，一次是孔子说自己，一次是称赞颜子而已，从来没有再说过别人，可见这两个字有多么重。正因为如此，如果有人尊奉孔门的"文、行、忠、信"四种教育、从事"《诗》《书》执礼"，却不知道"好学"的诀窍，那么就算从与自己本性相近的地方着手开始学习，也不过是偏向于与自己本性相似的地方而已，无法看到道德太虚的微妙之处，然后又落入文饰浮夸、不识门径、只讲忠信却不喜欢学习的窠臼，一辈子也无法摆脱出来。古往今来，这种人数都数不过来，这岂不是很可惜？所以后进之人，不能不知道好学的要诀。这个要诀是什么呢？孔子的空空，颜子的屡空，就是这一要诀。具体的努力就在于，有了过失，不会不知道；一旦知道自己的过失。再不会犯同样的过失，除此之外，也没有别的努力方法了。这也就是孔子所谓的致知、慎独，而即使是中等以下资质的人，如果能如同喜欢美人那样喜欢学问，以诚恳的态度去提高自己的修养，就一定会体会到道德也是出自天之太虚。而如果能在方方面面发挥自己的良知，那么意必固我、忿懥恐惧、好乐忧患这些内心中的阴霾，都会烟消云散，于是就会看到，天之太虚果真就在我的内心。这件事看上去很难，实际并不难。所以孔子说："仁德难道离我们很远吗？只要自己愿意实行仁，仁就可以达到。"又说："有人能一整天把自己的力量用在实行仁德上吗？我还没有看见力量不够的。"原本仁就是从虚中产生，所以仁就是虚，虚就是仁，本来就不是两样。

所以现在举出太虚，其中本来就有仁。而诸如"文、行、忠、信"以及"《诗》《书》执礼"，总的来说，都是归乎太虚的途径和台阶。粗鄙如我，又是怎么实际充分领会这一点呢？不过，我以前身在仕途，在听取诉讼、做出判决的时候，对"虚"的样貌，有了一两处心得。所以，之前刊刻的《洗心洞札记》，不厌其烦地去解说太虚的微妙和如何做到归太虚，却为什么很少论及五伦的问题呢？因为诸位儒者关于笃信"文、行、忠、信"四种教诲、以及"《诗》《书》执礼"的学说已经很齐备了。可是如果实践者内心不能归太虚，那五伦也不过是虚伪之物。如果能心归太虚，那五伦就能得以正确地实现，而道德也能在其中一以贯之。以前曾经私下就这个问题，用董仲舒、诸葛亮等先贤学问验证过，他们的言论虽然有些小的差异，但是关于尊"天"却很一致。所以引用了他们的重要话语放在卷末，也是为了证明这不是我自己恣意断定的说法。等到印刷完成，传授给各位学生，赠送给有志之人，而不敢想要公开发行。最近，书店"积玉圃"来我这里说，有人听说《洗心洞札记》刊行了，到书店里求购，所以想请我公开发行。并非为了书店盈利，学人也肯定大大获益。于是我考虑再三，公开发行并非我所愿，可是如果不公开，那它的普及范围必然就不大，普及范围不大的话，一生都不能感悟太虚微妙之处的人就会多，同胞又怎么能坐视呢？于是我幡然改变了想法，拿出家藏的刻板交给了"积玉圃"书店。然后又对他说："你们随意卖给那些想买书的人吧，如果有所获利，就拿获利另外翻刻中国舶来的圣贤之书，又能反过来惠及我们，那这些获利，就超过资财万倍了。"

天保六年乙未夏四月复题于洗心洞

门生白井为本　谨书

札记或问二条

【原文】

或问曰："阳明子至李见罗①诸子，论学则只明道而已，未尝自言事功，而又不许人称之。然看子《札记》，于其上卷终也，杂举王学诸子之功业、节义何也？"曰："子未知夫春秋冬夏乎？春者生物，秋者成物，冬者收物，夏者长物。如春而不生物，秋而不成物，冬而不收物，夏而不长物，则虽天德不足贵也已矣。人即天也，学也者，学天德也，明道也者，明天道也，是故论学明道，而无其用者，乃与天背，与天背则陷一偏，所谓异端之教。而圣人明体适用之学云乎哉。载籍浩瀚，后生未识邹东廓②为何如人，欧阳南野③、罗念庵④亦为何如人者多矣，故杂举其功业节义出于道德者，以示之焉耳。而又何外学与道，以语功业节义之类也哉。是余不得已之苦心也，吾子亮之。"

【注解】

① 李见罗：即李材（1529—1607），字孟诚，丰城段潭人。明嘉靖四十一年（1562）进士，授刑部主事。后聚众讲学，著有《观我堂稿》十二卷，及《将将纪》等。

② 邹东廓：即邹守益（1491—1562），字谦之，号东廓，江西安福人。著名理学家、教育家。江右王门主要代表人物。师从王阳明，讲学于赣州，建有龙津书院。曾助王阳明平定朱宸濠之乱。著作有《东廓摘稿》，内含《文集》《诗集》等。今有《东廓邹先生文集》传世。

③ 欧阳南野：即欧阳德（1496—1554），字崇一，号南野，江西泰和人。明朝著名理学家，江右王门主要代表人物。著有《欧阳南野先生文集》三十卷，又有《欧阳南野先生文选》四卷。

④ 罗念庵：即罗洪先（1504—1564），字达夫，号念庵，江西吉水人。明代状元、学者、地理制图学家，江右王门代表人物。著有《念庵罗先生文集》二十四卷、《冬游记》等。

【今译】

有人问："从王阳明先生到李见罗等先生，论及学问时，只关注明道，从没自己谈到过功绩，也不允许别人称赞功绩。可是看您的《札记》，在上卷结束的地方，例举了阳明学者的功绩节义，这是为什么呢？"我答道："你不知道那春夏秋冬吗？春天让万物生发，秋天让万物成熟，冬天收纳万物，夏天让万物生长。如果春天不让万物生发，秋天不让万物成熟，冬天不收纳万物，夏天不让万物生长，那么就算是天德也不足为贵。人就是天，学就是学天德，明道就是明天道，所以谈论学问、明白道理，却不去发挥其作用，那就是与天相背离，与天相背离就会陷于偏执（自身），就是所谓的异端之教了。这还能叫明白本体、发挥作用的圣人之学么？书籍数量庞大，后生之辈很多人不知道邹东廓是什么人，欧阳南野、罗念庵是什么人，所以才例举说明他们的功绩节义都是源自道德。这与排除学问与道而单举功绩节义不是一回事。这是我不得已的苦心，还请大家明白这一点。"

【原文】

或问曰："看子《札记》下卷终，则举董子已下诸贤之说，或以按语，或以辨说，而世代叙次，源流传来，如不紊者。然则庶乎安排布置，而似非札记日录之体，何也？"曰："吾尝读诸贤之书，则后先错杂，彼此参伍，固不有一定，吾何不与人同也？然笔之，则董子而诸葛武侯，而文中子①以终于汤子②，业使然也，故庶乎安排布置，而非有意乎安排布置也。然人不信而谓之安排布置，又奚为札记之累哉？《论语》第二十，历举尧、舜、汤、武以结焉，《孟子》七篇之终，亦历举尧、舜至孔子之圣人以结焉。则余《札记》不与之期，而乃入其规矩，而适免于清儒张伯行③《性理正宗》，举尧、舜及伊、洛诸君子等于首，置《性理字义》于腹，贬陆王于尾杜撰臆断之怪陋，则余之喜幸莫加焉。吾子少恕。"

洗心洞主人　识

松本乾知　谨书

【注解】

①文中子：即王通（584—617），字仲淹，又称"文中子"，绛州龙门人。隋朝教育家、思想家。著有《中说》，亦称《文中子》，流传至今。

②汤子：即汤斌（1627—1687），字孔伯，号荆岘，晚号潜庵，河南睢州人。清朝政治家、理学家暨书法家，官至工部尚书，卒谥文正。著有《潜庵语录》《潜庵文钞》《春秋增注》等十几部书，死后被门人整理为《汤子遗书》十卷。

③张伯行：字孝先，号恕斋，晚号敬庵，河南仪封人。累官至礼部尚书，理学家。著有《正谊堂集》十二卷、《道南源委》、《道统录》、《伊洛渊源续录》、《居济一得》、《小学集解》、《续近思录》、《学规类编》、《性理正宗》、《广近思录》、《濂洛关闽书》、《困学录集粹》、《濂洛风雅》等，并传于世。其中《性理正宗》自序谓此书，杂采天文、地志、律历、兵机、谶纬、术数之学，及释家、《参同

契》、纵横家言，概有取焉。未免失之驳而不纯。因删其繁芜，补其阙略，尊道统以清其源，述师传以别其派。爰取周、程、张、朱五子以下，及元、明诸儒之言，分类次之。

【今译】

有人问："读您《札记》下卷结束的部分，例举了自董仲舒以下众位贤者的学说，有的进行了说明，有的进行了评论，年代的顺序、传承的过程，毫无混乱。可是这样一来，不就是特意安排布置，而不是札记日志之类的文体了，这是为什么呢？"我答道："我读诸位圣贤的书籍时，其实时代先后交错、主题混杂，原本就没有一定之规，为什么要跟别人不一样呢？可是执笔最后一部分的时候，由董仲舒到诸葛武侯、从王通到汤斌而止，是平时的思路使然，所以也可以说是安排布置，但不是有意这样安排布置。然而有人不信，批评说这就是安排布置，这岂不成了札记作为体裁的限制？《论语》第二十篇例举尧、舜、汤、武作为结束，《孟子》七篇也例举尧、舜，并将孔子定为圣人作为结束。那么我的《札记》虽然没有这样的预期，却和这样的规矩相一致。清代儒者张伯行的《性理正宗》在卷首例举尧、舜、二程及其门人，将《性理字义》放在卷中，还在卷尾无理杜撰、恣意批判陆象山、王阳明。能避免这样的怪陋，在我来讲没有比这更幸运的事了。还请大家原谅。"

洗心洞主人　识

松本乾知　谨书

洗心洞札记　上

一

【原文】

天不特在上苍苍太虚①已也。虽石间虚，竹中虚，亦天也。况老子所云"谷神"②乎。谷神者，人心也。故人心之妙与天同，于圣人可验矣。常人则失虚，焉足语之哉。

【注解】

① 太虚：太虚是《洗心洞札记》的一个关键概念。该语本是道教用语，自北宋张横渠以来为儒学者所用。儒学语境下的"太虚"或"空""虚"，很难简单概括其意义。而从大盐中斋编纂的《儒门空虚聚语》可知，他所谓太虚，应是说明概念而非实体概念。犹如无云之晴空，除心之外再无他物。大盐应该是为了说明这个道理，才援引了"空"与"虚"。

② 谷神：出自《道德经》第六章。原文是："谷神不死，是谓玄牝。玄牝之门，是谓天地根。绵绵若存，用之不勤。"此章阐述了本体论的"道"，老子将之称为谷神，认为它产生了宇宙万物，是万物的本源，并且认为它有绵绵不绝、永无穷竭的特性。

【今译】

天并非只是高高在上的苍苍太虚。石头间的空虚，竹子内的空虚，也都是天。老子说的"谷神"更是天。而谷神即是人心。所以圣人可以看到人心之妙与天相通，普通人因为失去了"虚"，自然就不能说其心与天相通了。

二

【原文】

躯壳外之虚，便是天①也，天者，吾心也。心葆含万有，于是焉可悟矣。故有血气者至草木瓦石，视其死，视其摧折，视其毁坏，则令感伤吾心，以本为心中物故也。若先有欲而塞心，则心非虚。非虚则顽然②一小物，而非天体也，便与骨肉既分隔了。何况其他耶？名之以小人，不亦理乎？

【注解】

① 天：这里的"天"不再是东亚普遍存在的拜天思想中的"天"，而有一种空间化的意味。宇宙一切的空间都是天，人体内部

的空间自然也是天，故人心应与太虚相通。这个逻辑今天看来无论是物理上还是哲学上都未免有附会之嫌，不过如果把它当作一种象征说法，则有着重要意义。

②顽然：自然质朴貌。明袁宏道《与陶石篑》："西山若无诸大梵刹，便顽然一冈矣。"

【今译】

躯壳之外的空虚便是天，而天就是我心。心中既然包含万物，自然就可以开悟。所以不要说那些有生命的，哪怕是草木瓦砾，看见它们折损、毁坏，都会让我们感伤，因为它们本来就是我们心中之物了。如果先有了欲念阻塞了心灵，心就不再是"虚"了，心如果不虚，就不过是一件普通事物，而不是与天相通的东西了，也就与骨肉分离了。何况其他事物呢？把这种人称为小人，也是符合道理的吧。

三

【原文】

本诸身，征诸庶民。考诸三王而不缪，建诸天地而不悖，质诸鬼神而无疑，百世以俟圣人而不惑。①人一言一动，必如此而后心性晶亮广大，与天地、日月一般。若从私情，任我意，以言动，则虽胸富万卷，要书库而已，不足贵也。

【注解】

① 语出《中庸》第二十九章。这一章承接"居上不骄"的意思而发挥，要求当政者身体力行，不仅要有好的德行修养，而且要有行为实践的验证，才能取信于民，使人听从。提高到理论上来说，这里所强调的，依然是重实践的观点。

【今译】

（君子治理天下）应该以自身的德行为根本，并从老百姓那里得到验证。考查夏、商、周三代先王的做法而没有悖谬，立于天地之间而没有悖乱，质询于鬼神而没有疑问，百世以后待到圣人出现也没有什么不理解的地方。人的一言一行，必须遵从这个原则，而后心性才能如天地般宽广，日月般闪耀。如果言行只是任性为之，那么就算胸有万卷书籍，也不过是个书库，没什么了不起的。

四

【原文】

"身体发肤，受之父母，不敢毁伤，孝之始也。"吾惟心之德①，受之于天。不敢毁伤其德，孝之要也。

【注解】

①心之德：见于朱熹《孟子集注·梁惠王上》之"仁者，心之德、爱之礼"。

【今译】

《孝经》里说："人的身体四肢，头发皮肤，都是父母所赐，不敢予以损毁伤残，这是孝的开始。"而我认为，内心的德行是上天所赐，也不敢自己去毁伤这种德行，这是孝道的根本。

五

【原文】

身外之虚者，即吾心之本体也。故曰："语大天下莫能载焉。"①

【注解】

①语出《中庸》第十二章。"天地之大也，人犹有所憾。故君子语大，天下莫能载焉，语小，天下莫能破焉。"大地如此之大，但人们仍有不满足的地方。所以，君子说到"大"，就大得连整个天下都载不下；君子说到"小"，就小得连一点儿也分不开。

【今译】

我身体之外的广大虚空，就是我内心的本体。所以，君子说到"大"，就大得连整个天下都载不下。

六

【原文】

自形而言，则身裹心，心在身内焉。自道而观，则心裹身，身在心内焉。其谓心在身内者，一遗操存之功①，则物累我。其觉身在心内者，常得超脱之妙，而我役物。役物与累于物之别，学者宜知之。

【注解】

①操存之功：语出《孟子·告子上》。原文改为："'故苟得其养，无物不长；苟失其养，无物不消。'孔子曰：'操则存，舍则亡；出入无时，莫知其乡。'惟心之谓与？"意思是说，人性虽然本来善良，但如果不加以滋养，而是放任良心失去，心灵就会失去把持，还会以为原本就不存在。大盐中斋依然是基于性善论的立场，只不过侧重于后天的滋养保持一方面罢了。

【今译】

从形态上来说，是身体包裹着心脏，心脏在身体内部。可从

"道"的角度来看，则是心主宰着身体，身体在心的内部。认为心在身内的人，会忘记对心性的把持，而为外物所累。认为身在心内的人，则能够自由自在，驱使外物。有志于学的人，应该知道驱使外物与被外物所劳役的区别。

七

【原文】

颜子屡空①，心屡归乎太虚，而犹有一息②。圣人则彻始彻终，一太虚而已矣。

【注解】

① 屡空：典出《论语·先进》。原文为："回也其庶乎！屡空。"魏何晏《论语集解》："言回庶几圣道，难数空匮，而乐在其中。"后遂以"屡空"指经常贫困，贫穷无财。后亦指多次空了。然大盐中斋《儒门空虚聚语》上卷据何晏《论语集解》"空犹如虚中"之解释，将其理解为"所谓屡空，乃是孔子独称颜子之心同太虚"。

② 一息：《传习录》卷上，"天理无一息间断"。此处应是细微差距的意思。

【今译】

颜渊常常陷入贫困，内心同于太虚，可是却依然有一息之差，而圣人则能够自始至终保持太虚。

八

【原文】

日用①应酬之间，仁、义、礼、智、信，五者欠一焉，则非人言人行也。非人言人行，则宜乎？攻于人，又攻人。

【注解】

① 日用：出自《周易》。《周易·系辞上》："仁者见之谓之仁，知者见之谓之知。百姓日用而不知。"

【今译】

日常生活中与人交往应对，仁、义、礼、智、信五个德性只要缺一种，就不是说人话办人事了。不说人话不办人事怎么行呢？这样只会被人责难攻击，又反过来去攻击责难别人。

九

【原文】

英杰当大事，固忘祸福生死，而事适成，则亦或惑祸福生死矣，至学问精熟之君子则一也。

【今译】

英雄豪杰遇到大事的时候，自然能够忘记祸福生死，但一旦成功之后，则又会被祸福生死所迷惑，而学问精熟的君子则可以始终超越祸福生死。

一〇

【原文】

系乎物者，常而动，况逢变乎。安乎地者，虽逢变不动，况常乎。是故于所止，不可以不知止也。①

【注解】

①《大学》第一章："大学之道，在明明德，在亲民，在止于至善。知止而后有定，定而后能静。"

【今译】

为外物所束缚的人，平时都会动摇，更不要说遇到变动的时候。而立场坚定的人，遇到变动都不会动摇，更不要说平时了。所以一定要坚持自己的立场，这个道理不能不明白。

一一

【原文】

救人厄难时，验吾灵渊①一波动否。一波才动，则既有情欲在焉，非天体也。非天体，则不如不救之为愈。

【注解】

①语出汉扬雄《太玄经》卷五《去》："初一，去此灵渊，舍彼枯园。"

【今译】

救援他人于灾难的时候，要检验一下自己的内心是否平静。一旦有了波动，救人的动机就根植于欲望了。一旦动机不纯，还不如不去救人。

一二

【原文】

润之以风雨，故品物资其润泽而生长。然人撤壁去屋，露坐露寝，则必为之所伤，而病不死者鲜。读书亦然。书固入道之具也，然不知要而泛观博览，则德坏而恶殖。吁！亦败己乱世，可不慎哉？

【今译】

因为风雨滋润，万物受其润泽才得以生长。但是如果人拆去墙壁掀掉屋顶，露天生活的话，就必然会有害健康，甚至得病而死。读书也是同一个道理。书籍自然是通晓道理的工具，但是如果不得要点而大量阅读，人格就会被破坏，还会学到很多不好的方法。啊！这么做既会败坏自己又会扰乱世间，怎能不慎重呢？

一三

【原文】

熟睡梦中，杂乱秽浊，乃觉时作止语默自欺独知之影焉耳。而到于诚不欺独知之境则至人。故曰"至人无梦"①，非无梦，无夫杂乱秽浊之梦也。如梦传说、梦周公，则非至人亦无此矣。

【注解】

①《庄子·大宗师》："古之真人，其寝不梦。"

【今译】

熟睡时梦见杂乱污秽的东西，其实就是醒着时候的行动言语欺骗了本来自我的一种反映。如果能真正做到不欺骗本来的自我，那就是最高的人格了。所以说拥有最高人格的人不会做梦，并非真的是说不做梦，而是不会做那种杂乱污秽的梦。比如武丁梦见圣人、孔子梦见周公，如果不拥有最高的人格，是不会做到这样的梦的。

一四

【原文】

人心归乎太虚，亦自慎独①克己②而入焉。如不自慎独克己而入，则禅学虚妄。所谓毫厘千里，故心学者动误之也。

【注解】

①慎独：语见《礼记》。《礼记·大学》："此谓诚于中，形于外，故君子必慎其独也。"

②克己：语见《论语》。《论语·颜渊》："颜渊问仁。子曰：克己复礼为仁。"

【今译】

人心要想归于太虚，就必须做到在独处时谨慎不苟，克制自己的私心。如果做不到就要试图归于太虚，就成了虚妄的禅学。所谓失之毫厘谬以千里，所以心学者在这一点上一定不要犯错。

一五

【原文】

慎独克己，虽如无两功。《易》三百八十四爻，便是属慎独之工。《礼》三百三千，便是属克己之工。然而真慎独则克己了，实克己则慎独了。始无两功，故三百八十四爻，《礼》之体也。三百三千，《易》之用也。体用一源，皆原于道也。夫道也者，太虚而已矣。故学而归乎太虚，则人能事毕也。

【今译】

所谓慎独克己，并不是要分别去努力做到。《易经》三百八十四爻的原理就是慎独。《礼记》三百三千的细则就是克己。虽说如此，真正做到慎独就是克己了，真正做到克己就是慎独了。所以《易经》的三百八十四爻，就是《礼记》的原理，《礼记》的三百三千，就是《易经》的实践。原理与实践本来就是同源，都是来源于道。而所谓道，就是太虚。所以如果能够通过后天的努力归于太虚，那就做到了人能做到的所有的事。

一六

【原文】

常人方寸之虚，与圣人方寸之虚同一虚，而气质①则清浊昏明不可同年而语也。犹如贫人室中之虚，与贵人室中之虚同一虚，而四面墙壁，上下屋床，则美恶精粗之不同也。而方寸之虚者，便是太虚之虚。而太虚之虚，便是方寸之虚也，本无二矣。毕竟气质墙壁之也，故人学而变化气质，则与圣人同者宛然遍布照耀焉，无不包涵，无不贯彻。呜呼！不变化气质，而从事于学者，其所学将何事。可谓陋矣。

【注解】

① 朱子学将人性分为本源之性和气质之性。气质之性指的是先天差异和性的外部呈现。详见《朱子语类》卷四《人物之性气质之性》。

【今译】

普通人内心中的虚空，与圣人内心中的虚空完全一样，可是人心理、生理的构成要素却有清浊昏明之分，不可同日而语。这就像穷人家里的空间，与富人家里的空间完全一样，可是四周的墙壁，上下的屋顶与地板，美丑精粗并不相同。而内心中的虚空，就是太虚之虚。太虚之虚，就是内心中的虚空，本来就不是两种东西。可是人的气质却会隔开它，所以人通过后天的努力去改变心理、生理的构成要素的话，就能与圣人一样光辉照耀，既包含了一切事物，也能在所有地方发挥主体性。啊！如果进行着后天的努力却不改变心理、生理的构成要素，那这种努力有什么意义呢？只是在干蠢事罢了。

一七

【原文】

汤之夏台①，文之羑里②，及文丞相之土室。绎其所以皆裕如晏如与平生不异之道，非他，其囹圄容身之虚乃太虚之虚，而居其宫室窗棂之内亦无以异。故不狭又不陋，不忧又不惧，是其裕如晏如之所由然也。而要在于不失其心之虚也，人如其不失吾心之虚，则何往而不广大，何居而不安乐，而又何狭陋之有，何忧惧之为？

【注解】

① 夏台：夏王朝监狱，又称钧台，今河南禹州。

② 羑里：古地名，又称羑都，在今河南省安阳市汤阴县北四五公里的羑里城遗址。羑水经城北东流，为商纣囚禁周文王的地方。

【今译】

商汤被关在夏台，周文王被关在羑里，南宋的文天祥丞相被关在土牢里。如果思考他们为什么能有如此悠闲从容而且平生如此相近，根本原因不在别的，关押他们牢狱的虚空，就是太虚之虚，与住在皇宫或者民家没有什么不同。既不狭窄也不简陋，既不担忧也不害怕，这才能够做到悠闲从容。人如果不失去与太虚相通的本心，无论去哪儿都很宽阔，无论在哪儿都很安乐，又怎么会有狭窄简陋，又怎么会忧愁害怕呢？

一八

【原文】

孟子"万物皆备于我"之说①，不心归乎太虚者，安分明通其义哉？

【注解】

① "万物皆备于我"之说，出自《孟子·尽心上》："万物皆备于我矣。反身而诚，乐莫大焉；强恕而行，求仁莫近焉。"

【今译】

孟子说的"万物的本性我都具备了"这句话，如果不是心归于太虚的人，又怎么能够明白这句话的含义呢？

一九

【原文】

"无求生以害仁。"①夫生有灭，仁太虚之德，而万古不灭者也。舍万古不灭者，而守有灭者，惑也。故志士仁人，舍彼取此，诚有理哉，非常人所知也。

【注解】

① 该句出自《论语·卫灵公》："志士仁人，无求生以害仁，有杀身以成仁。"

【今译】

不能因为贪生怕死而损坏"仁"。生命总有穷尽，而"仁"作为太虚之德，却是永远不会死灭的。舍弃万古不灭的东西，而守着早晚会死灭的东西，这让人感到迷惑。所以志士仁人会杀身成仁，实在是很有道理，这不是普通人能理解的。

二〇

【原文】

心不归乎太虚则必有物，有物而谓不动者，便是告子强制之道，而非孟子之所云也。孟子之不动，以即太虚也，入火不热，入水不濡，何况区区富贵贫贱而足动之乎？

【今译】

心如果不能归于太虚，就必然被外物所左右，被外物左右而能保持主体性不动摇，就是告子的所谓强制之道，而不是孟子所说的主体性不动摇。孟子能让内心不被动摇，就是因为心即是太虚，太虚之心，放入火中也不会被烧热，放入水里也不会被打湿，更何况区区富贵贫贱能够动摇的呢？

二一

【原文】

心不归乎太虚必动矣，何则？有形者，虽凌云之乔岳，无底之大海，必动摇于地震也，而地震不能动太虚焉。故心归乎太虚，而始可语不动也已矣。

【今译】

心如果不能归于太虚必将动摇，为什么呢？因为只要有形状的东西，就算高耸入云的山岳，或者深不见底的大海，都会被地震摇动。但地震却无法摇动太虚。所以只有心归于太虚以后，才能说它不会动摇。

二二

【原文】

余见一诸生临镜理发，因谓之曰，与临明镜苦照鬓发之松不松，不如明良知切察意念之诚不诚。鬓发虽松，不害为君子，意念不诚，则不害为禽兽也。

【今译】

我见一个学生照着镜子整理头发，于是对他说，与其对着镜子苦苦查看鬓发松不松，不如发挥良知，好好检查一下自己的意念是否还诚如初心。就算头发松了，也不会妨碍你成为君子，可是意念不诚，可不会阻碍你变成禽兽。

二三

【原文】

程子①曰："有《关雎》《麟趾》之意②，然后可行《周官》之制度。"此特知恐不善读《周官》者之惎世，而似未明其制度之以修君德为本也。而推其说于后世，则犹俟河清然。故以吾论之，不必本《周官》之制度，以立法导君，则《关雎》《麟趾》之德，盖难成矣。

【注解】

① 程子：即程颢（1032—1085）字伯淳，世称"明道先生"，和其弟程颐学于周敦颐，世称"二程"，同为北宋理学的奠基者。

② 用《诗经·关雎》比喻文王妃子姒氏的德行，《诗经·麟之趾》比喻文王子孙的德行。"意"就是指像文王那样，先整饬闺门之内，才能好好治理国家的意思。

【今译】

程明道说："有了（《诗经》里）用《关雎》《麟趾》表达出的周文王的心境，《周礼》里记载的百官制度才能够实行。"这恐怕是担心有些人不读《周礼》，似懂非懂地就去实践周代官制，反而会害及社会，可他们依然没有明白，周官制度是以修君主之德为根本的。如果把程明道的说法运用到后世，那么就永远不可能实现依照周官制度的理想社会了。所以要我来说，如果不依照周官制度确立法制以引导君主，那么（《诗经》里）《关雎》《麟趾》之意，就很难实现了。

二四

【原文】

勇士养气而不明理，儒者明理而不养气。常人则亦不养气，亦不明理，荣辱祸福，惟是趋避而已矣。理气合一，与天地同德，阴阳同功者，其惟圣贤乎。

【今译】

勇士养气而不明白道理，儒者明白道理却不养气。普通人则既不养气也不明白道理，遇到荣辱祸福，就只会躲避。而能让道理与气不分，与天地的德行一致，与阴阳的功劳相同的，就只有圣人和贤者了。

二五

【原文】

血气之气，血盛则亦盛，血衰则亦衰，故不足恃。浩然之气则不因血盛衰以为盛衰，而常充塞身心，至死不衰不变，如曾子易箦、子路结缨之类是也。自非积集义之功而慊于心者，不能得之。

【今译】

作为血气的气，血量增大就会旺盛，血量衰减就会衰弱，所以不能依赖这种气。而浩然之气则不会因为血液盛衰而盛衰，永远充满身心，至死也不会衰败变化，比如曾子死前更换席子、子路被杀前系好帽缨那样。如果不是努力去聚集义，而将义充满心中的人，是不能做到的。

二六

【原文】

血气随死而腐坏散灭。如夫浩气，不随死而腐坏散灭。圣贤俊杰之道德功烈，赫然乎宇宙，经年益光辉焉。此何物？即是浩然之气也，于凡庸决无之。血肉汉不可不愤悱也，荏苒与岁俱逝，不远虫蚁草木朽腐几希。非大哀耶，非大恨耶？思之，勤一字，岂容忽乎哉？

【今译】

人一旦死去，血气就会随之腐坏散灭。而"浩然之气"则不会随死亡而腐坏散灭。圣贤的道德和俊杰的功烈，在宇宙里熠熠生辉，时间过得再久也依然光辉长存。是什么能如此呢？就是浩然之气，凡庸的人绝做不到。血肉男儿不可不发愤图强，如果拖拖沓沓度过一生，那就跟虫蚁死去草木腐朽没有什么分别了。这不是极大的悲哀、极大的悔恨么？想到这里，"勤"这一个字，怎么能忽视呢？

二七

【原文】

昔人有言："货色功利之习，沦肌浃髓。"此语惊人尤深矣。味沦字浃字，禀生之时，既沦浃了吾体，亦非外铄者。故欲尽孝于父母者，非致良知以洗肌之沦涤髓之浃，则往往必贻父母之羞矣。虽贻父母之羞，则能养其口体服其劳，犹谓之不孝而可也。

【今译】

古人曾说过："喜好货色、探求功利这种习气，会浸入皮肤、透入骨髓。"这句话对人的警醒是极深的。说起渗透这两个字，是从我们刚出生就已经渗透了我们的身体，而不是后天才发生的。所以如果想要向父母尽孝，不通过发挥良知来洗去渗透入我们皮肤骨髓里的东西，就往往会让父母蒙羞。如果让父母蒙羞，那么就算你能照顾父母的衣食住行、代替他们去劳作，那么也可以说你是不孝的。

二八

【原文】

知其力量，而不知其知量，世之通患也。若复知其知量，如知其力量，则逊让之风起焉，而何忌才嫉能之有。

【今译】

知道一个人的力量，却不知道他的才智，这是世间的通病。如果能够像知道一个人的力量那样知道他的才智，那世上就会兴起谦逊之风，又怎么会有忌才妒能这种事呢？

二九

【原文】

枝叶萎，而根犹存元气焉，则有甦①之理矣。根既蠹，而枝叶犹生者，则必无甦之理也。然而昧者修饰其枝叶，以望其盛茂。此可笑，亦可自警。

【注解】

①甦：同"苏"。

【今译】

枝叶枯萎，可是根活着的话，则还会再次复苏。而如果根被虫啃咬了，即便枝叶貌似还活着，则再无复苏的可能。可是愚昧的人只知道修饰自己的枝叶，希望它能茂盛。这很可笑，也值得自警。

三〇

【原文】

指仁曰这里具枝叶花实，则人必不信焉。指卵曰这里具羽冠嘴距，则人必不信焉。而又指大树曰，是最初之仁精，透彻其本末而不遗者也，人亦疑焉。指老鸡曰，是最初之卵精，融洽其首尾而不遗者也，人亦疑焉。以是"可喻中人以下不可语上"①之旨也。

【注解】

① 语出《论语·雍也》，子曰："中人以上，可以语上也；中人以下，不可以语上也。"

【今译】

指着种子说这里有枝叶花果，人肯定不会相信。指着鸡蛋说这里有羽冠嘴爪，人肯定也不会相信。反过来指着大树说，这是最初种子的生命力从根系一直贯穿到枝叶，人也会怀疑。指着老鸡说，这是最初鸡蛋的生命力从鸡头一直贯穿到鸡尾，人也会怀疑。所以说，对着中人以下的俗人，没法谈超越现象的道理。

三一

【原文】

心体虚灵而已矣，恶固无，虽善不可有。如先有善而塞焉，则神明终不能为用也。宰我①礼乐之念，常在于心，此乃善而非恶也。然欲短父母之丧，则于不安事忍以安焉，而不自知不仁之罪斥于圣师也。其塞于善之害即如此，况恶乎。阳明先生曰："无善无恶，心之体。"以此故也，非拘迂者之所能知也，而诐诐②诋议之何也。

【注解】

① 宰我：孔子学生。见《论语·阳货》："宰我问：三年之丧，期已久矣！君子三年不为礼，礼必坏；三年不为乐，乐必崩。"

② 诐诐：争辩之意。语出《庄子·外篇·至乐》："彼唯人言之恶闻，奚以夫诐诐为乎！"

【今译】

心的本质就是虚灵（自由）的，恶固然没有，连善也不该有。如果先被善所占据而阻碍了自由，那精神最终则不能自由发挥功能。宰我心中常有礼乐之念，这是善念而不是恶念。可是他却想要缩短为父母服丧的时间，安心于不该安心的做法，却不知道自己不仁义的错误，会遭到圣人的斥责。被善念所占据的危害尚且如此，就不要说被恶念占据的危害了。阳明先生说："无善无恶是心的本质。"理由就在于此。那些被固定观念束缚的人明白不了这个道理，何必在这争辩不休呢？

三二

【原文】

寸鱼之口腮鬐鳞潜跃，与大鲤齐焉。小花为萼为蕊，为片为香，犹有类于牡丹。识者于此当知语小天下莫能破焉之精微矣。故三千之仪，一不可欠者也。圣人与天地合德，于乡党之细微尤可见矣。

【今译】

一寸长的小鱼也有口有腮有鳞，能潜水会跳跃，与大鲤鱼一样。小花也有花萼花蕊，叶绿花香，跟牡丹一样。所以有识之人就会明白，即便是微小的东西，也有任何人无法打破的精微之处。所以三千礼仪的细则，一条也不能少。圣人的德性，与天地的功德相契合，其做法在乡村日常生活的细则里也可以看见。

三三

【原文】

知是知非，知善知恶，是乃良知之照，而非良知之体也。阳明先生特为有意欲者权言之也。

【今译】

知道什么是对什么是错，什么是善什么是恶，这是良知的作用，而不是良知的本体。阳明先生特别为那些被目标和欲望所遮蔽的人，采取了这种方便的说法。

三四

【原文】

以灯烛喻良知似矣，而灯烛有起灭，良知无起灭也。以日月喻良知近矣，而日月有晦蚀，良知无晦蚀也。然则以何喻之，无喻者。夫良知只是太虚灵明而已矣，然而有时以灯烛喻之，亦无不可，有时以日月喻之，亦无不可。开导教诲于中人以下之方法，不可以不如此也。如直以太虚灵明说之，则与魏文侯听古乐[①]同矣，唯恐卧，唯恐卧故不能入耳存心也，其极至于世无善人。为人师者，宜用心于教法矣。

【注解】

①语出《礼记·乐记》，魏文侯问于子夏曰："吾端冕而听古乐，则唯恐卧；听郑、卫之音，则不知倦。敢问古乐之如彼，何也？新乐之如此，何也？"

【今译】

用灯烛来比喻良知很合适，但灯烛会起灭，良知却不会起灭。用日月来比喻良知也很合适，但日月会有日食月食，良知却不会被遮挡。那么用什么来比喻好呢，实在是没有可拿来比喻的东西。良知本来就是太虚的灵明，所以有时候用灯烛比喻也行，用日月比喻也行。开导教育中人以下的俗人，不得不这么做。如果上来就用太虚灵明对他说教，那就跟魏文侯听古乐一样，总是担心睡着，因为担心睡着则听不到耳朵里、存不到心里去，最终可能这世上就不再有善人了。做别人老师的，一定要在教育方法上用心。

三五

【原文】

拘而谓心在身内者，十目十指之义，一生不能了之。悟而识身在心内者，意欲机动时，非特十目十指焉，盖以为天下之所视指。何者，以身外之虚皆吾心，而万物往来起伏之地故也。

【今译】

如果从日常经验出发以为心在身体内部，那么即便是十个人眼睛盯着、十个人手指着的道理，一辈子也不能明白。而开悟、意识到身体是被心灵所支配的人，当目的意识和欲望产生影响时，不单是十人所见所指的道理，天下人所见所指的道理都能理解。为什么呢？因为包围身体的虚空都是我的心，也是万物活动生息的空间。

三六

【原文】

功名富贵，锦覆陷阱也，心虚则能见以避之，不虚则视而不见，踏而死者不少乎？呜呼！虚哉虚哉。

【今译】

功名富贵，不过是锦绸覆盖着的陷阱，内心虚空坦荡就能识破避开，内心充斥着功名富贵的人则会视而不见，掉进去死掉的人还少么？啊，虚空啊虚空！

三七

【原文】

春夏秋冬，自太虚来，以终始万物，而循环不息，毫无迹也。仁、义、礼、智与此一般，故心虚则谓之天，非大言也。

【今译】

春夏秋冬，都是从太虚而来，它让万物生成幻灭，一刻不停，却毫无痕迹。仁、义、礼、智跟这个一样，所以说内心虚空就是天，一点也不夸张。

三八

【原文】

开眼俯仰天地以观之，则壤石即吾肉骨，草木即吾毛发，雨水川流，即吾膏血精液，云烟风籁，即吾呼吸吹嘘，日月星辰之光，即吾两眼之光，春夏秋冬之运，即吾五常之运，而太虚即吾心之蕴也。呜呼！人七尺之躯，而与天地齐乃如此，三才之称，岂徒然哉？宜变化气质，以复太虚之体也。

【今译】

睁开眼睛抬头看天低头看地，土石就是我的骨肉，草木就是我的毛发，雨水河流就是我的体液，云烟风声就是我的呼吸，日月星辰的光芒就是我两眼的光芒，春夏秋冬的变化，就是我五常的运转，太虚就是我内心的实质。啊，人的七尺躯干，是这么与天地一样，说（天地人）三才，哪里是没有根据的呢？所以要改变身体的构成要素，让它恢复成太虚的本来状态。

三九

【原文】

孔子自称素王则不可，而后人称素王则无不可也。左丘明自称素臣则不可，而后人称素臣则无不可也。《春秋》之经，三代之典刑，而黜陟善恶之绳尺也。《左氏之传》，上下之行迹，而照烛妖魔之业镜也。只其绳尺也，治万世天下焉，非素王而何？只其业镜也，公当时邪正焉，非素臣而何？且如无传，则自天子诸侯至士大夫，邪心丑态，庶乎澌灭无闻矣。然则妖魔各逃照，而来世之人亦不知惩。故学者诚心读其传者，不得不起羞恶之心。然以邪心俗虑读之，则已反化妖魔，而业镜为其所垢蚀，失左氏之本旨宜远矣。

【今译】

孔子不能说自己是无冕之王，可是后人称孔子是无冕之王却没什么不可。左丘明不能说自己是无职之臣，可是后人称左丘明是无职之臣却没什么不可。《春秋》这部经书，是夏商周三代的典刑，是劝善惩恶的规范。《左传》是君臣举止的记录，是显照妖魔的明镜。《春秋》这个规范治理万世天下，他不是无冕之王又是什么？《左传》这面明镜，将当时的邪正照得清楚明白，他不是无职之臣又是什么？如果没有《左传》，那么上自天子诸侯下至士大夫的邪心丑态，就不会被人知道。如果这些丑恶不能被明镜照出来，后世之人也不会被惩戒。所以学者要以诚实的心态去读《左传》，进而唤起自己的羞耻之心。如果抱着邪心俗念去读，反而会变成《左传》里记载的妖魔，明镜也会被弄脏、侵蚀，这就远离左丘明的本意了。

四〇

【原文】

四时成万物者也，而至其极则愚不肖恨夏热，怨冬寒，甚于仇雠。而夏冬神固无心，而不肯顾其怨恨，直道以行焉，而成万物也。君子之不容乎小人，于此乎可悟。然而君子只是行其道而已矣，亦奚伎俩之有？

【今译】

春夏秋冬生成万物，然而当季节到极盛的时候，一般人就会讨厌夏天的炎热、埋怨冬天的寒冷，甚至比仇恨还要严重。但是冬夏之神根本没什么故意的安排，自然也不会顾及一般人的怨恨，按自身的规律运行，生成万物。君子之所以不宽容小人，也能够从这一点上明白。所以君子只是实行自己坚守的道义，又怎么会去玩什么伎俩呢？

四一

【原文】

心有意、必、固、我则非虚，非虚而见四书五经，则一不可行焉者也。心无意、必、固、我则归乎虚，归乎虚而见，则一可行焉者也。是故心贵虚也。

【今译】

我们心里如果有了恣意、偏执、顽固、己见，就不再虚空，不虚空的状态下去读四书五经，则那里面的教诲，一件都不能实行。而如果心里没有了恣意、偏执、顽固、己见，则能够归于虚空，这时候再读四书五经，其教诲就都能够实行了。所以内心最宝贵的就是保持虚空。

四二

【原文】

强为善者犹有之，自然为善者绝无。而非自然为善者，难缔真交矣。经事变而后知吾言之非诬也。

【今译】

努力去实践善的人还能有，自然而然就能实践善的人绝没有。可是如果不是自然而然就能实践善的人，就结交不到真正的友人。等经历过人生的变化后，就会知道我的话不是无中生有了。

四三

【原文】

阳明先生之"致良知"，为知而不行者发之也，是救朱门末学之弊巳矣。而不行，而徒语良知，则非但其学者责之，虽涂之人诋笑，宜矣。

【今译】

阳明先生所谓的"致良知"，是为了那些明白道理却不实行的人而说的，是为了解救朱子后学的弊害而已。不去实践而只会口头说良知的人，不单学习良知心学的学者会责难他们，连大街上的人都会嘲笑他们，实该如此啊。

四四

【原文】

火自石出，不慎诸始，则延烧以燎屋。才自心出，不慎诸微，则诈诞终亡德。

【今译】

敲石头可以取火，刚开始生火时如果不小心，就会把房屋烧毁。才能是从心里发出的，如果不在意其细微之处，则可能会变成狡诈，最终丧失道德。

四五

【原文】

庄子未尝毁春夏秋冬，以其自太虚出焉而不伪也。而毁仁、义、礼、智，以其不自太虚出焉而不真也。虽其不自太虚出焉而不真，则仁、义、礼、智不足取，孟子贬五霸亦同一意，而岂可概非庄说哉？此非平心而好学者，难与议之也。

【今译】

庄子从来没有非难过春夏秋冬，因为四季就是出自太虚，并非虚假。可他却非难仁、义、礼、智，因为仁、义、礼、智不是出自太虚，并非真实。如果它不是出于太虚、并非真实，那仁、义、礼、智就不可取。孟子非难春秋五霸，也是出于同样考量，又怎么能一概否定庄子的话呢？如果不是抱有平和的心态而好学的人，就很难一起讨论这个问题。

四六

【原文】

子曰："我未见刚者。"刚即地雷复之初爻也。或对曰："申枨。"① 子曰："枨也欲，焉得刚？"欲即天风姤之初爻也。是故君子慎独以变欲为刚。刚天德也，归乎天德，事父始孝矣，事君始忠矣。否则不免伪孝伪忠之行也。

【注解】

① 申枨：字周，春秋时鲁国人，精通六艺，孔子七十二贤之一。

【今译】

孔子说："我没有看见刚强的人。""刚"是地（坤卦）与雷（震卦）的结合、复卦六爻里的初爻。有人回答说："申枨（应该是一个刚强的人）。"孔子说："申枨个人欲望多，怎么能刚强？""欲"是姤卦里的初爻。所以君子谨守正道把"欲"变成"刚"。"刚"是本来的天德，只有变成天德，对父亲才能尽孝，对君主才能尽忠。否则不免变成虚伪的忠孝。

四七

【原文】

或曰："子动以心归乎太虚为言，自张子①《正蒙》②来否。"曰："吾太虚之说，自致良知来，而不自《正蒙》来矣。然不能逃于《正蒙》。学徒如信吾曰不能逃于《正蒙》，只读《正蒙》知太虚之说，则亦特解其言语而已，而必不能归乎太虚也。故致良知，其臻焉之道乎。"

【注解】

①张子：即张载（1020—1077），字子厚，世称"横渠先生"，

凤翔郿县人。北宋思想家、教育家、理学创始人之一。

②《正蒙》是北宋理学家张载的哲学著作。"蒙"是《周易》卦名，即"蒙昧未明"之意，《正蒙》即订正蒙昧。《正蒙》主要的用意是以儒家学说批判佛、道思想。

【今译】

有人说："你动辄说心要归于太虚，这说法是来自张载的《正蒙》吗？"我回答说："我'太虚'的说法，从（王阳明的）致良知而来，不是自《正蒙》而来。但（太虚之说）离不开《正蒙》，学生们如果相信我说'（太虚之说）离不开《正蒙》'，只读《正蒙》学习太虚之说，那么就只能从言语上理解，而必然不能归于太虚。所以致良知是心归于太虚的方法。"

四八

【原文】

非积阳明先生所训致良知之实功，则不可至于横渠先生所谓太虚之地位。故欲心归乎太虚者，宜致良知矣。不致良知而语太虚者，必陷于释老之学，可不恐哉？

【今译】

如果不积攒阳明先生教导的致良知的实功，就无法实现横渠先生所谓的太虚的境界。所以如果想要心归于太虚，就要做到致良知。不能致良知而谈太虚，就必然会陷入佛教道教里面，怎么能不令人害怕呢？

四九

【原文】

吾以为常人熟睡时反生，而明觉时反死矣。何者？熟睡时身虽如死，然心无一念矣，心无一念则心德全焉，吾故以为反生。而明觉时身固生活，而心起杂念矣，心起杂念则心德亡焉，吾故以为反死。因思人学而不到"觉时如睡时无一念"之地，则岂《大学》之"定静"云乎哉？岂周子之"无极而太极"云乎哉？

【今译】

我经常觉得人睡熟了反而活着，而当醒来时反而死了。为什么呢？熟睡时身体虽然像死了一样，但是心中一念不生，心中一念不生就心德俱全，因此我觉得这样反而像是活着。等醒来后身体虽然活动，但心中起了杂念，心中起了杂念就心德消亡，我反而觉得这样像死了一样。于是我觉得，人如果在后天努力时，如果醒着的时候做不到像睡着时那样毫无杂念，那又怎么能说《大学》里讲的"定而后能静"，怎么能说周濂溪所讲的"无极而太极"呢。

五〇

【原文】

常人动作云为，只苟而已矣。临财苟得，临难苟免，苟訾，苟笑，莫一不苟也。而常人有貌如君子迟重者，其于细故小变也，虽如不苟焉，临利与害必露其态矣。是故君子敬以除其病，除其病，然后始免苟之轻浮欤。

【今译】

普通人的行动与言语，都是被当时的情况所左右。见到钱财就想拿，遇到危险就想躲，没有主见地骂，没有主见地笑，都是被当时的情况所左右。而普通人里也有人像君子一样凝重，遇到些许小事好像也不会被当时的情况所左右，可是一旦遇到真正的利害，就露出了本来的面貌。所以君子慎重地去除这种缺点，这样才能不被当时的情况所左右。

五一

【原文】

穰苴斩后期宠臣，孙武斩背约爱姬。世以此为二子之创意焉，决非二子之创意也，自《周官·大司马》之法来。曰："群吏听誓于陈前，斩牲以左右徇陈曰，不用命者斩之。"又曰："及致，建大常，比军众，诛后至者。"二子真行斯事焉耳。春秋战国间之名将，皆明于成周军制，非特二子也，然彭越诛最后者一人，此则必效二子之颦者欤。

【今译】

即便是君主宠爱的臣子，如果迟到，穰苴也会杀他，即便是君主宠爱的妃子，如果违约，孙武也会杀她。世人都以为这是这两人的独创，可是并非他俩的独创，都是从《周礼·大司马》的法则中学来的。书里记载："众将在阵前听士兵发出誓言，斩杀祭祀的牲口然后对左右说，谁要是不听从命令就杀了他。"另外还记载："等到召集士兵时就竖起'大常'的旗帜，排列队形，谁要迟到就杀了他。"穰苴和孙武就是按照这个来行事的。春秋战国之间的名将，都很清楚周代的军队制度，不单是他们二人。而彭越斩杀最迟的一人，则必然是仿效他们二人了。

五二

【原文】

不心归乎太虚，而议亲故、贤能、功贵、勤宾之辟，则必流于私，而有过不及矣。故周制自世子至公卿大夫士之子，皆早以三德成其性，盛其德，而心归乎太虚，以服官政，故公正而无私。何议而不中节，不特《小司寇》之八辟而已。

【今译】

不能心归于太虚，而去讨论亲戚好友、贤者能人、功臣贵人、为国尽瘁的人，或者因是前朝子孙而被敬为国宾的人，则肯定会有偏见，要么过分、要么不及。所以周代的制度，从世子到公卿士大夫的子孙，都很早就按照三德成就了本性、丰富了人格，然后心归于太虚，这才从事国政，因此才公正无私。不单是《周礼·小司寇》所说的八辟，无论讨论什么都会很有分寸。

五三

【原文】

以《大学》之致知为致良知者，不自阳明先生始，特因先生震发雷轰也。程子①曰："知者，吾之所固有，然不致则不能得之。"此岂非谓致良知乎？吕东莱先生曰："致知格物，修身之本也。知者，良知也，与尧、舜同者也。理既穷，则知自至，与尧、舜同者忽然自见，默而识之。"此岂非显谓致良知乎？胡敬斋先生曰："心本有知，因气禀物欲昏蔽其良知，故须致知。"此亦非显谓致良知乎？而朱子曰："明德谓本有此明德也。孩提之童，无不知爱其亲，及其长也，无不知敬其兄。其良知良能，本自有之，只为私欲所蔽，故暗而不明。所谓明明德者，求所以明之也。"其所以明之者，非致良知而何？故朱子亦谓致良知也。吾故曰，不自阳明先生始，特因先生震发雷轰也。然世儒漫诽先生致良知之说，则非但诽先生而已，并诽程、朱及吕、胡诸大儒也。瞽聋之罪莫大焉。

【注解】

①程子：即程颐（1033—1107），字正叔，北宋洛阳伊川人，世称"伊川先生"，北宋理学家。

【今译】

把《大学》的"致知"解释为"致良知"，不是从阳明先生开始的，而是因为先生才像地震、打雷一般振聋发聩。程伊川先生说："识见是我所固有的，但不努力寻求也是不能得到的。"这岂不就是说的"致良知"吗？吕东莱先生说："致知格物，是修身的根本。知就是良知，是和尧、舜相通的东西。如果能够穷理，知就会到来，与尧、舜相通的东西一下子就出现了，不用靠语言去认识它。"这岂不是明显在说"致良知"吗？胡敬斋先生说："心里本来是有良知的，只是因为身体的不适或者物质性的欲望，阻碍了固有的良知，所以需要'致知'。"这不也是明显在说"致良知"吗？而朱子说："所谓明德，本来是谁都固有的。小孩子没有不喜爱自己的父母的，等他长大，没有不敬重自己兄长的。这些良知良能，本来就是先天固有的，只因为私欲才被遮蔽，不能得以发挥。所谓'明明德'，就是寻求发挥这种良知良能的方法。"而能够将其发挥出来的，不是良知又是什么呢？所以朱子也在说致良知。因此我说，这说法不是从阳明先生开始的，而是因为先生才广为人知。然而世俗的学者不认真思考就指责阳明先生"致良知"的主张，这不单单是非难阳明先生，是连程伊川、朱子、吕东莱、胡敬斋这些大儒一起非难了。阻碍理解道理的罪过，没有比这更大的了。

五四

【原文】

或曰："于经明言虚，有乎。"曰："有。"《大学》曰："其心休休焉，其如有容焉。人之有技，若己有之，人之彦圣，其心好之。不啻若自其口出，寔能容之。"此两个容字，心之量也。心之量，非太虚而何。《中庸》曰："语大天下莫能载焉。"又曰："上天之载，无声无臭至矣，其大也，至也，此非太虚而何？"孔子曰："君子不器。"又曰："吾道一以贯之。""子绝四，毋意，毋必，毋固，毋我。"子曰："我有知乎哉，无知也。有鄙夫问于我，空空如也，我叩其两端而竭焉。"又曰："回乎其庶乎屡空。"又曰："天何言哉，四时行焉，百物生焉，天何言也。"

其不器也、一也、绝四也、空空也、屡空也，天何言哉，此皆非太虚而何？孟子曰："我善养吾浩然之气。"其浩然也者，非太虚而何？而《易》《书》《诗》《礼》《春秋》亦及其至也，则皆不外于太虚之德也。《易》曰："太极。"《书》曰："无偏无陂，遵王之义；无有作好，遵王之道；无有作恶，遵王之路。无党史无偏，王道荡荡；无党无偏，王道平平；无反无侧，王道正直。会其有极，归其有极。"《诗》亦曰："上天之载，无声无臭。"《礼》曰："无声之乐，无体之礼。"《春秋》曰："春王元年，其太极也，有极也，无声臭也，无声体也，元也，此皆亦非太虚而何？"此凡所举，经之明征也，子犹疑之乎？呜呼！太虚之妙，不可言述者也，然而了理气合一，则太虚亦惟理气焉耳，如离理气。而言太虚者，非四书五经圣人之道也。学者宜知之。

【今译】

有人问："经书里有明确谈到'虚'的吗？"答道："有。"《大学》说："他心胸宽广，能够容人容物。别人有某种本领，他就觉得好像他自己也有一样；别人才能出众，品德高尚，他打心眼里高兴。这样的人，我而且不但在口头上加以称道，还打心里容许他。"这里的"容"字，是内心的气量。内心的气量，不是太虚又是什么呢。《中庸》说："说到大，天下都盛不下。"又说："上天所承载的，没有声音没有味道，是至高无上的。这不是太虚又是什么？"孔子说："君子不像器具那样，作用仅仅限于某一方面。"又说："我讲的道是由一个基本的思想贯彻始终的。""孔子杜绝了四种毛病：不凭空臆测，不武断绝对，不固执拘泥，不自以为是。"孔子说："我有知识吗？没有知识。有一个粗鄙的人来问我，我对他谈的问题本来一点也不知道，我从他所提问题的正反两头去探求，尽了我的力量来帮助他。"又说："颜回呀，他的道德修养已经差不多了，可是他常常很贫困。"又说："天又说过些什么？不过放纵四季周而复始，任由百物蓬勃生长。"

孔子说的不器、一也、绝四、空空、屡空，天何言，不是太虚又是什么呢？孟子说："我善于培养我拥有的浩然之气。"这个浩然之气，不是太虚又是什么呢？而《易经》《书经》《诗经》《礼记》《春秋》等的极致，说的也不外乎是太虚之德。《易经》说："太极。"《书经》说："不要不平不正，要遵循王道公平的法则；不要有损人害人的私好，要遵循王道正义的要求；不要为非作恶，要遵守王道正直的法则。不要偏私结党，要遵行宽广的王道；不要结党行偏，要遵行平坦的王道；不要歧路旁出，要遵行正直的王道。不偏不倚，取中庸之意。王者聚合臣民、臣民归顺王者皆有共同的准则。"《诗经》也说："上天生育天地，主宰万物，一无声音，二无气味。"《礼记》说："没有声音的音乐，没有丧服的服丧。"《春秋》说："春王元年。这里的太极、有极、无声臭、无声体、元，不是太虚又是什么呢？"举出这么多例子，都是经书上的明证，你还有什么可怀疑的呢？啊！太虚的微妙，不可以用言语表述，但是只要明白理气一体，就会明白太虚也是理气。如果离开理气说太虚，就不是四书五经圣人的做法了。学习的人应该知道这个道理。

五五

【原文】

胡虏曰："衣皮毛，事畜牧，蓄性所便。英雄之生，当王霸耳，何锦绮为？"是言固壮矣。不以人废言，学者师其意。咬菜根、明道理，人性所当为。丈夫之业，圣贤惟是期耳，何富贵利禄之羡？

【今译】

北方的胡人说："穿着毛皮、从事畜牧，是我们民族的本性。可是一旦出现了英雄，称霸天下后，为什么又要穿着豪华的衣服呢？"这句话说得甚是豪迈。不因为一个人有缺点而摈弃他好的言论，学习者应该去学习其言语的涵义。吃着粗陋的食物、明白道理，这是人本来应该做的。大丈夫应该立志成为圣贤，富贵利禄又有什么可艳美的？

五六

【原文】

不致良知，则仁决不熟也。

【今译】

不能够致良知，那么仁就绝不会成熟。

五七

【原文】

心归乎虚，自诚意慎独入焉。而意诚则无有所忿懥、恐惧、好乐、忧患，故心归乎虚。一有所，则非虚。

【今译】

要心归于太虚，就得从诚意慎独开始。一旦意志诚恳了，就不会有愤懑、恐惧、好恶、忧患，也就能心归于太虚。一旦有了其中一样，内心就不虚空了。

五八

【原文】

不心归乎太虚，而谓良知者，皆情识之知，而非真良知也。真良知者，非他，太虚之灵而已矣。非知道者，孰能悟之。

【今译】

如果不心归于太虚，而谈论良知的人，都是感情知识层面的知，而不是真正的良知。真正的良知不是别的，而是太虚之灵。不明白"道"的人，就不可能领悟。

五九

【原文】

吾既辞职而甘隐，脱险而就安，宜高卧舍劳苦，以乐自性。然夙兴夜寐，研经籍，授生徒者，何也？此不是好事，不是糊口，不为诗文，不为博识，又不欲大求声誉，不欲再用于世，只扮得学而不厌诲人不倦之陈迹而已。世人莫怪，又莫罪。呜呼！心归乎太虚之愿，则谁知之乎？我独自知焉耳。

【今译】

我已辞去职务而满足于隐居生活，脱离危险而处于安全的地方，是想舒舒服服休息不再辛苦做事，来享受自我。可是却早起晚睡、研习经书典籍、教授学生，是为了什么呢？这不是我好事，也不是要糊口，不是为了读诗文，也不是为了增加见识，不是为了博得更大的名声，也不想再被提拔启用，只是为了效仿古人学习不知厌倦、教授别人不知疲劳而已。世上人不要非难我、怪罪我。啊！我心归于太虚的愿望，又有谁知道呢？只有我自己知道罢了。

六〇

【原文】

吕新吾①先生曰：“见利向前，见害退后，同功专美于己，同过委罪于人，此小人之恒态，而丈夫之耻行也。”吾常诵之鞭惰心。见利不肯前，见害不肯退，同功则归之乎人，同过则受之乎己。惟是勉以行之，犹恐类于彼，况悠悠虚度者，未必能免之也。

【注解】

①吕新吾：即吕坤（1536—1618），字叔简，号新吾，宁陵人。万历二年（1574）进士，历官山西巡抚，留意风教，举措公明，擢刑部侍郎。

【今译】

吕新吾先生说：“见到好处就上前，见到损害就后退，有了功劳就据为己有，有了过错就推给别人，这是小人常有的做法，也是大丈夫引以为耻的行为。”我经常读来鞭策我的懒惰之心。见到好处不去争，见到损害不去躲，有了功劳就让给别人，有了过错就自己承受。我努力这样去做，却还害怕做不到，更何况那些虚度岁月的人，自然更无法做到了。

六一

【原文】

"听讼吾犹人也者。"《周官·司寇》所云五声，以之听狱讼、求民情，圣人与官吏之有才能者无异矣。而"无情者，不得尽其辞，大畏民志者"。民之不仁者饰以仁，不敬者饰以敬，不孝者饰以孝，不慈者饰以慈，不信者饰以信，其余不善也者，各饰以善。而民之仁者诬以不仁，敬者诬以不敬，孝者诬以不孝，慈者诬以不慈，信者诬以不信，其余善也者，皆诬以不善，此即讼端之所由起也。故圣君诚意，以明、仁、敬、孝、慈、信之德而临民焉。譬如悬明镜应物来，物妍媸安逃其照，故民先咸其心，不得讼以尽其虚诞之辞，令大畏其心志，而有耻且格。虞芮之讼于文王，是其证也。而至如此则不仁者改为仁，不敬者改为敬，不孝不慈者改为孝慈，不信者改为信，而仁者不诬之，敬者不诬之，孝慈者不诬之，信者不诬之，而仁化兴于下。此岂非圣君诚意之效乎，决非官吏所及也。是故虽齐治平，皆以诚意为本，故《大学》结上文数节，重曰此谓知本，其旨深矣哉，而谓释本末，昔贤既驳之，其言是也。

【今译】

孔子说："听取诉讼事件的时候，我也与其他人是一样的。"这说的是《周礼·小司寇》说的五声，用五声听取诉讼，探究人民的实情，在这一点上，圣人可说与有才能的官吏没有什么分别。"使隐瞒实情的人不能花言巧语，使人心畏服。"这说的是只有不仁的人才假装仁，不敬的人才假装敬，不孝的人才假装孝，不慈的人才假装慈，不信的人才假装信，其他不善的，各自假扮善。反过来，民之仁反诬告他不仁，敬者反诬告他不敬，孝者反诬告他不孝，慈者反诬告他不慈，信者反诬告他不信，其他善者，都反诬告他不善，这就是发生诉讼事件的原因了。所以圣德的君主保持诚意，用仁、敬、孝、慈、信的德行与人民相处。就好像挂起明镜可以照到一切事物，物的美丑又怎么能逃过明镜的映照呢？所以人民先被圣君的诚心感化，在诉讼时就不能说假话，让民心大大敬畏，然后产生羞耻心从而正确行事。虞和芮两国因为领地问题到文王面前诉讼，（因为被文王的德行感动而撤诉），就是例证。这样一来，不仁的人改为仁，不敬的人改为敬，不孝不慈的人改为孝慈，不信的人改为信。而且不去诬告仁者，不去诬告敬者，不去诬告慈者，不去诬告信者，仁就会向下逐渐感化。这岂不就是圣君诚意的效果么，这绝不是官吏所能做到的。所以无论是齐家、治国、平天下，都应该以诚意为本。所以《大学》开始的数节，都在反复强调"这才是知本"，用意是很深的。而（朱子）关于"本末"的解释，古贤人已经反驳过了，反驳得很对。

六二

【原文】

孟子所谓"志壹则动气，气壹则动志也，今夫蹶者趋者，是气也，而反动其心"。象山先生说之曰："志壹动气，此不待论。独气壹动志，未能使人无疑。孟子复以蹶趋动心明之，即可以无疑矣。壹者，专一也。志固为气之帅，然至于气之专一，即亦能动志也，故不但言持其志，又戒之以无暴其气也。居处饮食，适节宣之宜，视听言动，严邪正之辨，皆无暴其气之工也。"吾谓在学人无志气夹持之工夫者，不陷玄虚，则必支离矣。故用功当如此，然成德君子则气一听志而已，又安气动志之有。何则蹶者？以心不在焉故也。如恭敬人则决无此躁失，况成德君子乎。趋亦在常人则气为其事，故亦动志。然大人君子在千军万马中，驰骋出入，此皆趋也，而本于理、发于志，以使其气，故无气动志矣。居处饮食、视听言动，皆心适其节宣之宜，严其邪正之辨。即是虞廷精一之学也。

【今译】

孟子说："心志专一就能调动意气，意气专一也能触动心志。譬如跌倒和奔跑，这是意气专注的结果，反过来也使他的心志受到触动。"陆象山先生就此说道："心志专一就能调动意气，这肯定是不必说的。可是说意气专一也能触动心志，就难免令人不生疑问。不过孟子用跌倒和奔跑为例解释意气触动心志，就不会再有疑问了。所谓一，就是专一。心志固然是意气的统帅，但是如果意气专一，也能触动心志，所以不但说要保持心志，还得说不要让意气狂暴。起居饮食的时候要适度发散收敛气，视听言动的时候要严格辨别正邪，这都是不让意气狂暴的努力。"我认为，学者如果不能专注做到心志意气的专一，就难免陷入玄幻的虚妄之中，然后失去自我而行为散乱。所以用功的时候就要保持专一，成就德行的君子就能保持意气专一、按心志行动，又怎么会让意气动摇心志。为什么会有人摔倒？就是因为心不在焉罢了。举止恭敬的人就不会如此浮躁，更何况成就德行的君子。奔跑的时候，普通人任由意气发挥，所以才会动摇心志。但是大人君子在千军万马中驰骋出入，这也是奔跑，但是却基于道理、发自心志，然后发挥意气，所以意气就不会动摇心志了。起居饮食、视听言动，都是心适度地让气收敛发散、并且严格分辨正邪，这就是有虞氏之精一的学问。

六三

【原文】

先天者理焉耳，而气在其中矣。后天者气焉耳，而理在其中矣。要理与气一而二，二而一者也，非实知《易》者，孰能见之也哉？

【今译】

先天的存在就是理，而气就在理中。后天的存在就是气，而理就在气中。也就是说，理与气是不可分的，不是真正理解《易经》的人，又有谁能看清楚这个道理呢？

六四

【原文】

圣贤之行权也，济仁义忠信之穷。而仁义忠信，待之以行于世，则上下治矣。奸恶之行权也，为利己害人之私也。而利己害人，因之以施于世，则风俗坏矣。夫权一，而善恶之相隔乃如此。于周公王莽之事可见矣，可不慎哉？

【今译】

圣贤行使权力，是为了弥补仁义忠信的不足。仁义忠信只能依靠圣贤的权力行使，才能在世上推行，然后天下大治。而奸恶之人行使权力，不过是利己害人的私欲之举。推行利己害人的措施，风俗就会败坏了。权力都是一样的，但引发的结果好坏差距很大。这在周公、王莽的事迹中可以窥见，能不谨慎吗？

六五

【原文】

反己问之独知，则未尝有进取如狂者，有所不为如狷者之志，可谓耻矣。而日读书谭理，究竟终乎乡愿而已矣。

【今译】

自我反省、询问自己的良知，如果是善，却不像狂者（理想主义者）那样积极实行；如果是恶，却不像狷者（慎重的居士）那样不行动，这可以说是可耻了。而成天读文章谈道理，终究也就做个没有原则的人罢了。

六六

【原文】

读朱子书固无论矣。阳明王子以前，朱学诸子之书，犹宜读之也。如其体用之支离，知行不合一，即如指掌，尝不胡乱，庶乎不掩过者也。阳明王子以后，朱学诸子之书，则初学不读之可也。何则？大抵有客气胜心者，欲抑王而扬朱，故罅漏补缀，如无支离而为合一。然以良知为仇，舍之于度外，则要遗本体而流言语，焉得免掩过也哉。掩过小人之情状，舍良知义袭之粗工。初学读之，则必迷缪矣，终不能得身心之修正也，故曰不读之可也。而至学问精熟，则读之亦奚害哉。有主宰，则一览而其是非得失，了然乎心目间矣。不是抑朱而扬王之私，患后辈无得而陷俗学，故诏之也。

【今译】

朱子的书自然是要读的。王阳明以前的朱子学者的著作，尤其需要读。（这些书里）本体与作用分离、知行不合一，都一目了然，不曾混淆，毫不掩饰。王阳明以后的朱子学者的书，初学者不读也罢。为什么呢，因为（这些书）大抵都是意气用事争强好胜，想贬低王阳明而赞扬朱子的，所以就为其找补，好像体用不分知行合一一样。可是却仇恨良知，不去考虑它，抛弃本体而追逐言语表达，就难免遮掩错误了。遮掩错误是小人的做派，也是舍弃良知而追求外在道理的无谓努力。初学者要是读了这种书，就会被迷惑，最终不能修正自己的身心，所以我说不读也罢。等到学问精熟了，那么就算读了也不会有什么坏处。有了主见，就能一眼看出是非得失，心中了然。这不是我有贬低朱子赞扬王阳明的私念，实在是担心后辈没有心得而陷入庸俗的假学问中，这才讲明白。

六七

【原文】

圣贤名誉之传于万世而不朽者，此非名誉之传于万世而不朽也，其自初至终，所实践仁、义、礼、智之德，与天之春夏秋冬只一个。故其人虽死，其灵驾于春夏秋冬之气，遍布充满乎天地间，而人不能谖，以是传于万世而不朽也。假善伪行，而焉至于此哉？

【今译】

圣贤的名声传于万世而不朽，并不是名誉本身传于万世而不朽，而是因为圣贤自始至终所实践的仁、义、礼、智的德行，与自然界的春夏秋冬浑然一体。所以人虽然死了，但他的灵魂却留在春夏秋冬之气上，遍布于天地之间，使人不能忘却，这才能传于万世而不朽。虚假的善良和虚伪的行为，又怎么能做到这一点呢？

六八

【原文】

天如有心而运用春夏秋冬，则颠倒错施，万生却不得生育也。故人不归乎太虚，而外行仁义则亦复然，其受害者不鲜矣。庄子非毁仁义，其所毁，在于有私心而行之者也，岂谓不可哉？

【今译】

天如果有意识地运行春夏秋冬，那么就会出现季节错乱，所有生物都不能生育。所以人要是不能归于太虚，只是表面上行仁义也会一样，被害的人一定不会少。庄子不是非难仁义，他非难的是抱着私心行仁义的人，这有什么不可以非难的呢？

六九

【原文】

问："归乎太虚而后为仁义云，则未归乎太虚者，不为仁义而可耶？"曰："未归乎太虚者，不自欺、自谦、诚意之功夫，彻动彻静，彻昼彻夜，终始一焉。便是为仁义之道，而归乎太虚之窍也，故虽未归乎太虚者，仁义何可不为也哉。"

【今译】

有人问："既然说归于太虚之后才能行仁义，那么还没有归于太虚的，是不是就不用行仁义了呢？"我回答："尚未归于太虚的人，努力做到不自欺、自谦、诚意，无论是行动时还是静止时，无论白天还是黑夜，都能始终如一。这就是实践仁义的方法，也是归于太虚的要点，怎么能说尚未归于太虚的人就可以不行仁义了呢？"

七〇

【原文】

孟子："尽其心者，知其性也，知性则知天矣。"知天者，正是见得心之虚即为太虚，乃与天齐。学者至此，亦圣人也夫。

【今译】

孟子说："尽自己的善心，就是觉悟到了自己的本性，觉悟到了自己的本性，就是懂得了天命。"懂得天命，正是因为看到了内心的虚空就是太虚，与天的虚空一样。学者要是达到这个境界，也是圣人了。

七一

【原文】

瞻日色薄而月光明，则知者知阴凌阳矣。见眸子眊而血气浮，则明者知邪胜正矣。天人本是通一，不可欺者也。

【今译】

看到太阳光变弱而月光变亮，有见识的人就知道阴凌驾到阳上面。看到瞳孔变暗而眼白充血，明事理的人就知道邪心压过了正义。天与人本来就是相通的，不能去欺骗。

七二

【原文】

实知不义，然后知其富贵如浮云也，否则安得知之哉？而是知便良知，而非闻见之知也。然学者推广闻见之知，欲其如浮云与圣人一般，譬如眇而见千里外，蹇而登高山顶，其亦难矣哉。

【今译】

只有真正明白了什么是不义，才能明白为什么不义的富贵如浮云一样，否则怎么可能明白呢？这种明白，就是良知，而不是听来的、看来的知识。可是学者却推崇这些听来的看来的知识，还想比肩圣人，比如视力不好还想看到千里之外，腿脚不便还想登到高山顶上，实在是太难了。

七三

【原文】

知止，而后实知所先后，以实知所先后，故得实知修身为本，此之谓知之至也。致知，致其知于事事物物也。是故知止、知先后、知本，此三知，《大学》之诀也。如不知止，安得知所先后，不知所先后，安得知本。不知本而谓致知，则意见之知，而非良知也。

【今译】

知道了价值判断的原则，才能明白谁先谁后，这样才能真正明白修身的根本，这才是致良知的根本。所谓致知，就是在一切事物上致良知。所以知道价值判断的原则、知道优先什么、知道根本，这三个知道，是《大学》的要诀。如果不知道价值判断的原则，又怎么能知道优先什么，不知道优先什么，又怎么能知道什么是根本。不知道根本致良知，那就是需要修正的意见，而不是良知。

七四

【原文】

欧阳公祭刘给事文曰："金百炼以为鉴，而万物不能遁其形。及为物蚀而蔽其光，顽然无异乎瓦甓。然而一遇良工之药磨而莹之，则可见肝胆而数毛发，盖其可昏者光，不可昏者性。其或废而或用，由有幸与不幸。"欧阳公不欲语性，而此数语道尽性之灵。学者善观之，则良知之旨不出乎此。而语性则人必以为天自然为陶铸，而不知甚乎百炼以为鉴也。《记》曰："人者，其天地之德，阴阳之交，鬼神之会，五行之秀气也。"其初命性也乃如此，岂亦容易哉。故人不可不尽保合大和之工也，否则辜负乎天地之恩矣。

【今译】

欧阳修祭奠刘原甫的文章中说："金属精炼百回成为明镜，万物都不能在它面前掩盖行迹。可是被外物侵蚀、光芒被遮挡的话，那就跟瓦片没什么分别了。可是要是遇到好的工匠把它打磨亮，那就能照见肝胆、数清毛发，所以能掩盖镜子的光芒，却无法掩盖它的本性。被废弃还是被使用，都是幸运和不幸的事。"欧阳修原本不想谈论本性的问题，可这几句话却道出了本性的灵妙。学者好好思考一下，就会知道良知的主旨尽在于此。说到本性，人都觉得是上天自然打造的，但不知道明镜的关键在于百炼。《礼记》里说："人汇聚了天地间的德性，阴阳相交的结晶，鬼神相会的成果，和阴阳五行间的灵气。"天赋予人本性时也是这样，可不是件容易的事。所以人不可以不竭尽全力保持大调和，否则就辜负了天地的恩情。

七五

【原文】

王文成公讨宸濠之独断，固致其良知也。然而其所以致其良知，乃从蔡虚斋论岳飞班师书来。因知立言以垂诸天下万世，即亦仁也。呜呼！岂曰小补之哉？

【今译】

王阳明独自决定要讨伐宁王朱宸濠，当然是他致良知的结果。但是他之所以能这样致良知，是从蔡虚斋责难岳飞班师的文章中体会出来的。所以我们就知道，能够留下教导天下万世的言论，也是一种仁。啊！怎么能说这件事只是小小的功绩呢？

七六

【原文】

我常以一日为一年，历度光阴焉。因近读古人以一日为百年，以百年为一日之语，悟道无穷，而学无际也。

【今译】

我经常把一天当作一年来规划时间。因为最近读到古人把一天当作一百年，又把一百年当作一天的话，感觉明白了很多，学问真是没有尽头。

七七

【原文】

或问，子以一日为一年之义，如何。予笑而不答，再三请，因曰，予非有他术也，只日以子、丑实为仲冬、季冬之时，以寅、卯、辰实为孟春、仲春、季春之时，以巳、午、未实为孟夏、仲夏、季夏之时，以申、酉、戌实为孟秋、仲秋、季秋之时，而以亥实为初冬之时，而寤寐常见吾性。仁、义、礼、智之妙，与天运一个，更不有须臾之间断也。如一有间断，则禽而非人，死而非生。是故致良知以省察修治，则起卧至琐屑之事，不能叛仁、义、礼、智而行之也。工夫于是，则以一日为一年犹未矣，虽为百年可也。故送一日之光阴，岂亦容易也哉。予因再三之请，不得已以吐露之也，冀以吾言勿矜大矣。

【今译】

有人问，你把一天当作一年，这话是什么意思呢？我笑而不语。连问多次，我才说，我并非有其他的办法，只是每天把子时当作仲冬、丑时当作季冬，把寅时当作孟春、卯时当作仲春、辰时当作季春，把巳时当作孟夏、午时当作仲夏、未时当作夏季，申时当作孟秋、酉时当作仲秋，戌时当作季秋，把亥时当作初冬，无论睡觉还是醒着都总在关照我的本性。仁、义、礼、智信的精妙，与天运一致，没有一刻间断。而一旦有了间断，那就是禽鸟不是人类，就是死了而不是活着。所以，致良知并且反省自身的修行，从起床睡觉到各种琐碎之事，都不能有违仁、义、礼、智信。如此努力的话，把一天看作一年都不够，甚至可以当一百年来过。所以度过一天，岂是一件容易的事。我因为被一问再问，这才吐露了自己的想法，还请不要觉得我夸大其词。

七八

【原文】

存心有二，自圣贤已下，存心于理，固不可无也，存心于欲，决不可有也。然存心于欲即易，而存心于理乃难矣。古人诗所云："呼起十年心上事，春风楼下卖花声。"是亦庶乎存心于欲者也。故学者省察之工夫，不可时刻废，以此也。

【今译】

存心有两个意思，自圣贤以下自然不能不存心于理，但是存心于私欲，是断断不可以的。但是存心于私欲很容易，存心于理就很难。就像古人诗句里说的："呼起十年心上事，春风楼下卖花声。"说的应该就是存心于私欲这个事吧。所以学者反省的努力一刻也不可废，就是因为如此。

七九

【原文】

三苏之学，以道器为别，二程之学，以道器为一。是乃洛蜀争端之所源也。而二程之见不诡乎圣人，然学人不本本心之良知，徒谓道器一，则恐亦陷于释学之空矣。是圣学之所难也。

【今译】

三苏的学问，是将形而上的道和形而下的器分开，而二程的学问，是道和器合一。这是洛学（二程）和蜀学（三苏）争端的起源。二程的见解与圣人的教导是一致的，但是学人却不依照"本心"之良知，只是口头说道和器是合一的，那就很可能会陷入佛教游离于实态的虚幻之中。这就是实践圣学困难的地方。

八〇

【原文】

庆云①、鸣雷、凄风、和气，皆是太虚之象，而不常有，然有时起焉。故喜怒哀乐，皆是人心之情，而不常有，然有时起焉。故喜怒哀乐也，便是天之庆云鸣雷、凄风、和气。而庆云、鸣雷、凄风、和气，便是人之喜怒哀乐也。元是不二矣。然而人不归乎太虚，而喜怒哀乐，任情起灭，则亡德丧身之基也。故君子慎独归乎太虚。惟是之务，是以当喜怒哀乐之境，尤忍而不轻起焉。如吾者则反之，宜慎也。

【注解】

①庆云：详云，五色云。古人以为祥瑞之气俄而祥凤庆云。

【今译】

祥云、雷鸣、凄风、和气，这都是太虚之像，虽不是经常有的现象，但是偶尔也会有。喜怒哀乐都是人内心的感情，虽不是经常有的现象，但是偶尔也会有。所以喜怒哀乐就是祥云、雷鸣、凄风、和气。而祥云、雷鸣、凄风、和气，就是人的喜怒哀乐。本来就不是两种东西。可是人如果不归于太虚，那么喜怒哀乐就会任性出现和消失，成为亡德丧身的原因。所以君子独处时依然遵守各种规范、努力去归于太虚。因此才可以做到当喜怒哀乐要影响自己的时候，能够忍住不让它产生。而我们则很难做到，所以更要谨慎。

八一

【原文】

不迁怒，不贰过，学者所效法。然不用克己之苦功，而不迁怒，不贰过，则非柔惰不振之士，必掩奸饰非者也。

【今译】

不把怒火发泄到无关的人身上，不犯两次同样的过错，这是学者应该效仿的。但是如果不能努力严格要求自己，就谈什么不把怒火发泄到无关的人身上，不犯两次同样的过错，那如果不是迟钝懒惰的人，就一定是掩盖自己奸猾、过错的人。

八二

【原文】

不知太虚之理，而精算草木之花，又缕析其蕊。细看玉石之文，又纤别其理，便是日亦不足，劳而无功。有学之类此者，不可不知也。如亦了得太虚之理，则万物皆在其中矣。花蕊文理也者，其陶铸之所使然也，故精算与缕析，细看与纤别，不劳而见其效也。

【今译】

不懂得太虚的道理，去精细计算草木的花朵，之后又仔细分析草木的花蕊。仔细观察玉石的纹样，又细致分析它的脉络，就算花上一天已不够，劳而无功。学习也跟这个类似，可不能不知道。如果也明白了太虚的道理，那么万物都在这其中了。花蕊纹样脉络，都是造化令其如此，所以精细计算和细致分析、细心观察和细致分别，不用费力就有成效。

八三

【原文】

无善无恶，心之体也。故君子致知格物，以归乎其体，便是太虚。而万事万物，皆涵于其中矣。以是日用应酬，故得遂位育参赞之功德也。

【今译】

无善无恶，是心的本源。所以君子致知格物，实现这种潜质，就是太虚。而一切事物都包含在这其中。这样才能够成就天地便各归其位，万物生长发育的功德。

八四

【原文】

学固正己心、修己身。然以正己心、修己身而已，为学之至焉，盖非大人之道矣。夫身外之虚，皆吾心也。则人物在心中矣。其为善去恶，亦我身之事，而其为善亦无穷，去恶亦无穷也。故大人毙而后休矣。故不毙内，令其为善，其去恶，便是功夫。

【今译】

学问固然是要端正自己的内心，陶冶自己的身体。可是如果把这个当成为学的终极目标，则不是大人之道了。本来我们身体外的虚空，都是我们的内心。那么人和物都包含在我们的内心中。那么为善不作恶，就是我自身的事，而为善是无穷无尽的，不作恶也是无穷无尽的。所以大人一直到死才停止学问。所以只要还活着，就要努力去为善、不作恶这才是功夫。

八五

【原文】

月之障乎树叶，而虽叶间漏于光，叶之当处遮了，乃似亏月体而非亏焉。是可悟常人良知之障于气质，而隐见断息之义也。故学不至变化气质，则良知虽存于内，焉能照彻于外也哉？

【今译】

月亮被树叶遮挡，虽然树叶间还露出月光，但是月亮依然被树叶遮挡了，好像是月食，但其实并不是月食。从这一点我们可以感悟，普通人的良知被身体的因素遮挡而时断时续。所以学问要是不能改变身体的因素，那么即便良知存在，又怎能发挥实际作用呢？

八六

【原文】

或问立志之义。曰："先知志字而可矣。"曰："心之所之谓之志，是欤？"曰："否。此非立志之志之义也。夫志字从士从心，由是观之，则立士之心焉耳。士之心，则孟子所谓无恒产而有恒心者，惟士为能。其恒心者，何也。不以贫贱祸害易为善之心也。故学者先立其心，以从事于圣学，则如下种子望成实也。因用不息之功，乃为贤为圣，其亦由是臻焉乎。"

【今译】

有人问我立志的含义。我说："应该先知道'志'的意思。"又问："是心所朝向的就是志么？"我说："不是。这不是立志的志的意思。志字是士加上心组成，这么来看，就是士要下决心的意思。士的心，就是孟子所谓的，没有一定的财产收入、却有一定的道德观念和行为准则，只有士才能做到。什么叫有恒心呢？就是不让贫贱祸害改变了为善的初心。所以学者要先树立这样的恒心，然后学习圣人的学问，才能像种下种子期待结果。通过不懈努力成为圣贤，也是通过立下士之志向从事学问才实现的。"

八七

【原文】

孔氏之畜狗死，使子贡埋之以敝盖。而贫无盖，乃予之席，毋使其首陷焉。此所以语小天下莫能破焉也。而圣人于埋畜也，不使仆隶，而使高第端木氏，似甚过重矣，吾尝疑之。乃因家犬死，而始觉使高第之不重矣。吁。

【今译】

孔子养的狗死了，让子贡用破旧的车盖裹起来掩埋。子贡穷困没有车盖，就用席子裹起来，不让头直接埋在土里。说这件事是小事，就再也没有比这更小的事了。但是圣人掩埋自己养的狗，不让仆从去做，而是让自己的得意弟子去，好像是有点过分了，我也一度有点困惑。等到我自己的狗死了，才知道让得意弟子去做这件事，并不过分。唉！

八八

【原文】

或问："子产之于孔子，仁智如何。"曰："仁固不及，而智亦不及也。请论之以小不以大。子产使校人畜生鱼池，此不欲妄杀而放之水也，庶乎仁。而校人烹之，反命曰：'圉圉^①焉，洋洋焉，攸然而逝。'子产信之。此虽有欺罔之别，果智乎，抑不智乎？孔子之畜狗死，埋之以席，毋令首陷焉，仁也。其不使仆隶，而使高第端木氏，智也。使仆隶，则未可知如孔子之指令毋令首陷也。如令首陷，则非但不智，其仁亦为之失矣。子之于小事，自然周致不漏犹如此，是圣人之所以为圣人，而非子产之所及也。而子产安得尽仁智也哉？如亦尽仁智而无憾，便是亦圣矣，非特子产而已也。"

【注解】

①圉圉：指被困而不得舒展的样子。

【今译】

有人问："子产跟孔子比，仁智方面怎样呢？"我说："仁这方面自然不及孔子，智这方面也不行。让我用件小事而非大事来说明。子产让仆从将活鱼放在池塘里养着，因为不想杀死它才把它放在池中，这几乎就是仁了。但是仆从把鱼煮了以后，反而复命说：'刚开始好像还很拘束，但是很快就放松下来，悠然游走了。'子产就信了。子产虽然是被骗了，但他是智呢，还是不智呢？孔子养的狗死了，用席子裹起来掩埋，不让头直接埋在土里，这是仁。他不让仆从去做，而让得意弟子去做，这就是智。如果支使仆从，就不知道真如孔子所愿，不让狗头直接埋在土里了。如果真是这样，那不但是不智，连仁也都做不到了。孔子在这种小事上，还如此滴水不漏，这就是圣人之所以为圣人的地方，而不是子产能做到的。子产又怎么能做到仁智呢？如果真的能做到仁智，那他就是圣人，无论他是子产还是别人。"

八九

【原文】

听于无声，视于无形。子之事亲，致情尽心，乃至如此，则庶乎孝矣。如臣于君，其志在听于无声，视于无形者，多是便嬖奸佞之小人，而决非忠臣义士也。事亲与事君之别，于是焉可见矣。然而子听于无声，视于无形，以养亲志者，天下鲜。而臣听于无声，视于无形，以逢君恶者，天下多矣。此可慨也。

【今译】

能在无声之中有所听闻，能在无形之中有所察见。孩子侍奉父母，如果能尽心到这个程度，那么就接近孝了。但是（侍奉君主时）刻意去体察君主的心意，哪怕君主没有明确表示什么，也要能够从无声与无形中体察到君主的意图，那多是奸佞小人，而绝不是忠臣义士。孝敬父母和侍奉君主的区别，从这里就能得知。可是孩子能在无声之中有所听闻，能在无形之中有所察见的，天下没有几个。
当臣子的能在无声之中有所听闻，能在无形之中有所察见、去逢迎
君主之恶的，天下却多了。真是可叹啊！

九〇

【原文】

孟子曰："仕则慕君，不得于君则热中。"呜呼！斯言也，鉴鄙夫
之肝膈者也。夫热中，虽如忠乎君而非忠焉，是乃为非利于己而已。

【今译】

孟子说："做了官便爱慕君王，得不到君王的赏识便内心焦急得
发热。"啊！这句话真是说中了那些鄙陋之人的内心。内心焦急得发
热，看上去好像是对君主的忠诚，但其实不是忠诚，而是因为（得
不到君王的赏识）对自己不利罢了。

九一

【原文】

《周官》冢宰，掌饮食货财及嫔御之制，则以修君德为第一义
也。然非第一义矣。此皆多其成长践位后之事，而潜化默导于东宫
者，其惟在一师氏乎。其至、敏、孝之三德，即修齐治平之本也，
为儒者不可不知斯义也。否则虽用于世，惟事末而遗本，要归乎王
荆公之唾余而已。故先儒惩其事末而遗本者，以为有《关雎》《麟趾》
之意，然后可行《周官》之法度。此虽如《周官》之定论，而非定
论也。何则？至、敏、孝之三德，其亦《关雎》《麟趾》之源也。无
其源，则其流何能为澄清哉？故吾每曰，不本《周官》制度以立法
导君，则《关雎》《麟趾》之德难成矣，非乎？

【今译】

《周礼》天官的冢宰之职，是掌管饮食财货和后宫女性的职位，
是以陶冶君主德行为第一要义的。但是并不是真正的第一要义。这
些多是君主长大后继位以后的事，而继位前对皇太子潜移默化的工
作，毋宁说是地官师氏的职责。地官所谓至德、敏德、孝德的三德，
就是修齐平治的根本，学习儒学的人不能不知道这个意思。否则即
使被世间启用，也只能做些细碎的事而忘掉根本，成为王安石所唾
弃的那种人。所以程道明之所以非难只能做些细碎的事而忘掉根本
的人，也是因为（《诗经》中）《关雎》《麟趾》表现出来的意思，
然后才能够实现《周礼》官制的法度。这好像是《周礼》官制的定
论，却并不是定论。为什么呢？因为至德、敏德、孝德的三德，就

是（《诗经》中）《关雎》《麟趾》的源泉。如果没有这个源泉，那么水流又怎么会清澈呢？所以我每每说，如果不依照《周礼》官制的法度引导君主，那么（《诗经》中）《关雎》《麟趾》的德行就很难实现，不是这样吗？

九二

【原文】

学者虽明心性之理，知天人之义云，然不精通于《仪礼·丧服》，及卜氏之传。则于人伦之差等微妙处，不能分晓明白焉。如不分晓明白，则其行事未免妄行恣睢陷空与俗也，是不知背于圣教而自背之。故礼不可不讲也。然徒讲究而虽精通于经传，不明心性之理，知天人之义，则是乃无源之学，而终乎章句训诂之陋焉。是亦非先圣教也，要偏于一不可矣。吁。圣教圆而方，方而圆，无志则难担当。不亦宜乎。

【今译】

学者虽然明白有关心与本性的道理，知道天与人之间的联系，却不精通《仪礼·丧服》篇，以及子夏的解释。那么有关人际关系的差别等级的微妙之处，就不能很明白了。如果不能明白这些，那么他的行为就不免肆意妄为，陷入（佛教的）空虚或世俗之中，根本意识不到自己有悖于圣人的教导，而实际上已经违背了。所以不能不研究"礼"。然而如果只是研究，那即便精通经传，如果不明白有关心与本性的道理，知道天与人之间的联系，那还是没有根源的学问，终归只是词句训诂注释这种鄙陋的东西。这也不是圣人的教导，不能只偏重一面。啊，圣人的教导既通融，又有规矩，没有志向的人就难去实践。这么说实在很对。

九三

【原文】

天地之道，一顺一逆而已矣。如顺境，则虽不心归乎虚者，亦善应焉。而至逆境，则非心归乎虚者，不足应之也。姑以《论语》首章言，则"学习""朋来"即顺境，故犹易。而"人不知而不愠"即逆境，故难。然而虚心之君子处之，则又犹与顺境无异矣。其他以此可类知也。

【今译】

天地之道其实就是顺境和逆境。如果是顺境，那么即便没有心归于太虚，也能很好应对。而到了逆境，那么如果没有心归于太虚，就不足以应对了。姑且用《论语》首章来说，说到"学而时习之""有朋自远方来"这些话都是顺境，所以都比较简单。但说到"人不知而不愠"就是逆境，就难了。但是虚心的君子应对这样的逆境，就跟应对顺境没什么不同。其他情况以此类推就能明白。

九四

【原文】

孟子曰："有不虞之誉，有求全之毁。"诚哉是言也。夫有不虞之誉，必求全之欲生于心。而外掩表饰，故毁之招。此天咎而非人谤也。我于吾躬验之，汗湿背，尔来从事心归乎虚。而毁誉之念，惟是务去。吾实为虎所伤者也，谨告之同志云。

【今译】

孟子说："有意料不到的赞扬，也有过于苛求的诋毁。"这句话说得很对。有了意料不到的赞扬，就必然有过于苛求的欲念生于心中。而在外面掩饰，这才招来非难。这是上天的责难而不是他人的诽谤。我在我自己身上检验，结果汗流浃背，从此就转念心归于太虚。然后诋毁、赞扬的念头，就都没有了。我实在是在这里有过痛切的体验，所以才认真地告诉同志之士。

九五

【原文】

孟子曰："说大人则藐之，勿视其巍巍然。"《注》曰"巍巍，富贵高显之貌。藐焉而不畏之，则志意舒展"云云。此藐其人乎，又藐势位乎，未分晓。而吾以为决非藐其人，必藐势位者。及后读陆俨山《金台纪闻》刘司直之言，断信藐其势位矣。而如人虽贱，道所存也，焉得藐之哉，而况有爵者乎。

【今译】

孟子说："向位高显贵的人说话，要藐视他，不要把他的显赫地位和权势放在眼里。"朱子的《孟子集注》有"巍巍就是富贵高显的样子。以平常心祝之，而不畏惧他们，志意才能得以舒展"之类的话。注释中没说到底是该藐视那个人，还是该藐视他的权位。而我觉得就不是要藐视那个人，而是要藐视他的权势。后来又读陆俨山《金台纪闻》中刘忠的话，更相信是该藐视那个人的权势。而如果人虽然身份低贱，但是却得道了，又怎么能藐视他呢？更不用说有爵位的人了。

九六

【原文】

《说卦》曰："山泽通气。"《象》曰："山上有泽，咸；君子以虚受人。"夫山也者，实物而非虚也，而泽气彻其顶，草木滋润生育焉。由是观之，则不特虚为虚，虽实物皆虚也。故君子观其象，心归乎太虚，以容天下之善。则天下之善，皆为我有，岂不亦大乎？

【今译】

《易经·说卦》里说："山和泽气息相通。"咸卦《象》传里说："山上有大泽，山泽相通象征'交感'，君子因此虚怀若谷，广泛容纳感化众人。"这里的山，是实在的存在而不是"虚"，但泽的气息从山顶贯下，草木才滋润生长。从这一点看，则不单"虚"才是虚，实物也都是虚。因此君子观察到这个现象，心归于太虚，容纳了天下的善。那么天下的善就都为我所有，这不是很伟大的事么？

九七

【原文】

争文字之小异同者，实同穴之斗鼠也。然而于经世之大要，则平心不可以不辨也。

【今译】

争辩文字上的细小异同，实在是跟同一个洞穴里打架的老鼠一样。但要是治理世间的根本原理，那就不能不平心静气地辨别一番了。

九八

【原文】

曾子之"大杖小杖"，有孝德而无敏德，故贬于夫子。舜之完廪浚井，有孝德，又有敏德，故称于万世。人如无敏德，则孝亦为不孝矣。是以师氏以此为教，良有以哉。

【今译】

曾子受杖这个事，有孝德而没有敏德，所以被孔子训斥。而舜能够盖好房屋、疏清水井，就是又有孝德又有敏德，因此才万世传颂。人如果没有敏德，那孝也就成了不孝。所以师氏教给我们敏德，实在是有他的理由的。

九九

敏德何以就焉？人无欲即敏德矣，别无敏德之工也。

【今译】

如何做到敏德呢？人没有了私欲就是敏德，除此之外没有什么达到敏德的方法。

一〇〇

【原文】

陈子平①《勉学》诗，咏烈女夏侯氏之事曰："引刀断耳鼻，见义不见刀。""见义不见刀"之五字，为男子者，宜常目在之。不常目在之，以悠悠虚度，则当忠孝之大变，如李泰伯《袁州州学记》所责，死之也甚难矣。然则遗丑名于世，而不如女子之为烈也。后世学者，或流于诗酒风流，或耽于财货游侠，而不知义者多矣。故不顾诽议，以告同学之人。

【注解】

①陈子平：即陈谦（1290—1356），字子平，元代作家，吴郡人。

【今译】

陈子平作《勉学》诗，咏叹烈女夏侯氏的事迹说："引刀断耳鼻，见义不见刀。""见义不见刀"这五个字，作为男子应该经常关注。如果不关注这个，而悠然虚度光阴的话，等到遇到有关忠孝的大事，那就像李泰伯《袁州州学记》里所批评的那样，就很难牺牲性命了。然后给后世留下不忠不孝的名声，还不如女子壮烈。后世的学者，大多要么沉浸于诗酒风流，要么迷恋于财货游乐，而不知道什么是义。所以我才不在乎别人的非难，告诉同学之人。

一〇一

【原文】

语良知之底蕴，人以苦难。语良知之发见，人以慢易。慢易者，其误也，至于以情识为良知。苦难者，其阻也，至于以气质为谦让，是所以圣学之不兴于世也矣。

【今译】

说到良知的底蕴，人们都觉得是一种苦难。说到良知的发现，人们又觉得很容易而轻视它。觉得容易而轻视它的，这是谬误，以至于把感情知识当作良知。觉得是苦难的，这是阻碍，以至于把气质当作谦让，这就是圣人的学问不能在世间兴起的理由。

一〇二

【原文】

近来作文家，以温润含畜为主。温润含畜，固是矣。然见其所立心，则与古之作者，何啻陵谷。古之作者，顾亭林所谓明道也、纪政事也、察民隐也、乐道人之善也。其曰明，曰纪，曰察，曰乐。则其事其理如黑白，不尝朦胧也。而温润含畜有余味，观其文便可见矣。近来作文家，胸先横利害之心，故朦胧其言以趋避焉。乃似温润含畜，而非温润含畜也。此弊岂啻近世，在晚宋亦然矣。朱子《余龙山文集序》^①略曰：“熹小时，犹颇及见前辈而闻其余论。观其立心处己，则以刚介质直为贤；当官立事，则以彊毅果断为得。至其为文，则又务为明白磊落，指切事情，而无含糊窊卷睢盱侧媚之态，使读之者不过一再，即晓然知其为论某事，出其策，而彼是无疑也。近年以来，风俗一变。上自朝廷缙绅，下及闾巷韦布，相与传习一种议论，制行立言，专以酝籍袭藏圆熟软美为尚，使与之居者，穷年而莫测其中之怀。听其言，终日而莫知其意之所乡。回视四五十年之前，风声气俗，盖不啻寒暑朝夜之相反，是孰使之然哉？观于龙山余公之文者，亦可以慨然而有感矣。”吾勒斯语以征焉。

【注解】

①余龙山：即余良弼（？—1166），字岩起，号龙山，宋代福建顺昌县人。宋建炎二年（1128）中进士，任枢密院计议官，后出任漳、泉二州通判。著有《龙山文集》。去世后，朱熹为之作序。

【今译】

近来的作者，都关注温润含蓄。温润含蓄自然是对的。但是如果看看作者的目的立意，那么跟古时候的作者相比，相差就太大了。古时候的作者，就像顾炎武所说的说明道理、记录政事、观察民间疾苦、称赞人的善行。简而言之就是说明、记录、观察、称赞。那么所说的事情道理就黑白分明，不会含糊。而且文章也有温润含蓄的余味，读了他的文章自然就会知道。近来的文章家，一开始就心存利害得失之心，所以言语含糊以趋利避害。于是文章仿佛温润含蓄，实际并非如此。这种弊害并不是近世才有，在南宋已经是这样了。朱熹在《余龙山文集》的序文中大略说道：“我年少的时候，还时常去面见前辈、向他们请教。看他们的胸怀志向和处世为人，以刚正质朴正直为美德；当官的立身处世，以坚强有毅力、果断勇敢为有能力。他们写文章，必定追求明确、明朗，切中事情的要害，决不含含糊糊掩掩藏藏，也不故意混淆是非、阿谀奉承，读他们的文章，只要读一遍两遍，就能清清楚楚地明白他们的观点、他们所叙述的事情的原委、他们的对策和办法。可是，近年以来，风气却发生了很大的变化。从上层的朝廷官员和士大夫，到下层的平民百姓，讲话、写文章以不痛不痒、吞吞吐吐、圆滑、耍弄文词为时尚，使那些与他们相处的人，一年到头了也不知道他心里究竟想的是什么。听他们讲话，始终不明白他的意思在哪里。回想四五十年前的好风气，简直就像是寒与暑、白天和黑夜一样完全相反，这样的变化究竟是谁造成的呢？读余龙山文章的人，也会因此颇有感慨吧！"我把朱熹这段话抄录下来作为证据。

一〇三

【原文】

有形质者，虽大有限，而必灭矣。无形质者，虽微无涯，而亦传矣。高岳桑田，或崩，或为海。而唾壶之虚，即太虚之虚。而唾壶虽毁，其虚乃归乎太虚，而万古不灭也。

【今译】

有外形有重量的东西，再大也有个界限，而且早晚会消失。没有外形重量的，虽然小到无限，却会一直流传。高山也会崩塌，桑田也会变成沧海。可是唾壶的虚空，就是太虚的虚空。唾壶就算坏了，它的虚空也会归于太虚，永远不会毁灭。

一〇四

【原文】

诸儒有史论。而周程阳明先生等，及史论亦罕焉。何也？夫古今之英雄豪杰，多从情欲上做来。虽从情欲上做来，则惊天动地之大功业，要梦中之伎俩而已。评梦之是非，明道君子之所不欲言，而是所以史论之亦罕也欤。故周程阳明先生终日所言所论，惟唤醒自英雄豪杰至闾巷愚夫妇之昏梦而已耳。读其书，可见其苦心甚乎诸儒之史论也。

【今译】

儒学者都有史论。可是周濂溪、二程子、王阳明这些先生却很少谈及史论。为什么呢？因为古今的英雄豪杰，往往是被欲望所左右而行事。被欲望所左右而行事的话，那么就算有了惊天动地的功绩，也不过是梦里的小伎俩而已。评论梦里的是非，我觉得是那些明白事物道理的君子们不愿意说的，因此他们很少谈及史论。因此周濂溪、二程子、王阳明这些先生终日所谈到的，就是要唤醒从英雄豪杰到市井愚笨男女的胡梦而已。读他们的书，就知道他们的苦心比那些儒学者的史论可深多了。

一〇五

【原文】

"致良知"三字，其杀人之寸铁矣乎？

【今译】

"致良知"这三个字，真是如杀人的匕首么？

一〇六

【原文】

心归乎太虚，则太虚乃心也。然后当知道与学之无崖际也。夫人之嘉言善行，即吾心中之善。而人之丑言恶行，亦吾心中之恶也。是故圣人不能外视之也。齐家治国平天下，无一不存心中之善，无一不去心中之恶，道与学无崖际可见矣。或曰："如子之说，则恶人之罹刑，亦刑圣人之心者乎？"曰："然矣，是即去吾心之恶之道也。然而不得不悲也，岂亦可欢喜乎？"曰："善人之遇赏，亦赏圣人之心者乎？"曰："然矣，是即存吾心之善之道也，然而不得不喜也，岂亦可媚嫉乎？只媚嫉人之善，欢喜人之恶者，以吾心为我物，乃一小人，而非圣人太虚之心也。""然则心也者，善恶混焉乎？"曰："心之体，太虚也。太虚一灵明而已矣，何善恶混之有。然气之往来消长，则不得无过不及也。只其过不及，便是渗气之所由生也。而未尝能损乎太虚之灵明也。子试仰眼看天，则疑亦自解矣。奚待吾之辨哉？"

【今译】

心归于太虚，则太虚就在心中。这以后就该明白"道"和"学"是没有穷尽的。别人正确的言语和善良的行为，也是我心里的善。而别人错误言行，也是我心里的恶。所以圣人不能无视这些。齐家治国平天下，无一不是存在心里的善，无一不是去除心里的恶，由此可见"道"和"学"是没有穷尽的。有人说："按你这么说，那么对恶人施以刑罚，也是对圣人的心施以刑罚么？"我说："对。这就是要去除我心里的恶，所以不得不感到悲伤，岂能欢喜呢？"又有人说："那么善人得到赞赏，也是对圣人的心进行赞赏么？"我说："对。这就是要保存我心里的善，所以不得不感到高兴，岂能嫉恨呢？只嫉恨别人的善、而喜欢别人的恶，那就是把自己的内心当成了私物，不过是个小人，而不是圣人的太虚之心。""这样一来心里岂不是善恶混在一起。"我回答："心的本体就是太虚。太虚就是灵明空洞，哪来的善恶相混。然而气要往来消长，就不得不会出现过分和不及的情况。正因过分和不及（失去平衡）的气，但是也不能损害太虚的灵明。你试着抬眼看天，疑惑自然会消解，还有必要让我来辨明么？"

一〇七

【原文】

忿与惧，庸常所不免。而忿属刚，惧属弱，皆病也。病也则不可不疗也。王震泽先生《治怒箴》曰："有若撞搪，或干吾意，盛气赫炎，如火斯炽。炽不伤物，乃先自燔，既愆于事，亦菑于身。方其怒时，尔盍自思，彼其是耶，我怒奚为？彼且非耶，怒之则已。怒而不怒，弗留于己。譬彼炽火，沃以清泉，沃之沃之，火乃不然。明镜在悬，其中湛若，是谓不迁，颜氏之学。"人以此疗怒，则庶乎愈焉。其《治惧箴》曰："有赫在上，或临在旁。中乃愦乱，有沸如汤，沸莫自知，仓皇眩瞀，心既靡定，身且奚措。方其惧时，尔盍自定。在吾唯理，在天唯命。理之正矣，守且勿他。命之定矣，虽死而何。譬彼寒泉，点于沸汤，点之点之，沸乃不扬。刀锯在前，不震不悚，是谓不动，孟轲之勇。"人以此疗惧，则庶乎愈焉。真愈则心归乎虚，虽心归乎虚，则怒与惧，亦天理也矣。所谓"发而中节"者也，此则不可无也。

【今译】

愤怒与恐惧，是普通人难免的情绪。愤怒属刚，恐惧属弱，这都是病。有病就要治疗。王震泽先生的《治怒箴》里说："遇到有违自己意愿的事就会勃然大怒，就像火焰一样。烧不到别处就先把自己烧了，既伤害到别人，也伤害到自己。那么生气的时候又是怎么想的呢？如果他是对的，我又为什么生气呢？如果他是错的，那就因为这错误生气就罢了。有了可愤怒的理由而不生气，那么愤怒的情绪就不会留下。就好像一堆烈火，你用清泉浇它，浇着浇着就不再燃烧了。就好像明镜高悬一尘不染一样，这就是不迁怒，是颜回的学问所在。"人要用这个治疗愤怒，差不多就能治愈。先生的《治惧箴》里说："上帝要么在天上，要么就在身边。心里一愦，就好像煮沸的热水，沸腾却无法控制，一时方寸大乱，心不得安定，身体也不得安置。恐惧的时候你为什么要这么慌乱呢？自己的事交给理就好了，在天的事交给命就好了。要是理是正确的，坚守就好了。要是命已经定了，死了又如何呢。就好像把冷水点入沸水，点着点着，热水就不沸腾了。就算刀锯这些刑具放在眼前，也不会颤抖害怕，这就是孟子的不动，孟轲的勇气。"人要用这个来治疗恐惧，就一定能治好。治好以后就能心归于太虚，心归于太虚以后，就算还有愤怒和恐惧，那也是天理。是《中庸》里所谓"适度控制"的愤怒和恐惧，这是不能没有的。

一〇八

【原文】

水，孰令流之哉？石，孰令坚之哉？山，孰令峙之哉？海，孰令潮之哉？云雨，孰令翕张之哉？日月，孰令往来之哉？视而不见，听而不闻，一言以蔽之，太虚之德？善，孰令息之哉？恶，孰令消之哉？忠，孰令劝之哉？邪，孰令惩之哉？父子，孰令亲爱之哉？上下，孰令泰和之哉？此亦太虚之德之所致耶？嗟夫！吾不知其何如也？

【今译】

是谁让水流、让石头硬、让山高、让海有潮汐、让云起雨落、让日月往来的呢？看也看不到、听也听不见，用一句话讲，就是太虚的德行。是谁让善存、恶消、劝忠、惩邪，让父子亲爱、上下和睦的呢？这也是太虚德行的作用。唉！我也不知道为什么会这样。

一〇九

【原文】

恶紫之夺朱也，恶郑声之乱雅乐也，恶利口之覆邦家者。今有两眼而不明者，好紫甚乎朱。有两耳而不聪者，好郑厌雅。有这心而不开者，溺于利口，而屏遏忠告直言之人，此皆以习气情欲盖良知也。若盖者除，则良知宛然出焉，然后恶之与圣人一般。否则虽穷书史富文章，犹好紫好郑，与溺于利口，未尝异于凡俗人也。若人而在下，则必亡德矣。在上则不免于夫子之所戒也。呜呼！此圣人之龟鉴，万世不诬者也。

【今译】

痛恨不正的紫色替代正红，痛恨恶俗的郑声乱了雅乐，痛恨花言巧语的人颠覆国家。现在有人睁着两眼却看不明白，喜欢紫色而不喜欢红色。长着两耳却听不清楚，喜欢郑声而讨厌雅乐。长着人心却被蒙蔽，容易被花言巧语迷惑而听不进忠告直言的人，这些都是恶习情欲掩盖了良知。如果把这些东西除去，那良知就会出现，然后就会像圣人一样厌恶上面的行径。否则就算是读遍了书籍、再会写文章，依然是喜欢紫色、喜欢郑声、喜欢花言巧语，与庸俗之人没有什么不同。这样的人要是出于下层，就会道德败坏。要是处于上层，就会成为孔子告诫过的那种人。啊！这是圣人的开示的规范，永远的真理。

一一〇

【原文】

不以父母之心为心，则不可谓孝也。于何尤见之？于夫妇之事尤见之。《内则》曰："子甚宜其妻，父母不说，出。子不宜其妻，父母曰是善事我，子行夫妇之礼焉，没身不衰。"非以父母之心为心者，孰能真为之哉？吾弟子今有此家厄，教喻以斯义，幸而听曰，行其礼焉，没身不衰。呜呼！实践其言，则庶几焉。故记之以示及门之人。

【今译】

不把父母的心情当成自己的心情，就不能说是孝。从哪里可以看出呢？从夫妻之间的事情可以看出。《礼记·内则》篇里说："为人子就算特别喜欢自己的妻子，父母要是不喜欢，也要休妻。自己要是不喜欢妻子，但如果父母说媳妇很孝顺，那自己就要善待妻子一直到死。"如果不把父母的心情当成自己的心情，怎么可能做到这一点呢。我有个学生正好遇到了这种不幸，我把这个道理教给他，幸好他听了进去，至死都在守夫妇之礼。啊！要是真能做到，那就是孝行了。因此把这个事情记下来教示给门人。

一一一

【原文】

或问"求其放心"①之义。曰："放者，取于外物而放出焉也。故求之以复于方寸内了。方寸非他，太虚也。'求放心'，亦惟归乎太虚之谓也。事如易而实难矣，功如浅而诚深矣，此所以古今真'求放心'者之尤罕也。"又曰："求'放心者'，归乎太虚，既闻命矣。然而程子之言曰：'圣贤千言万语，只是欲人将已放之心，约之使反复入身来，自能寻向上去，下学而上达也。'其谓入身来，而不谓复于方寸，谓能寻向上去，而不谓归乎太虚。然子以方寸易身字，以太虚易上字，抑亦有说乎？"曰："身之所以为身，以有方寸之虚也，如无其虚则不灵而死矣。故吾则谓之方寸。上也者何？仁也。仁也者何？太虚之德。太虚之德，外于仁而无有也。子犹疑吾说异于程子乎？"

【注解】

①语出《孟子·告子上》，孟子曰："仁，人心也；义，人路也。舍其路而弗由，放其心而不知求，哀哉！人有鸡犬放，则知求之；有放心而不知求。学问之道无他，求其放心而已矣。"

【今译】

有人问"寻求失去的本心"的含义。我回答说："所谓失去，就

是心被外界的东西魅惑而失去了人的本心。所以要寻找回人的本心
放在方寸（内心）里。方寸不是别的，就是太虚。所以'寻求失去
的本心'，其实也就是说要归于太虚。事情看起来简单其实很难，努
力看起来轻松其实很辛苦，这也是从古至今能够'寻求失去的本心'
的人很少的原因。"那人又问道："'寻求失去的本心'就是归于太
虚，我已经领受您的教诲了。可是程子又这么说：'圣人贤者千言
万语的教诲，只是希望人们能够在日常生活中将失去的本性加以约
束，让它回到我们自身中来，然后能不断进步向上，达到（孔子说
的）下学人事，上达天命。'程子说回到自身，而不说放回方寸（内
心），说能够进步向上，而不说归于太虚。可是您却用方寸代替身
字，用太虚代替上字，又是有什么用意么？"我回答："身之所以是
身，就是因为有方寸这个空间虚空，如果没有这个虚，就不会再灵
动而死去。所以我才将它称为方寸。'上'又是什么呢？就是仁。'仁'
又是什么呢？就是太虚之德。太虚之德。除去仁的话就不复存在了。
你还怀疑我的说法与程子的话不一样么？"

一一二

【原文】

当利欲纷拏之时，以致良知为教学，实庶乎迂愚。然而舍之以
无复性为人之道，故非有"为天地立心，为万世开太平"之志者，
孰能真教学之也哉？故姚江师弟之外，未尝见其人也。

【今译】

为了利益纷争不休时，要用致良知来教育，那是在是太迂腐
愚蠢了。但是除此之外就再也没有方法能够让人本性重新做回人的
了，所以如果没有"为了世界承担起责任，为了后世建立和平"的
志向，谁又能真的成功教育人致良知呢？所以除了王阳明师徒以外，
我还没见过这样的人。

一一三

【原文】

良知各具备焉，如地中水，无不有。致之之难，如逆水舟，惰
则退而不进。荀子睹致之之难，遂谓性恶。孟子见无不有，断谓性
善。夫虽致之之难，然无不有，则本来之性，固善也已矣。故性善
之说，冠于万世，确乎其不可易者也。然不致之，则视听言动皆离
道矣。皆离道则果人乎，抑兽乎？若兽也则性果善乎，抑恶乎？吾
恐荀说之孚于世也，是故学者不可不立志以致之也。

【今译】

良知谁都具备，就像地里有水，所有土地都具备。但是要致良知，就像逆水行舟，一旦懒惰就不进则退了。荀子看到致良知的困难，才说人性本恶。孟子看到人人都有良知，才说人性本善。虽然很难，但却人人都有，所以人的本性，应该还是善的。所以性善论是通行于万世不容置疑的本性论。但是如果不能致良知，那么观看聆听说话行动，都会远离道。一旦远离道的话，是人呢还是野兽呢？如果是兽，那么本性是善呢还是恶呢？我害怕荀子的说法被世人相信，所以学者必须要立志去致良知。

一一四

【原文】

自程朱没，至阳明先生，其间学者沈溺于词章文句中，未尝能出头，诚可悯矣。及先生起，学者始得见天日焉。故顾端文公①曰："程朱没而记诵辞章之习炽矣。所以使天下知有自心自性之当反而求者王文成也。"诚哉此言也。

【注解】

①顾端文公：即顾宪成，号泾阳，因创办东林书院而被人尊称"东林先生"。明代思想家，东林党领袖。

【今译】

自二程、朱子去世，到阳明先生出现，期间的学者只是沉溺于诗文训诂之中，没人能够逃脱，实在是可怜。等到先生出现，学者们才第一次得见天日。所以顾端文公才说，二程、朱子死去后，背诵诗文的学习风气特别重。所以是王阳明让大家意识到，有所谓自己的本心需要大家转身去追求。这话真的太对了。

一一五

【原文】

心归乎太虚，非他，去人欲存天理，乃太虚也。

【今译】

心归于太虚，不是别的，摒除人的私欲，彰显天理，就是太虚。

一一六

【原文】

舜不告娶等之义，虽经所载，初学及有欲之辈，不讲之而可也。

恐有假之误身者。然心归乎太虚，则知非常之事皆亦道也，故不妨。

【今译】

舜没有跟父母讲就结了婚，这个事情虽然记载在经书里，但是对于初学者或者被欲望包围的人，还是不讲为好。因为担心有人会因此做出错事。而如果心归于太虚，就会知道不平常的事情，其实都是与道一致的，所以但讲无妨。

一一七

【原文】

"视履考祥"，此岂非不占而断其吉凶乎？故人欲知吉凶，则不问之龟筮，而问之良知可也。良知不能瞒曾所履之是非邪正矣。

【今译】

《易经·履卦》里说，"看行为而判断善恶正邪"，这岂不就是不占卜而判断吉凶么？所以人要想知道吉凶，就不用去问龟甲和竹片，问良知就可以了。良知是无法隐瞒过去行为的善恶正邪的。

一一八

【原文】

"无非事者"，是真格物。故自王公至庶匹，日用应酬之事，皆格物也。岂只读书穷物理，然后谓之格物云乎哉？

【今译】

《孟子》说，"没有不和实践有关系的"，这是真正的"格物"。所以上至王公、下至庶民，日常生活的交际，都是用实践认识世界。只读书穷理，怎么能说是"格物"呢？

一一九

【原文】

耳目口鼻四肢，养吾之物，而又亡吾之物也。故常常不照固有之知，则必入畏矣。

【今译】

耳目口鼻四肢是让我活着的东西，也是让我毁灭的东西。所以如果不常用固有的良知进行关照，就一定会遭到惩罚。

一二〇

【原文】

吕新吾先生曰："在上者无过，在下者多过。非在上者之无过，有过而人莫敢言。在下者非多过，诬之而人莫敢辨。"吾意在下者，非多过，而犹见诬如此，况真有过恶则必不免矣。故在下君子，不可不尽心以立无过之地也。

【今译】

吕新吾先生说："上层的人没有过失，下层的人过失很多。不是上层的人没有过失，是有了过失人也不敢说。不是下层的人过失很多，是遭到诬告也不敢申辩。"我感觉，下层的人没那么多过失都还招来这么多诬告，要是真有过失那必然会被责难。所以处在下层的君子，不可不竭尽全力以立于不犯错的境地。

一二一

【原文】

心即五脏之心，而不别有心也者也。其五脏之心，仅方一寸，而蕴蓄天理焉。唐凝庵①曰，性不过是此气之极有条理处，舍气之外，安得有性。心不过五脏之心，舍五脏之外，安得有心。心之妙处，在方寸之虚，则性之所宅也。吾说不与之期而同符。犹俟君子之论。

【注解】

① 唐凝庵：即唐鹤征（1538—1619），字元卿，号凝庵。明武进（今属江苏常州）人。隆庆进士。历任礼部主事、工部侍郎、尚宝司丞、光禄寺少卿、太常寺少卿、南京太常等职。曾请以陈献章从祀孔庙，后来在无锡东林书院讲学。

【今译】

心就是五脏中的心，而不是其他的心。五脏的心，也就一寸见方，却蕴含着天理。唐凝庵说，性不过是气按照条理展现出来的状态，气要是散佚，哪里还有性。心也不过是五脏的心，没有了五脏，哪还有心。心的灵妙之处，就在这一寸见方的虚空，也就是性所在的地方。我的说法偶然跟他一致了。很是期待君子们的讨论。

一二二

【原文】

薛敬轩先生自以为气直是难养，而二十年治一怒字，尚未消磨得尽，以是知"克己"尤难云。吾窃考之，先生怒，与常人怒亦奚同哉？盖文武一怒之未熟也欤。

【今译】

薛敬轩先生自己觉得气真是难养，花二十年时间想要做到不愤怒，尚未完全消磨干净，所以才觉得"克己"越发的难。我自己想，先生的愤怒，是跟常人的愤怒一样吗？还是说文王武王为了安天下而愤怒，也是不够成熟呢。

一二三

【原文】

不有所为而为之者，《大学》之教，而圣人之道也。《客难》曰："天下无害灾，虽有圣人，无所施才。上下和同，虽有贤者，无所立功。故曰'时异事异'，虽然，安可以不务修身乎哉？"观其"修身"一言，则东方朔其亦非滑稽之徒，而庶乎知道者欤。

【今译】

不为了什么而无意识地去实践，这是《大学》里的教诲，也是圣人之道。（东方朔的）《答客难》一文里说："天下要是没有灾害，就算有圣人也没有地方发挥才干。上下和谐，就算有贤者没法树立功勋。所以说时势不同了，事情也就不一样。可是就算如此，难道就可以不修身了么？"看他"修身"这一句话，就是到东方朔不是个滑稽之人，大概是明白道的人。

一二四

【原文】

视民如伤①四字，前崇于明道先生，后崇于敬轩先生，而寻其出处，虽出孟子，而又《左传》逢滑之语也。春秋之世虽乱，犹有先王之余风在焉，故吐得如是语。至战国秦汉，如伤之政，扫地荡尽矣，悲夫！而二先生或坐处皆书，或铭心，则三代已上之人也，谨可想见焉。

【注解】

① 视民如伤：把人民当作伤病员一样小心对待。

【今译】

"视民如伤"这四个字，前有程道明先生重视，后有薛敬轩先生重视而寻找它的出处，虽是出于孟子，但也是《左传》里逢滑的话。春秋的时候虽然乱，但是还有先王的余风，所以才能说出这样的话来。到了战国、秦汉时期，把百姓当作伤病员对待的治国办法，早就荡然无存，实在是可悲！而两位先生要么把它当作座右铭，要么铭记在心，两人就和三代以前的人有着同样的人格。真是应该谦恭地在心里牢记他们。

一二五

【原文】

黄陶庵①曰："李习之问一禅师，如何是黑风吹船飘堕罗刹鬼国？师云，李翱小子，问此何为？李怒形于色。师笑曰，发此恶心，即是飘堕鬼国也。"调心之难如此云。夫文字之儒，愚弄乎玄悟之浮屠每每如此。儒者真看破《学》《庸》之慎独，以下工夫，则他法术皆存于其中，而老佛自默夺乎我矣。否则二氏却高出于儒者思为之上，陶庵之意，抑亦在于兹欤？

【注解】

① 黄陶庵：即黄淳耀（1605—1645），字蕴生，号陶庵，又号水镜居士，苏州嘉定人。明末进士，抗清义士。清军破嘉定，黄淳耀自缢殉国。

【今译】

黄陶庵说："李习之向一个禅师询问，为什么大风会把船吹沉掉到罗刹鬼国里去呢？禅师说，李翱后生啊，你问这个干什么？李听了面露怒色。禅师笑道，生了这样的恶心，就会飘落到鬼国。"调理心境就是这么困难。钻研文字小道的儒生，往往会被开悟的和尚如此愚弄。儒者要是真的能够明白《大学》《中庸》里的慎独，并且不断努力，那么其他的方法也都包含在其中，道教徒佛教徒就都默默成为儒者。不然他们就会觉得自己比儒学者的思想和行动更高级，黄陶庵想说的，是不是就在这里呢？

一二六

【原文】

颜子之乐，以万生之乐为乐。朱子曰："人之所以不乐者，有欲耳，无欲便乐。"夫心当无欲时，只虚而已。虚则以万生之乐为乐。何者？以万生在吾虚中也。颜子亚圣，既至其境，故乐焉。虽吾人如无欲，则必与颜子同其乐矣。

【今译】

颜子的快乐，是把万民的快乐当作自己的快乐。朱子说："人之所以不快乐，是因为有欲望，没有了欲望就会快乐。"心没有欲望时，就是虚空。虚空了就能把万民的快乐当作自己的快乐。为什么呢？因为万民都已经在我的虚空里了。颜子是亚圣，已经到达这个境界，所以快乐。即使是我们，如果没有欲望，就会跟颜子一样快乐。

一二七

【原文】

孟子曰："为人臣者，怀利以事其君。为人子者，怀利以事其父。为人弟者，怀利以事其兄。是君臣、父子、兄弟，终去仁义，怀利以相接。然而不亡者，未之有也。"世之为臣、子、弟者，不似之耶？又曰："为人臣者，怀仁义以事其君。为人子者，怀仁义以事其父。为人弟者，怀仁义以事其兄。是君臣、父子、兄弟去利，怀仁义以相接也。然而不王者，未之有也。"世之为臣子弟者，似之耶？而为臣、子、弟者之或怀利，或怀仁义，是孰主张之耶？果天乎，抑人乎？人则不法于圣道，而为臣子弟者，安得出彼入此也哉。然而孟子之言，臣子弟之针砭也。

【今译】

孟子说："做臣子的，怀着求利的念头侍奉国君。做儿子的，怀着求利的念头侍奉父亲。做弟弟的，怀着求利的念头侍奉哥哥。这会使君臣、父子、兄弟最终背离仁义，怀着求利的念头相互对待。这样的国家却不灭亡，是从来没有的。"如今的大臣、孩子、弟弟，不跟这个很像么？又说："做臣子的，心怀仁义侍奉国君。做儿子的，心怀仁义侍奉父亲。做弟弟的，心怀仁义侍奉哥哥，这样就会使君臣、父子、兄弟去掉求利的念头，而怀着仁义之心相互对待了。这样的国家还不能称王天下的，是从来没有的。"如今的大臣、孩子、弟弟，跟这个像么？而大臣、孩子、弟弟，是求利还是求仁义，是谁主宰的呢？是天，还是人？如果是人决定的话，那就不是按照圣道行事了，那这些大臣、孩子、弟弟，如何才能放弃求利而去求仁义呢？正因如此，孟子的话才是对大臣、孩子、弟弟的教训。

一二八

【原文】

地载于水，水包于天，天即太虚也。故心至大，无不载焉。奈何欲以小之，是惑之甚者也。

【今译】

大地被水载着，水又被天包着，天就是太虚。所以心是最大的，无所不承载。可是为什么欲望能把心变小呢？因为再没有比欲望更能蛊惑人心的了。

一二九

【原文】

仁也者，即太虚之生。义也者，即太虚之成。礼也者，即太虚之通。智也者，即太虚之明。信也者，即太虚之一。是皆太虚之德之用也。而人皆备之，不学则昏黑如长夜，与不生无异矣。是故学而率其德以行之，始谓之生人也。

【今译】

仁就是太虚的生命力。义就是太虚的成就。礼就是太虚的实现。智就是太虚的聪明。信就是太虚的诚实。这些都是太虚的德行和作用。而人人都有它，不去学就好像在漫漫长夜，跟没有活着一样了。所以要去学太虚然后发挥它的德行功用，才能说是个活生生的人。

一三〇

【原文】

横渠先生曰："有受教之心，虽蛮貊可教。为道既异，虽党类难相谋。"是言先生必有惩云尔。而至党类难相谋，则我虽固有同胞之仁，而彼挟尔我之心。既陷于小人，故如此。在贤圣未能免其分隔之忧也，而况于我辈乎？虽然自反以为仁之未熟，而真尽心则向之难相谋者，亦间有归化者，而又所甚难也。人之舍仁乎半途，于是焉惑故也。

【今译】

张横渠先生说："有了接受教育的心，就算是野蛮人也可以教导。要是道不相同，就算是同类也难以交谈。"先生这么说，一定是有过不好的经验。就算是同类也难以交谈，那肯定是我虽然把对方当作同类，对方去不把我这么看。既然这种人是小人，自然就难以交谈。连圣贤也难免担心被分帮别派，更不用说我们这些人了。但是自己反省一下，发现自己的仁还做得不够，那么那些难以交谈的人里面，也说不定有能被教化的人，但是确实非常难。人总有半途放弃仁的，所以现在很难决断。

一三一

【原文】

父有争子，则身不陷于不义。故当不义，则子不可以不争于父。故为人父者，不可不愿有此子也。有此子，则躬为君子。无此子，则自非上智。大凡陷于夷狄禽兽必矣。思之悚然。

【今译】

父亲要是有个耿直的儿子，就不会陷于不义。所以遇到了不义的事，儿子不可以不向父亲直言相劝。所以做父亲的，不能不想要这样的儿子。有了这样的儿子，就可以成为君子。没有的话，就不是个优秀的智者。可是多数父亲都成了野人禽兽。想想真觉得可怕。

一三二

【原文】

魏晋之人物，不可概以靡文目之。陆士衡①《演连珠》曰："烟出于火，非火之和。情生于性，非性之适。故火壮则烟微，性充则情约。"混之宋元大儒之语，殆不可辩者，无他，于性情之说不可易故也。

【注解】

① 陆士衡：即陆机（261—303），字士衡，吴郡吴县人。西晋著名文学家、书法家。

【今译】

魏晋时代的人，不能都看成是只会写华丽文章的人。陆士衡在《演连珠》里说："烟从火里出，是因为火没生好。情从性里出，是因为性没养好。所以火旺了烟就少，性充实了情就会约束。"将这种话与宋元的大儒混在一起，都看不出来，不是因为别的，是因为有关性与情的说法是不可能改变的。

一三三

【原文】

张杨园①学于念台刘子，而以戈入室者也。何者？以良知为直情经行。吁！何其言之悖也。夫良知，不学不虑之良心耳。性也，非情也，而直情乃非性矣，然以性之良为直情何也？是全系乎爱恶之念，故其诬一至于此，可不慎哉？

【注解】

① 张杨园：名履祥，字考夫，号念芝，因世居乌镇近郊炉头杨园村，人称杨园先生。明末清初的著名理学家。

【今译】

张杨园跟着刘念台学习，却拿学来的东西攻击老师。为什么呢？因为他把良知当成了任性。唉！这话实在是太错了。所谓良知，是后天不去学习需要考虑的东西。是性，不是情，而任性不是本性，可是为什么把本性当成了任性呢？全是因为被爱憎的欲念左右，才会如此诬陷良知，怎么能不小心呢？

一三四

【原文】

这里微有祸福生死之念在焉，则"格物"之物字，决不能分晓明白也。如无其念，则心解了。

【今译】

如果稍微有了祸福生死的念头，那么就绝不可能分晓明白"格物"的物字。要是没有这些念头的话，心里就明白了。

一三五

【原文】

陆象山先生尝闻鼓声振动窗楞，亦豁然有觉。此不道其所以觉。然考其义，鼓中即虚，故其响彻窗纸，窗纸振动。若先有物塞乎其中，即非虚，非虚则无其响矣，安振动窗楞之有。先生之觉，盖在此欤。

【今译】

陆象山先生曾经听到鼓声震动窗楞，一下子就开悟了。这里没有解释为什么会因此开悟。但是思考一下其中的含义，鼓因为中空，声音才能响彻窗纸，窗纸才能震动。如果之前把东西塞到鼓里，那就不空了，不空就不能响，又怎么能震动窗楞呢。先生察觉到的，大概就在此吧。

一三六

【原文】

或问："子尝举谷神为说，则取老子乎？"曰："先圣询刍荛，而况贤哲乎。然贤哲之语，而有病则不取，而况刍荛乎。"横渠先生曰："大率天之为德虚而善应，其应非思虑聪明可求。故谓之'神'，老子况诸'谷'。"以此，然则奚啻吾，横渠亦云尔，子犹疑我乎？

【今译】

有人问："你曾用谷神来说道理，是从老子那儿学的么？"我说："先圣连割草砍柴的都问，更何况贤者哲人了。但贤者哲人的话要是有错也不会用，更何况割草砍柴的了。"张横渠先生说："天德是虚空所以可以恰当应对一切，这不是靠思虑聪明可以求得的。所以才成为'神'，老子则用'谷'来比方。"所以不但我这样做，张横渠先生也这样做，你还怀疑我什么呢？

一三七

【原文】

君子之于善也，必知行合一矣；小人之于不善也，亦必知行合一矣。而君子若知善而不行，则变小人之机；小人若知不善而不行，则化君子之基。是以君子亦不足恃，小人亦不可鄙也。

【今译】

君子在善这方面，必然知行合一；小人在不善这方面，也必然知行合一。但是君子要是知道了善却不去做，那就有了小人的心机；小人要是认识到了不善因此不去做，那就变成了圣人。所以君子没什么了不起，小人也不能轻视。

一三八

【原文】

作诗文，经学家以为非者，恐亦非也。六经便是圣人之诗文也。故学人先明其良知，而以平日蕴于心者，触物感事，吐为诗文，则诗文乃助于学，于圣道何害之有？若亦不明良知，而徒弄笔墨，以卖名求誉，则与道大背驰，要为雕虫小技，岂非可惜乎？"

【今译】

经学家觉得作诗文不对，这恐怕也不对。六经就是圣人的诗文。所以学人首先要致良知，而把平时蕴藏在心里的、遇到事物产生的感触，写成诗文，就会对学问有帮助，对圣道又有什么损害呢？但是如果不能明白良知，而只是耍弄笔墨，来求得名声，那就背驰了大道，变成雕虫小技，岂不是很可惜？

一三九

【原文】

心之太极既复，而随时变易，则圣贤之时中也。心之太极未复而变易，则世俗之巧伪也。而其始甚微，其终大违。故云，君子慎始，差若毫厘，缪以千里。是故未复太极之体者，一守经而已矣。

【今译】

心中的太极迅速恢复，就能随着状况变化而应对，这就是圣贤的恰当应对。心中的太极要是还没恢复就进行应对变化，那就是世俗的虚伪取巧。两者的区别在一开始非常微小，而最终变得很大。所以说，君子在开始时都很慎重，毫厘之差就能造成千里之别。所以太极还没有恢复的人，一定要坚守不变之道。

一四〇

【原文】

吾心之理，于"宣王牵牛"章尽矣。吾体之气，于"公孙丑养气"章审矣。知养气而不明理，则庶乎勇，而体道诚难矣。知明理而不养气，则庶乎怯，而践道实难矣。故圣学之极，在使理气合一也。使理气合一，在致知格物矣。

【今译】

我心里的固有的道理，都在《孟子》里"宣王牛"那一章说尽了。构成我身体的气，在"公孙丑养气"那一章说全了。知道养气而不明理，那只是血勇之气，而不能体识道的真谛。知道明理却不养气，则只是怯惰，实践大道也很难。所以圣学的终极，是让理气合一。让理气合一，关键在致知格物。

一四一

【原文】

人七尺之躯，而具于天地万物之理。立志则其道张而行焉，失志则其道翕而亡焉。所以使亡者，富贵贫贱，所以使行者，学问力行。人禽于此乎岐矣，贤愚于此乎判矣。年寿如驰，各能努力。质诸前哲，而前哲亦云尔也。

【今译】

人有七尺身躯，同时也有天地万物的理。立志的话他实践理的道路就会展开，失去志向的话道路就会闭塞无法实现。让道路闭塞的是富贵贫贱，让道路展开的，是学问力行。人和禽兽的区别就在于此，贤愚的区别也在于此。生命很快就会逝去，请各自努力吧。你去问古代的哲人，他们也会这么说。

一四二

【原文】

《传习录》曰："九川卧病虔州，先生云，病物亦难格，觉得如何。对曰，功夫甚难。先生曰，常快活，便是功夫。"如阳明先生之说，而后信无时无处不学，充之则杀身成仁之祸患，亦只是快活。不然纵忠死，可谓之仁哉？

【今译】

《传习录》说："陈九川在虔州生病卧床。先生说，病这东西也很难弄明白，你感觉到什么？（陈九川）回答说，确实很难办。先生说，常快活，就是生病时的做法。"看到阳明先生说的，之后才相信无时无处不是学问，一旦有了这种想法，即便是杀身成仁这种灾祸，也只是快活。不然就算尽忠死了，可以称之为仁吗？

一四三

【原文】

阳明先生曰："文公格物之说，只是少头脑。如所谓'察之于念虑之微'此一句，不该与'求之文字之中，验之事为之著，索之讲论之际'，混作一例看，是无轻重也。"窃考先生之意，则谓"察之念虑之微"即是头脑也耳，此乃是正论也。何则曰察、曰求、曰验、曰索，其何者察之、求之、验之、索之，非良知谁？故虽求之文字，验之事为，索之讲论，要皆归乎念虑之微而已矣。如不归乎念虑之微，则文字事为讲论果何物，亦外物也已矣。泛泛荡荡，如求亡子①于道路然，岂非无根本学问耶？而况"即凡天下之物云"，则不逐外物而遗心理者几希。故学人虽求之文字之中，验之事为之著，索之讲论之际，必皆察之念虑之微，则物格而知至。学不知要，落支离，流口耳，而望圣贤之域，不亦难乎？

【注解】

①亡子：迷路的孩子。语见《庄子·天道篇》："夫子亦放德而行，循道而趋，已至矣，又何偈偈乎揭仁义，若击鼓而求亡子焉？"

【今译】

阳明先生说："朱熹先生'格物'的学说，缺少一个主宰处。譬如他所说的'察之于念虑之微'（念头一旦产生，在很细微的时候，就应该察觉到），这一句不应该和'求之文字之中，验之于事为之著，索之讲论之际'（从古籍书本中找到与念虑相关的内容，从具体的实践去验证念虑，通过讲求和讨论找到其内在本质）混在一块去看，这是没有轻重之分。"我自己考虑先生的意思，说"察之于念虑之微"就是主宰之处，这应该是对的。什么叫察、叫求、叫验、叫索，又如何去察、去求、去验、去索，不是良知又能是什么呢？所以从古籍书本中找到与念虑相关的内容，从具体的实践去验证念虑，通过讲求和讨论找到其内在本质，总都要归结到念虑的微妙之处罢了。如果不能归结到念虑的微妙之处，那么说起古籍书本、具体实践、讲求讨论的意义，与人就没有任何关系了。如同漫无目标地想在路上找到走失的孩子，岂不是毫无根本的学问？况且所谓"即凡天下之物"（接触认识万事万物事理）的，不去追逐外在表象、而能不失去内心主体性的，少之又少。所以研习学问的人，虽然要从古籍书本中找到与念虑相关的内容，从具体的实践去验证念虑，通过讲求和讨论找到其内在本质，必然还要体察念虑的微妙之处，那么就能探求事物的原理、法则，从而获取对事物的理性认识。学习要是不得要点，学到的东西也会支离破碎，成为流于言语的学问，那要想达到圣人贤者的境界，那可就难了。

一四四

【原文】

默坐瞑目，而追思既往事，则是非善恶，如记如忘。茫茫乎捉云捕风，非实有。过去思之何益之诫，于是乎觉得。仰想俯惟，以亿度将来事，夭寿祸福，不可予期。昧昧乎望夜中山，非真见。未来思之何益之训，于是乎醒了。然则于现在上，正心以事君事父，尽忠尽孝，而尽余善之外，更无实有真见之事矣。因可知圣教之伦常用乎世，而释学之幻妄无用乎人也。

【今译】

闭目静坐，回忆以前的事，是非善恶，好像记得又好像忘了。迷迷茫茫还是捕风捉云，已经不是切实存在的了。于是就想起了（阳明先生）思考过去毫无益处的训诫。抬头看天想象，低头看地思索，推测将来的事，是早亡还是长寿，是遭祸还是享福，不可预期。就像在深夜里眺望山岳，看不清楚。于是明白了思考将来的事毫无益处的训诫，于是醒悟了。这样的话，我们活在当下，端正心性侍奉主君、赡养父亲，尽忠尽孝，发挥自己的善以外，没有其他真实的事情了。这就知道圣教的伦常对世间有用，而佛教的虚幻对人没用。

一四五

【原文】

雨余池满，一鱼泼剌，误投身于地，展转反侧，蚁既攻焉。予吃饭了，偶步池边，看其状，悯尔驱蚁，手归诸池，圉圉洋洋以沈没。喟然叹久之，因遂心悟所谓命数之命矣。

【今译】

下雨把池塘下满了，一条鱼跳跃出水，不小心掉在岸上，不断扭动，而蚂蚁已经开始攻击它。我吃了饭后偶然走过池边，看到这个情况，心生怜悯，赶走蚂蚁，用手把它放回池中，鱼痛苦挣扎一会儿终于沉入水中。我感叹了很久，于是我就感悟出生命不知什么时候就会结束。

一四六

【原文】

子弟问文文山《正气歌》所谓"鬼神泣壮烈"义。曰："人真有忠君之心，而无一毫人欲之私者，读孔明《出师表》必饮泣矣，便是良知之感动也。良知即鬼神，何别有鬼神乎哉？呜呼！尔等亦忠矣，则必知得鬼神之泣。"

【今译】

学生问文天祥《正气歌》所谓"鬼神泣壮烈"的意思。我说："人要真有忠君之心，而且没有一点私欲的，读孔明《出师表》就一定会哭泣，这就是良知的感动。良知就是鬼神，还有什么别的鬼神呢？唉！你们也都是忠诚之人，那一定会明白鬼神的哭泣。"

一四七

【原文】

或谓予曰："《传习录》曰，日间工夫觉纷扰，则静坐，觉懒看书，则且看书，是亦因病而药。剪劣如某者，觉其难。"曰："纷扰者，人欲害道心也。觉者，良知照之也。常人日间多私己，故心纷扰，良知觉之，则静坐而观未发以前之气象，则乃万象皆为宾客。懒者，亦人欲也，常人平日多惰气，故懒看书。良知觉之，则反强看书，而知古人之不如，性命之不全，于是焉必愤发者也。因病药者，犹热传胃者，以硝黄下之，终得愈。若又用庸医之说，补之则死矣。故纷扰之静坐，懒之看书，皆硝黄也。故君子勉之，常人不勉之，是以贤益贤，愚益愚。且静坐非坐禅入定也。以'朝闻道夕死可矣'等之语，加之于心，去其妄念，是乃静坐之一法也。详出于高忠宪①《复七说》，子等一见之。"

【注解】

①高忠宪：即高攀龙（1562—1626），字存之，又字云从，南直隶无锡人，世称"景逸先生"，谥"忠宪"。明朝政治家、思想家，东林党领袖，"东林八君子"之一。著有《高子遗书》十二卷等。《复七说》即《复七规》，载于《高子遗书》卷三。

【今译】

有人对我说："《传习录》里讲，如果觉得烦扰，不妨就静坐，如果觉得精神疲懒，不想看书，则偏要去看书，这也是对症下药。可是我太笨了，觉得很难做到。"我说："觉得烦扰，是人的欲望影响了道心。所谓觉，就是良知关照。普通人日间常犯私心，所以觉得烦扰，良知感受到了，那么静坐就能看到以前没有看到的气象，那么一切现象都是良知的客体。所谓懒，也是人的欲念，普通人平时总是懒惰，所以懒得看书。良知感觉到了，反而勉强去看书，然后知道了不如古人的地方，和性命还没有被发现的地方，于是就会奋发。所谓对症下药，就是传到胃里的热，被硝黄压下去，然后就好了。如果依照庸医的办法进补，人就死了。所以烦扰时静坐，懒的时候看书，就是硝黄。所以君子在这方面很勤勉，普通人却不勤勉，于是贤者愈发贤明，愚者愈发愚笨。而且，静坐也不是坐禅入定。将'朝闻道夕死可矣'等话语牢记于心，去除妄念，这才是静坐的方法。高忠宪的《复七说》里有详细说明，大家可以去读一下。"

一四八

【原文】

或问《传习录》中所谓"良工、心独"苦气象？曰："子不闻乎？范文正公居庙堂之高，则忧其民，处江湖之远，则忧其君。进亦忧，退亦忧，'良工'之心，于是可推矣。而文中子之续经，岂亦容易哉？汉魏迄隋唐，道不明于上，俗不美于下，子弑父，臣弑君，其势如崩涛奔波，至不可救也。是以有续经之举。遇是时有是事，圣贤不得已之苦心焉耳，岂亦好名贪利如小人儒哉。其余晦庵先生之'居敬穷理'"，阳明先生之'致良知'，亦复然而已。而吾辈未积明德、亲民，表里内外洞彻之功，如何口舌之际，窥得良工之心。而真勉学，则他日必俱有管窥焉。

【今译】

有人问《传习录》中所谓"良工、心独"是个什么情况？我说："你没听过吗？范仲淹在朝廷上做官时，就为百姓担忧；在江湖上不做官时，就为国君担忧。这样来说在朝廷做官也担忧，在僻远的江湖也担忧。'良工'之心，从这就可以得知。文中子（王通）续写经书，又岂是容易的事呢？从汉魏到隋唐，上层道理不明，下层风气不正，儿子杀父亲，臣下杀主君，时代波澜万丈，完全没法拯救。这才有了续写经书的举动。遇到这样的情势，才会有这样的举动，这是圣贤不得已的苦心的结果，与贪图名利的小人儒者完全不一样。其他诸如晦庵先生（朱熹）的'居敬穷理'、阳明先生的'致良知'，都和王通的情况一样。而我们这些人，还没有努力去陶冶德行、关爱民众、深刻理解本质与现象的关系，又如何能在口头上明白'良工'的心境呢？而如果真正在学问上勤勉用功，那日后一定能够有所理解的。"

一四九

【原文】

弟子问："先生尝曰，延平先生^①云，当理而无私心。是说自好，而今人或有外面如当理者，然不可谓果无私心也。乾知窃考，《传习录》曰：'心即理也，无私心，即是当理。未当理，便是私心。若析心与理言之，恐亦未善。'今推之先生之言，反如析心与理为二，何也？"答曰："延平先生之说，本是解仁，仁者心之本体，即理也，即无私心也，心理固不可析矣。但常人或有称孝悌者，大抵从名心利心上做来，则其所行虽如稍当理，安得谓无私心？吾前日之言，就常人说，非说其本体也。故当理而无私心，非纯于天理之极者不能焉也。尔等须要无私心，《中庸》之'戒慎恐惧'^②，即其功也。久久不息，乃得至乎仁地。不然要事事当理，亦只是义袭^③而取者也。"

【注解】

①延平先生：即李侗（1093—1163）南宋学者。字愿中，学者称"延平先生"。南剑州剑浦人。为程颐的二传弟子，年轻时拜杨时、罗从彦为师，朱熹曾从游其门，并将其语录编为《延平答问》，有《李延平集》四卷。

②戒慎恐惧：此语原出《中庸》："戒慎乎其所不睹，恐惧乎其所不闻。"又《传习录》下卷二四四条载，问："不睹不闻是说本体，戒慎恐惧是说功夫否？"先生曰："此处须信得本体原是不睹不闻的，亦原是戒慎恐惧的。戒慎恐惧不曾在'不睹不闻'上加得些子。见得真时，便谓戒慎恐惧是本体，不睹不闻是功夫亦得。"

③义袭：偶尔良知发现而做好事。语出《孟子·公孙丑上》："是集义所生者，非义袭而取之也。"

【今译】

弟子问："老师曾经说，延平先生说过，合乎理而没有私心。这话自然好，而如今的人可能表面上合乎理，但不好说真的没有私心。我自己思考了一下，《传习录》里说，心即是理，没有私心，就合乎理。不合乎理，就是私心。如果把心和理拆开分析的话，好像也不太好。今天听老师的话，反而像把心和理分开了，这是为什么呢？"我回答："延平先生说的，本来是要解释仁，仁者之心的本体，就是理，就是没有私心，心和理自然不能拆开。但是普通人也许有自称孝悌的，大抵都是因为名利心，那么他的行为虽然稍微合乎理，又怎么能说是没有私心呢？我以前所说的，说的是普通人的情况，而不是说本体。所以要做到合乎理而没有私心，如果不是能够穷极天理的圣人，是无法做到的。你们要去除私心，《中庸》里所谓的'戒慎恐惧',就是实践它的功夫。如果能长期坚持不中断,就能达到仁的境界。否则就算是每件事情都合乎理,也只不过是偶尔良知发现而做好事的结果罢了。"

一五〇

【原文】

水性本寒矣,火在其下,则沸沸然化为汤了。当其时,水虽有,寒绝无也。人性本善矣,物诱其外,则伈伈然化为恶了。当其时,人虽存,善或无也。然去其火,则寒复依然。拒其物,则善亦现在。如去火不早,则焦枯而水与性俱灭矣。拒物不严,则坏乱而人与性俱亡矣。是当然之理也,吾辈宜用不失性之工夫也已矣。

【今译】

水性本寒,但是下面生火的话,那就沸腾变成了开水。那时候,虽然水仍然是水,但是寒气已经没了。人性本善,但是如果有外物引诱,那么就可能变成恶。那时候,人虽然还是人,善却没有了。如果把火撤了,水依然会变寒凉。拒绝了外物,那么善就会出现。火撤晚了,水和寒都会消失。拒绝外物不严格,人和本性都会被消灭。这是理所当然的事,我们应该努力不去本性。

一五一

【原文】

杨凝斋①曰:"时有淳浇,俗有美恶。故泰伯居夷而化,孔子在鲁,而七十子之外多讥之。亦视其自立者而已,若得位则风行草上矣。"杨氏此说,必有所感而云尔也。吾亦尝有说曰,孔子大圣人也,天下大也,四海广也,莫皆不仰望其德,莫尽不尊尚其道。然此孔子没后,数十百年而乃然。当其生时,长孔子者,贵乎孔子者,未尝闻有一人诚仰其德,真尊其道者也。而如其升堂入室之诸贤出焉,则孔子晚年之事。而其少孔子,大抵不下三四十如五十也,故孔子四十岁之时,颜子十岁,子贡九岁,有子七岁,闵子五岁,而仲弓、冉有共七岁,皆丱角童也。冉伯牛、宰我年齿虽不见载籍,恐与数子不相远矣。如子游、子夏则未生矣,而传衣钵之曾子及子张亦未生也。且子路虽少九岁,执贽盖尤晚矣。自余七十子、三千之徒,长孔子,贵乎孔子者,未之有也。而七十、三千,虽其数如多,视之乎天下四海,则特大仓一粒而已矣,岂多乎哉?夫天下之大、四海之广,而当时何为入其门受其教者乃少矣耶?是吾所以疑之不解乎心也。熟读《论》《孟》,然后其疑始释然矣。子曰:"不得中行而与之，必也狂狷乎。狂者进取，狷者有所不为也。"又曰：
"乡原，德之贼也。"孟子曰："孔子'不得中道而与之，必也狂狷乎，
狂者进取，狷者有所不为也。孔子岂不欲中道哉，不可必得，故思
其次也。"又曰："孔子曰，过我门而不入我室，我不憾焉者，其唯
乡原乎。乡原德之贼也。"而详述其所以为狂狷，与其所以为乡原，
如眼见彼此相反之状态也。嗟乎！当春秋时，孰非阉然媚于世者哉？
孰非同乎流俗合乎污世者哉？孰非居之似忠信，行之似廉洁者哉？
孰非乱德者哉？而曰古之人，古之人是谁欤？踽踽凉凉，是谁欤？
然则狂狷鲜乎晨星矣，而乡原即天下滔滔皆是也耳。孔子开道立教，
特取其鲜乎晨星之狂狷，而不愿入其室者，天下滔滔之乡原也。宜
乎当时受其教者之寥寥焉。吾亦奚疑哉？呜呼！道之所贵在此矣，
道之所不行亦在此也夫。

【注解】

①杨凝斋：即杨名时（1661—1736），字宾实，号凝斋，谥号文
定，江南江阴人，康熙进士。著有《周易札记》《诗经札记》《四书
札记》。

【今译】

杨凝斋说："时代有醇厚和轻薄，风俗也有善美和丑恶。所以
泰伯身居蛮夷之地去教化他么，而孔子虽然身在鲁地，可是除了他
七十个弟子以外，大都非难过孔子。如果他们能够得到该有的低位，
那德之风就会行于民之草上了。"杨氏这番话，必然是有感而发的。
我也曾经说过，孔子是大圣人，天下虽大、四海虽广，却无人不仰
视他的德，无人不尊崇他的道。可这种情形，是孔子死后数十年数
百年后才出现的。孔子还活着的时候，比孔子年长的人、地位比孔
子高的人，没听说有一人仰视他的德、尊崇他的道。而弟子们学
问渐精、诸贤辈出，已经是孔子晚年的事了。而这些弟子比孔子至
少年轻三四十到五十岁，所以孔子四十岁时，颜子十岁，子贡九岁，
有子七岁，闵子五岁，而仲弓、冉有都是七岁，全是扎着角辫的孩
童。冉伯牛、宰我的年纪虽然没在书籍中记载，恐怕与前几位门人
相差不远。像子游、子夏都还未出生，而传衣钵的曾子和子张也还
未出生。况且就算子路比孔子只小九岁，成为弟子也是很晚的事情。
其他的七十弟子、三千门人，比孔子年长、比孔子地位高的，一个
人也没有。而七十人、三千人的门生人数虽然看上去很多，放在天
下四海里来看，只不过是大粮仓里的一粒米罢了，又怎么能算多呢？
天下如此之大、四海如此之广，当时为什么入孔子之门、受其教诲
的人又这么少呢？这是我内心中疑惑不解的问题。等我熟读《论语》
《孟子》后，对这个疑问才释然。孔子说："我找不到奉行中庸之道
的人和他交往，只能与狂者、狷者相交往了。狂者敢作敢为，狷者

有所不为。"孔子又说："乡里貌似谨厚的伪善者，反而是危害道德的人。"孟子说："孔子所谓的'得不到言行合于中道的人相交，那就必然是和狂与狷这两种人相交吧！狂者敢作敢为，狷者有所不为。'孔子难道不想和言行合于中道的人相交吗？不能够得到，所以只能求次一等的罢了。"孟子又说："孔子曾说，路过我家门而不进来的，我又不觉得遗憾的，就是所谓乡原。乡原是败坏道德的人。"详细讲述狂狷的本质和乡原的本质，就能看到他们彼此其实正好相反。唉！春秋时代，又有谁不是湮没本心而媚俗的呢？又有谁不是同流合污的呢？又有谁的立场不是看似忠信、行为看似廉洁的呢？又有谁没有祸乱德行的呢？而说起古人，古人到底是谁？孤寡不合群的，到底是谁？然而锐意进取和谨言慎行的寥若晨星，天下个个却都是乡原。孔子开道立教，专门找寥若晨星的锐意进取和谨言慎行的人，而不愿让他进自己家门的，则是到处都是的乡原。但是接受孔子教诲的自然非常少了。我又怀疑什么呢？唉！道的可贵就在于此，道得不到实践，也是因为这个吧。

一五二

【原文】

昨阴而今晴，予偶与弟子步园地。忽仰天曰："今即阴，而昨乃晴也哉。"弟子骇曰："先生岂狂矣乎？今晴而反谓之阴，昨阴而反谓之晴，何也？"曰："此非你辈所知也。夫今之晴，特散焉耳，昨之阴，只聚焉耳。今虽散也，其所以聚者，亦充塞乎太虚中矣。昨虽聚也，其所以散者，亦遍布乎太虚中矣。是故虽聚必散矣，故曰昨晴。虽散必聚矣，故曰今阴。言奇而非奇，是常理也。如能了悟之，则未发已发之理亦一般，而当知戒惧慎独之为实功也夫。"

【今译】

昨天阴天，今天放晴，我偶尔和弟子一起在园子里散步。突然仰天说道，今天即是阴天，而昨天才是晴天啊。弟子吓了一跳说："老师难道疯了么？今天晴天却说是阴天，昨天阴天却说是晴天，这是为什么呢？"我说："这不是你们能明白的。今天天晴，是因为云散了，昨天阴天是因为云聚了。今天虽然散了，其聚集的原因，都聚集在太虚中。昨天虽然聚集，但分散的原因都散布在太虚中。所以虽然聚集但必然会散开，所以说昨天是晴天。虽然散了但必然会聚集，所以说今天是阴天。话听着奇怪但不奇怪，是常理。如果能明白这个，就能明白未发、已发的道理其实一样，这样就知道戒惧、慎独都是切实的努力了。"

一五三

【原文】

敬之不可斯须离也,虽愚读书者则皆知之。然人徒倡敬,而不尽其道,则却不敬也。夫敬之体用,微而大。《易》曰,敬以直内。《大学》曰,敬止。《曲礼》曰,毋不敬,俨如思,安定辞,安民哉。是故敬云,则心直矣,心止至善矣,然后其体立矣。容貌常不可有惰废暴慢之状,言辞常不可有过默多言,与戏谑之失。而家人常无猥杂乱浊之行,然后其用行矣。于是始可谓尊敬也已矣,否则口敬,而内外俱无其实,谓之敬可耶?故吾辈真用工夫于此一字,则庶几身修而家齐矣。

【今译】

"敬"这件事一刻也不能放弃,虽然有些愚笨,但只要是读书的人就都会明白。然而人们只是提倡尊敬,却不实际去实践敬,这其实就是不敬。原本敬的本体和功用,微妙而伟大。《易经》说,以敬心矫正内在的思想。《大学》说,以敬为基础。《礼记·曲礼》说,不要不自我警惕约束,态度要端庄像有所思考的样子,讲话要安详明确,这样才能使人信服。所以说到敬,就矫正了内心,内心就以至善为基础了,然后本体就树立起来。容貌上不能有懒惰、颓废、狂暴、轻慢的表情,言语上既不能过于沉默,也不能太多言,或者乱开玩笑。而家人没有嘈杂肮脏的行为,这样敬的功用就发挥出来了。于是就可以说很尊重"敬"了。否则虽然口头上"敬",而从里到外没有任何实际的东西,还可以称为"敬"么?所以我们要真在这个字上下功夫,就能做到修身、齐家了。

一五四

【原文】

一门人问"天地绸缪"之状。曰:"近取诸身则易知。"曰:"暗而难知矣。""今尔满口息气即绸缪,难知矣者,何耶?"

【今译】

一个门人问"天地绸缪"是个什么样子。我说:"在身边用身体举例子就容易懂了。"门人说:"我脑子笨,难以理解。""唉!现在你满口的呼吸之气就是氤氲,为什么觉得难懂呢?"

一五五

【原文】

虚于内者，误堕水，则皆浮而不沈。此非特虫豸禽兽，虽人亦然。然人则沈而不浮而死焉，十人而十人，百人而百人，曾无有一活者，何也？此无他，其堕水，即起欲生恶死之念甚乎彼，而其念既塞乎方寸，故方寸实而非虚，况振手动脚，破咽叫号乎。沈而不浮而死焉，以此也。如无其念与其动叫，则必浮而不沈而活矣，是天理也，又奚异哉？或曰："裸裎则如子言有或然者，衣裳而堕焉，则如何？"曰："心存诚敬而归乎太虚之人，则虽数万仞之海底，徐解其带，脱其衣裳，是无难矣。"呜呼！此独堕水时之术而已哉。

【今译】

体内虚空的，就算不小心落水，也都会浮起来而不下沉。这不单单是虫子鸟兽如此，人也是这样。但是人却不会浮起来而会沉下去死掉，十人就死十人，百人就死百人，一个也活不下来，为什么呢？不是因为别的，是因为人一落水，就会起贪生怕死的念头，这念头就会填满方寸，那么方寸就不再是虚空，更何况还会手脚拍打、喊破喉咙。不浮起来而下沉死去，就是因为这个。如果不起念头也不动弹喊叫，那就不会下沉，必然浮起而活命，这是天理，有什么奇怪的。有人问："如果裸体的话可能像你说的那样，但穿了衣服就会下沉，这又是怎么回事？"我说："心存诚敬而归于太虚的人，就算沉入数万仞的海底，也能慢慢解开衣带，脱下衣服，这不是难事。"唉！这又哪只是落水后的处理方法呢？

一五六

【原文】

有类狷忿①者，动郁心而恶人。予告之曰："子廉而谨取予，不吐谀言以媚人，子心能知否？"曰："能知。""是乃子与流俗人相反处，子心亦能知否？"曰："能知。""而子有妒心，时窃发，不知之乎？"曰："有焉。""故不得谓不知，子有惊宠辱，与趋避祸福之心，子不知之乎？"曰："有焉。""故亦不得谓不知，是即流俗人，与子相同处，子亦不知之乎？"曰："安得谓不知哉？""然则毕竟子与流俗人相反，乃其迹耳，而心则无殊别矣，又何非彼是我，悻悻然怒为。"

【注解】

① 狷忿：性情急躁，容易发怒。《旧唐书·王遂传》卷一六二："遂性狷忿，不存大体。"南朝梁刘勰《文心雕龙·哀吊》："或娇贵

而殒身，或狷忿以乖道。"

【今译】

有心胸狭窄而爱发怒的人，也容易心情郁闷憎恨别人。我告诉这样的人："你慎重处理物品的取给，不阿谀奉承取悦别人，这个你自己能明白吗？"回答说："能明白。""这就是你与庸俗的人相反的地方，这个你自己能明白吗？"回答说："明白。""但你时不时暗暗产生嫉妒心，能感觉到吗？"回答说："确实有。""那你就不能说不知道，你有被宠辱惊吓到，也会有趋避祸福的心，是不是知道呢？"回答说："确实有。""那你就不能说不知道，庸俗的人，也有跟你一样的地方，是不是知道呢？"回答说："怎么能说不知道呢？""可是毕竟你与庸俗的人不一样的地方是一些外在的事情，而内心就没什么分别，又何必非难别人、认同自己，而怨恨发怒呢？"

一五七

【原文】

学虽多端，要归乎心一字而已矣。一心正，则性与命皆可了。魏环溪先生曰，曰正心，曰存心，曰洗心，去人欲尽之矣，曰尽性，曰率性，曰养性，循天理尽之矣，曰知命，曰俟命，曰立命，曰至命，去人欲循天理，死生不渝尽之矣。世人论辨纷纷，皆余之大惑不解者也。此虽如分别心性命说，要为人易解而已，推其立言之意，则与吾言亦何异哉。

【今译】

学问虽然有诸般头绪，关键是要归于心这一个字。一旦心正了，那么本性和生命就都明白了。魏环溪先生说，说正心，存心，洗心，就是要尽去人欲。说尽性，率性，养性，就是要尽循天理。说知命，俟命，立命，至命，就是要临死时都要去人欲循天理。我实在是不明白世人为什么要纷纷争辩这个事情。这虽然把心、性、命分开来说，是为了让人容易明白，思索一下这些话的本意，又跟我的话有什么分别呢？

一五八

【原文】

尝读乌伤王氏①《华川卮辞》，其言曰，人之欲为善也，由乎一念之烈而已。反而求之，克而致之，则盗跖②有不可为尧、舜者乎？然人以有"下愚不移"之言，不肯信之。则盍亦见《明史·忠义传》乎？张献忠陷襄阳，盛以恒与杨所修等城守。贼登城，以恒被执，骂贼不屈，为贼支解。所修亦骂贼死。夫以恒固士夫，死之其常分而已矣。如所修，故魏忠贤党也，而入逆案，赎徒为民者，则尝为其鹰犬爪牙，戕害贤人君子也，不言而可知矣。然及贼迫，毅然与忠义人共骂以死，是何心也。非所谓一念之烈乎。然则良知虽恶人未尝能损之，于此可见矣。反求之，克致之，则为尧、舜之云，岂亦虚言哉。且吾虽未知所修尝读《王氏卮辞》，而兴起者乎否，如其所为与《卮辞》吻合。况载于《忠义传》，与金石不朽，则岂非伟乎？此始善良而终奸恶者之永鉴也夫。

【注解】

①王氏：即王祎（1322—1373），字子充，号华川，义乌来山人。后依外祖父居青岩傅。幼从祖父王炎泽学，后师事柳贯、黄溍。历任明朝的中书省掾史、江西儒学提举司校理、侍礼郎掌起居注、南康府同知、漳州府通判。参修《元史》，著有《大事记续编》《王忠文公集》及《卮辞》。

②盗跖：跖又作蹠。相传"盗跖从卒九千人，横行天下，侵暴诸侯"，"所过之邑，大国守城，小国入保"（《庄子·盗跖》），是民众起义的领导者，声名远播，故《荀子·不苟》说："盗跖吟口，名声若日月，与舜、禹俱传而不息。"

【今译】

我以前读过浙江乌伤王祎的《华川卮辞》。里面说，人要想为善，其实就是一念之间的激情。如果反省而追求、克己而实践，那么盗跖又有什么不能成为尧、舜的呢？然而有人因为有"下愚不移"这句话，不肯相信上面的说法。怎么不去看一下《明史·忠义传》呢？张献忠攻打襄阳，盛以恒与杨所修等人守城。贼兵登上城墙，盛以恒被擒，打骂贼人不肯投降，被贼人杀死碎尸。杨所修也大骂贼人后被杀。盛以恒既然是士大夫，被贼杀死也是他的本分。而杨所修原本是魏忠贤的党羽，因为谋逆而被逮捕，用金钱赎罪后贬为平民，曾经是魏忠贤的鹰犬爪牙，不用说就知道，肯定杀害了好多贤人君子。可是贼兵临城，却毅然和忠义之人一起大骂贼人而赴死，又是怎样的心境呢？这不是所谓的一念之间的激情么？这么看来，连恶人都不能损害到良知。反省而去追求、克己而去实践，就能成为尧、舜那样的人物，这话能说是虚么？并且，我虽然不知道杨所修是不是因为读了王祎《华川卮辞》而奋起，但他的所作所为却与《卮辞》相一致。况且被记载在《明史·忠义传》里，与金石一样不朽，不是很伟大么？他可算是最初良善却终于奸恶之人的永远借鉴了。

一五九

【原文】

《盗跖篇》，虽固寓言，其对孔子敢论之言言，是皆古今常人不言之深情，而为跖特代之言者耳。而世之不甘受教于圣贤者，全在此矣。自昔传蒙庄能道人情，诚非虚言也。

【今译】

《庄子·盗跖篇》，虽然是寓言，但是他敢与孔子辩论的话，确实有古今普通人不敢说的本心，只不过专门让盗跖说出来罢了。而世间不愿意从圣贤那里接受教诲，原因就在这里了。以前就传说庄子能够讲明白人情，果然不是骗人的。

一六〇

【原文】

兴一利，不如除一害，生一事，不如省一事。而耶律文正之言，从何出焉？自牧马童子亦"去其害马者而已矣"之答来。而庄漆园之论，从何出焉。自四裔两观之诛来。而虞帝与文宣王之举，从何出焉。自太虚之真仁来也。呜呼！政之道，实尽乎去其害者矣。故放郑声，远佞人，亦只去害人心者焉耳。至汉唐中主，茫乎暗斯义矣。姑息因循，施煦煦小爱，以为泽民润物。嗟乎！此所以汉唐之人为，不及三五之天德也哉。

【今译】

给一个利益，不如除去一害，多做一件事情，不如少做一件事情。那么耶律楚材的话，又是从哪儿而来的呢？从牧马童子回答说"只需要去掉害群之马即可"而来。那么庄子的立论又从哪儿来的呢。从舜帝把背德的人流放到四裔、孔子在两观杀死少正卯而来。那么舜帝和孔子的举动，是从何而来呢。从太虚的真仁而来。啊！为政的办法，其实就在去除害群之马。所以孔子不听郑声、远离小人，也是去除损害人心的东西罢了。到了汉唐那些中流的君主，却茫然不懂得这个道理。因循守旧、施舍一些小恩小惠，以为这就是对百姓国家有好处了。唉！这就是为什么汉唐君主的作为，赶不上三皇五帝德行的原因了。

一六一

【原文】

《孟子》，至"齐宣问汤放桀武伐纣"之章，君子必不忍口诵此

语，然君子犹讲之何？以只其有"贼仁贼义"四字也耳。曷为以有
其四字，君子犹讲之乎。夫君子之读书者，反求诸吾心，而不外究
之纸上。"故我贼仁如彼乎，我贼义亦如彼乎？"念念询诸吾慧日。
如有贼焉，则纵免人祸，焉免天诛。不贼焉，则虽无人誉，必有天
祐。是故如无有那四字，则君子必不读之也。设使孔子答其问，则
必有无穷之味，而不至如此英气之暴露峻发也欤。圣贤之一间，于
是略可见矣。

【今译】

《孟子》里，说到"齐宣王问汤武放伐"的那一章，君子肯定不
忍心背诵这段话，那么为什么君子又要讲这段故事的含义呢？只因
为有"贼仁贼义"这四个字。因为有了这四个字，君子才会讲解这
段话。君子读书的时候，都是在内心追求本心，而不拘泥于字面的
意思。所以每每意识到，都向良知询问："我是不是也像桀纣那样毁
弃了仁呢？我是不是也像桀纣那样毁弃了义呢？"如果有毁弃，那么
就算没有人祸，也免不了天诛。如果没有毁弃，那么就算没人称赞，
也必然会有天祐。所以要是没有那四个字，那君子肯定就不读这一
段了。假使是让孔子回答这个问题，那么回答肯定是委婉而令人回
味，而不像孟子这么英气勃发尖锐直接吧。圣人孔子和贤者孟子之
间的差异，在这里就看得很清楚了。

一六二

【原文】

程朱在当时，不能免于奸人陈公辅、何若、王淮、陈贾等之谗
毁诬妄。而曲学、伪学之禁，至诏谕于天下，何其悖罔之极乎。然
而天定，则谗毁逞志一时者，皆虫灭草亡。而程朱之学，与天地日
月，争悠久光明，不亦大矣乎？史臣尝论程学之禁曰，大抵圣贤之
道，不行于当时，而行于后世者，理势然也。高宗但知尊孔孟，而
不知尊伊川，非理势乎？正使孔孟在当时，亦不见尊于高宗。夫何
怪哉？史臣尝又论朱学之禁曰："王淮以唐仲友之故，深怨朱子，欲
谋沮之，由是陈贾鄙夫，趋顺风旨，上章诋毁，厚诬圣贤。"

呜呼！以道学为诡异，其欺天罔人，莫此为尤。自是道学之名，
贻祸于世矣。虽然"天之未丧斯文，匡人其如予何"？吾道如青天白
日，大明于世，一二狗彘所谤讪哉。史臣之论辨，可谓明快痛切无
余蕴矣。

然奸人以曲学、伪学抹杀之，何故也？吾请以一言辨其由。夫
圣贤言行，大反俗情矣。俗情者何？盗跖所云是也耳。其言曰："人
之情，目欲视色，耳欲听声，口欲察味，气欲盈。人上寿百岁，中

寿八十，下寿六十，除病瘦、死丧、忧患，其中开口而笑者，一月之中不过四五日而已矣。天与地无穷，人死者有时，操有时之具，而托于无穷之间，忽然无异骐骥之过隙也。不能说其志意，养其寿命者，皆非通道者也。丘之所言，皆吾之所弃也。"此虽庄子之寓言，今古、贵贱、上下之所心口相期者，不出斯数语也。而圣贤之道则反之，非礼勿视听言动，而志气常收乎内以不放，虽在病瘦、死丧、忧患之中，以皆尽其心为道矣，而未尝为以是累也。而常人开口而笑者，莫非淫戏放逸之事也，圣贤遭之则决不笑，却有蹙頞攒眉，以忧愁悲哀者多矣。常人视天地为无穷，视吾为暂，故以逞欲于血气壮时为务而已。而圣贤则不独视天地为无穷，视吾亦以为天地，故不恨身之死，而恨心之死矣。心不死，则与天地争无穷，是故以一日为百年，心凛乎如临深渊，不须臾放失也。故又尝不以物移志，不以欲引寿，要去人欲、存天理而已矣。彼则去天理、存人欲也，去天理、存欲，是乃常人之所期，则去人欲存天理之教，安得不逆其耳与心哉。彼以逆耳与心，自揣之，则以圣贤之教，必为矫人情。为矫人情，则其势不得不谓教吾曲与伪也，此乃曲学、伪学之名，所由起也欤。

吁！非曲而为曲，非伪而为伪，曲而为非曲，伪而为非伪，理欲倒置，是非逆为，岂非可悲哉？程朱抑乎一时，而伸乎万世，固大矣，然其躬在后世，则亦何尊之哉？只其尊之也，以死而不言也。如虽死，判理欲，正是非如生前，厌之恶之，谁敢师尚之哉，何以知之。《君陈》曰："凡人未见圣，若不克见；既见圣，亦不克由圣，尔其戒哉。"夫不见圣则仰慕焉，见则不能由其教，非啻不能由其教，必奔而避焉。故阳明子亦曰，你们拿一个圣人去，与人讲学，人见圣人来，都怕走了，如何讲得行。吾以此二语，知其不师尚之也。而后来以阳明子之学为异学，其亦理势之所不免也。奚足惑哉？

【今译】

程子、朱子在当时，也不免被陈公辅、何若、王淮、陈贾这些奸人非难诬告。他们的学问被说成是曲学、伪学而遭到禁止，甚至昭告天下，这是何等的荒谬啊。然而等到天道恢复正常，那些非难诬告、野心一时得逞的人，都像野草小虫一般灭亡了。而程子、朱子的学问，却和天地一样永远、像日月一样灿烂，这不是很伟大的事吗？有史官曾经评论程学被禁的事，说大多圣贤之道，在他们活着的时候都得不到实践，而等到以后才得以实践，这是合乎道理的。高宗只知道尊崇孔孟，却不知道尊崇程伊川，这不是很有道理么？如果孔孟活在那时候，也不会被高宗尊崇。这有什么奇怪的呢？有史官又曾经评论朱学之禁说："王淮因为与唐仲友亲近的原因，所以深深怨恨朱子，打算排斥他，于是陈贾这个小人就顺着王淮的意图上疏诋毁诬告圣贤。"

唉！把道学视为诡异的学问、欺天罔人的行径，没有比这更甚的了。自这以后，道学之名，成了遗祸世间的东西。虽然如此，可是"上天若不想灭亡此种文化，那么匡人又能把我们怎么样？"我所坚信的道，就像青天白日一样大明于天下，岂是一两个卑劣的猪狗之辈能诽谤的。这位史官的评论，可谓是明快痛切、说尽道理了。

可是奸人还是把道学视为曲学、伪学去抹杀，这是为什么呢？请让我用一句话说明其理由。原本圣人贤者的言语行动，与世俗人情大为不同。世俗人情是什么呢？就是盗跖所说的。他说："眼睛想要看到色彩，耳朵想要听到声音，嘴巴想要品尝滋味，志气想要满足、充沛。人生在世高寿为一百岁，中寿为八十岁，低寿为六十岁，除掉疾病、死丧、忧患的岁月，其中开口欢笑的时光，一月之中不过四五天罢了。天与地是无穷尽的，人的死亡却是有时限的，拿有时限的生命托付给无穷尽的天地之间，迅速地消逝就像是千里良驹从缝隙中骤然驰去一样。凡是不能够使自己心境获得愉快而颐养寿命的人，都不能算是通晓常理的人。你孔丘所说的，全都是我想要废弃的。"这虽然是庄子的寓言，可是无论古今、贵贱、上下，心里所想、口中想说的，也无非这几句话。可是圣人贤者之道却相反，不合礼数的，不视不听不言不动，并且志气也收敛在内心，不发散出去，即便在疾病、死丧、忧患的岁月里，都以尽心为道，而从来不会受其所累。而常人开口而笑的，都是些淫戏放荡的事，圣人贤者遇到这些事则绝不会发笑，反而多会皱眉忧愁悲哀。常人认为天地是无穷的，而自身是短暂的，所以将气血体力旺盛时实现欲望作为要务。而圣人贤者则不单把天地视为无穷，还把自身也看作是天地，所以并不恨身体死去，而恨内心死去。只要心不死，就能与天地一争无穷，所以视一天如同百年，内心紧张如临深渊，不敢放松一刻。而且一次也不会被外物诱惑而改变心志，不因为私欲而想延长寿命，关键就在去人欲、存天理。他却要去天理、存人欲，去天理、存人欲是常人的期待，那么去人欲、存天理，又怎么不会逆耳、逆心呢？他觉得逆耳逆心，从自身出发去衡量，则必然觉得圣人贤者的教诲，有违人情。既然有违人情，则那就不得不说这是教我们歪曲与虚伪，这就是曲学、伪学之名的由来。

唉！不是歪曲而被看作歪曲，不是虚伪而被看作虚伪，明明是歪曲的却被看作不歪曲，明明是虚伪的却被看作不虚伪，天理和人欲倒置，是与非相反，这不是很可悲吗？程子、朱子只是在当时被弹压，其教诲能流传后世，确实是很伟大，可是如果本人真的生在后世，常人又为什么要尊崇他们呢？之所以尊崇他们，只不过是因为他们已经死去不能再说话。如果即便死去，还能如生前那样明辨理欲、判断是非，人们就会讨厌他们、怨恨他们，谁又敢去尊他们为师范呢？《尚书·君陈》里说："凡人未见到圣道，好像不能见到一样；已经见到圣道，又不能遵行圣人的教导。你要戒惧呀！"原本如果你没见到圣人就会仰慕他，见到的话则不能遵从他的教诲，岂止是不能遵从他的教诲，肯定会跑着避开。所以阳明先生也说，你们请出一个圣人，给人们讲学，人们看到圣人，都吓跑了，这怎么讲得了学。我从这两句话，就知道普通人不把程朱尊为师范的原因了。等到后来阳明学也被当成了异学，也是因为这个道理。有什么好奇怪的呢？

一六三

【原文】

道之要，前乎阳明先生，未明于天下。而经于阳明先生，始明乎天下矣。吾何以知之，以世所称朱学纯儒薛敬轩、陆稼书二子之言知之。薛氏曰："道至濂、洛、关、闽而明，今其书虽存，吾不知道之要何在。"而其语学未能免间有支离之疵也。陆氏论学，则却为知行并进，而其太极论，不求诸深渺，而求诸吾心，易简直截，更无向来支离之病焉。吾意薛氏之学德，未必在于陆氏之下，而陆氏之识见，亦禾必出于薛氏之上也，而薛氏叹无要如彼，陆氏语握要如此，则陆氏岂非开明于阳明先生，而阴得要于良知者耶？不然则薛氏尝不可有无要之叹，而其免支离之疵，当在于陆氏之先矣？故曰，道之要，前乎阳明先生，未明于天下。而经于阳明先生，而始明乎天下也。殊推究其太极论，他特以太极二字来易良知二字耳。故今试复以良知二字来易太极二字，则依然姚江之口角笔势，而非紫阳末派之辞气也。明眼之君子如孙、汤定当先我觑破之矣。故陆氏虽攻击姚江不遗余力，断谓之阳朱阴王可也。人如不为然，则只谓"陆陇其学"可矣，谓朱学不可。朱学之纯，薛氏及胡敬斋，溯如许鲁斋、真西山或庶几焉。其他如吕晚村、张杨园诸先辈皆亦陆氏之类也。人如平心易气，读其诸家之书，以究其意，则当知吾不有左右袒之心也软。

【今译】

道的精要之处，在阳明先生出现以前，并没有天下皆知。而等到阳明先生出现，才为天下所知。我是怎么知道的呢？是从被世间称为朱子学纯粹学者的薛敬轩、陆稼书这两个人的话知道的。薛敬轩说："道是到了周濂溪、二程、张载、朱熹这些人出现才明白的，现在这些书都还在，可我却不明白道的精要究竟在哪里。"而且薛敬轩这个人谈论学问的时候难免有些支离破碎的问题。陆稼书探讨学问，却能够知行并进，他关于太极的论述，也不在虚无缥缈的地方探究，而在自己内心里探究，简单明白直截了当，也没有一向以来支离破碎的毛病。我认为薛敬轩的学问与人品，未必在陆稼书之下，而陆稼书的见识，也未必在薛敬轩之上，但薛敬轩如此谈不到要点，陆稼书的话却能把握精要，岂不是说陆稼书是被阳明先生启发，而暗暗从良知那里得到了精要吗？不然就不会慨叹薛敬轩把握不到道的精要，他的文章也不至于支离破碎了。所以说，道的精要之处，在阳明先生出现以前，并没有天下皆知。而等到阳明先生出现，才为天下所知。尤其如果探讨陆氏的太极论，就会知道他不过特意用太极二字来替代良知二字罢了。所以现在如果再用良知二字替代太极二字，还依然是王阳明的口气和文体，而不是朱子后学末流的文气了。有洞察力的君子如孙夏峰、汤斌等人一定比我更早看破这一点。所以陆氏虽然攻击王阳明不遗余力，可完全可以断定他表面上是朱子学者，实际上却是阳明学者。如果不认同我的看法，那我只能认可他的学问是"陆陇其学"，而不认可是朱学。纯粹的朱子学者，是薛敬轩和胡敬斋，再往前溯及还有诸如许鲁斋、真西山等人可以算是接近了。其他如吕晚村、张杨园等先辈也都是与陆氏同类。如果能够平心静气地阅读这些学者的书籍，究明他们的意思，就能理解我并没有偏袒之心。

一六四

【原文】

或问曰："阳明先生曰，朱子之后，如真西山、许鲁斋、吴草庐皆亦有见于此，而草庐见之尤真，悔之尤切。今不能备录，取草庐一说附于后云。而乃载于《传习录》。故吴子之说则既熟阅焉，而知其言之紧切矣。如彼二子，则未见其梗概，请问，何如？"吾对曰："真子曰，良谓本然之善也，善出于性，故有本然之能，不待学而能。本然之知，不待虑而知，观人之幼而爱亲，长而敬兄则可知矣。亲亲之心，达之天下，即所谓仁，敬长之心，达之天下，即所谓义。然则仁义岂出于孝悌之外哉？斯理也，孟子盖屡言之，其为天下后世虑者切矣。许子曰，圣人是因人心固有良知良能上，扶持将去他。人心本有如此意思，爱亲敬兄，蔼然四端，随感而见。圣人只是与发达推扩，就他元有的本领上进将去，不是将人心上元无的强安排与他。后世却将良知良能都斫丧了，却将人性元无的强去安排栽培，如雕虫小技，以此学校废坏，坏却天下人才。及去做官，于世事人情殊不知远近，不知何者为天理民彝，似此民何由知向方，如何养得成风俗。他于风化人伦，本不曾学，他家本性已自坏了，如何化得人。此二条，二子说良知良能之言，而能观之，则外求之悔，隐然乎言表矣。而学者之所以问学，非仁与义乎。真子谓何，即曰，仁义岂出于孝悌之外哉，故外孝悌而谓仁义则霸道，而非尧、舜、孔、孟之学，断可知矣。殊真子斯理也之一言，指上孝悌仁义言，然则穷理云，亦穷心之理而已矣。而许子所云亦明确矣，言圣人之教，令推扩固有之良知良能焉耳。如斫丧之以问学，则雕虫小技，学校于是乎坏，官路于是乎乱，民人于是乎不知向方，风俗于是乎不能养得云尔。由是观之，则二子尤悔学弊，而求之本心之意不可掩也。是所以阳明先生曰三子皆有见于此也。"问者曰："积疑释然。"

【今译】

有人问："阳明先生说，朱子以后，像真西山、许鲁斋、吴草庐这些人，都明白了朱子在晚年曾经深刻反省过自己，尤其是吴草庐，对这个事情的认识最深，也是自我批评最深刻的。现在不能全部收录，就把吴草庐的《尊德性道问学斋记》当作朱子晚年的定论附录在后面。这才把文章附录在《传习录》里。吴草庐的文章已经熟读了，明白他所说内容的紧要切实。但另外两个人的文章，却连梗概都不知道。请问是怎样的内容啊？"我回答："真西山说，良就是本然的善，而善又出于性，所以它就有本来就有的能力，不用学就会。本然的知，不用考虑就明白，这从人小时候眷恋父母，长大了尊敬兄长就知道。眷恋父母的心，推广到天下，就是仁，尊敬长辈的心，推广到天下，就是义。既然这样，那么仁义怎么能是孝悌之外而来的呢？这个道理，孟子也多次说到过，可见他是多么为天下后世考虑。许鲁斋说，圣人就是因为人的内心本来就有良知和良能，用这个来教导世人。人内心本来就有这个本性，眷恋父母，尊敬兄长，随着感受，就能够渐渐发现。圣人做的只是因势利导，就着人原有的能力进行拓展，而不是把人心里没有的东西强加进去。后世却把良知良能都断送了，却把人性里没有的东西强行灌输，这种雕虫小技败坏了学校，耽误了天下的人才。等到做了官，根本不知道世间人情远近，也不知道什么是天理民生，这样百姓怎么能知道何去何从，怎么养成良好的风俗。他根本就没学过如何教化人伦，自己的本性都坏了，又怎么去教化别人。这两条，两人讲解良知良能，而且看他们的话，还能从言外理解到要对后天习得的东西进行反省的意思。学者研习学问，不就是为了实现仁与义么？真西山说的是什么呢？他就是说，仁义难道是在孝悌范畴之外么？所以当然可以明白，排除孝悌而谈仁义的，是霸道而不是尧、舜、孔、孟的学问。尤其真西山说的'这个道理'那句话，指的就是上面所说的孝悌仁义。所以他所谓'穷理'，指的也是穷内心之理。而许鲁斋所说的也很明确，他说，圣人的教诲，其实就是推广固有的良知良能而已。

如果失去良知良能来做学问，就成了雕虫小技，结果就是学校荒废、为官之道混乱，人民不知道何去何从，风俗也不能养成。从这些话来看，真西山和许鲁斋这两个人对学问的弊害尤其反省，不能否认他们从本心追求天理的意图。这就是阳明先生说这三个人有见地的原因。"询问者说："很久以来的问题现在明白了。"

一六五

【原文】

一学者有起于阳明先生曰良知、不曰良能之疑者。吾谓之曰："昔人尝亦有之疑，曰：'知行不偏废，缠致良知则无行一边了。'毛西河对曰：'此非阳明之言，孟子之言也。孟子曰，"人之所不学而能者，其良能也；所不虑而知者，其良知也"。良知有良能，何谓无行？'曰：'正惟良知有良能，而专言良知可乎？'曰：'然则子不读《孟子》矣。孟子又曰，孩提之童，无不知爱其亲也，及其长也，无不知敬其兄也。孟子何尝言良能乎，孟子不言能，而能在其中，何也？知爱敬知也，爱敬即能也。阳明不言能，而能在其中，何也？良知知也，致良知即能也。然则阳明之言，孟子之言矣'。子以西河之言，宜知良能即在致良知中，而释其疑。且吾亦有说曰，《孟子》卒章举群圣，只曰'见而知之，闻而知之'，未尝曰'见而知之而行之，闻而知之而行之也'。何者？圣人之心，即赤子之心矣。故其知与孩提知爱敬一般，故五常百行，乃在其一知中，而一知并括五常百行了，是以曰知而不曰行。子犹谓之漏良能乎？呜呼！学者学圣人也，虽下学①不可不志在于斯一知也已矣。"

【注解】

① 下学：日常实践的知识。

【今译】

有学者产生了疑问，为什么阳明先生说良知，却不说良能。我对他说："以前也有人对此有疑问，说道：'知行都不能偏废，只拘泥于致良知，而无视实践的话，认识就片面了。'毛西河对此回答说：'良知不是阳明发明的说法，是孟子的话。孟子说"人不用学习就能的，是良能；不用思考就知道的，是良知"。良知本来就包含着良能的意思，怎么说无视了实践呢。'那人又说：'确实良知中包含着良能的意思，但能只说良知么？'毛西河回答说：'你既然这么说，那说明你没读《孟子》啊。孟子还说，两三岁的小孩子没有不知道亲爱他父母的，等到他长大，没有不知道尊敬他兄长的。孟子何尝说良能了，孟子不说良能，可良能还在里面，为什么呢？爱和敬就是能。阳明不说良能，可良能还在里面，为什么呢？良知就是知识，致良知就是良能。这就是说来，阳明的话就是孟子的话。'你看毛西河的话，就能知道良能就在致良知之中，从而解开疑惑吧。另外我对此也有看法，《孟子》的最后一章列举众位圣人时，只说了'见而知之，闻而知之'，从没说过'见而知之而行之，闻而知之而行之'。为什么呢？因为圣人的心是赤子之心。所以他们的'知'与小孩子爱父母、敬兄长是一样的。所以五常、百行，都包含在这一个'知'字里，这一个'知'字就是包括了五常百行的实践，所以王阳明说'知'而不说'行'。你还觉得王阳明是漏了'良能'么？啊，学者就是要学圣人，就算是'下学'，也必须把重点放在这一个'知'上。"

一六六

【原文】

或问太虚之气象。曰："天则仰视，即太虚焉。人则难言矣。非难言，其人未尝见，故难言也。然于古人或见之，以能问于不能，以多闻于寡，有若无，实若虚，犯而不校，是乃太虚之气象也欤。"

【今译】

有人问太虚是怎样的。我说："你抬头看天，那就是太虚。但是人的太虚状态就不好讲了。不是单纯不好表达，而是从没有见到归于太虚的人。但是在古人那里也许能够看到，比如有本事的人咨询没本事的人，富有的咨询贫困的人，拥有的人咨询没有的人，充实的人咨询空虚的人，被人冒犯却不去纠正，这都是太虚的状态。"

一六七

【原文】

陈眉公曰，以太虚为体，以利济为用，斯人也天乎？诚哉是言也。故利济不出乎太虚，则管、商之政也。太虚而无利济，则佛、老之道也。如偏于一，则非《大学》明德、亲民之学矣，故吾人宜着眼于明体适用之全美也已矣。

【今译】

陈眉公说，以太虚为本体，以有利百姓为功用，这样的人不就是天么？这句话说得太对了。基于太虚的有利百姓，就是管仲、商鞅的政策。只有太虚没有有利百姓，那就是佛教、道教的做派。只偏向一边，就不是《大学》里明德、亲民的学问了，所以我们需要着眼于明白本体并确切实践这样的全面做法。

一六八

【原文】

后儒以一气之说，辨驳张子气质之性。然三复张子之言："形而后有气质之性，善反之，则天地之性存焉。故气质之性，君子有弗性者焉。"此说确乎其不可易者也。何则一气之说，人在先天则然，至后天则明有善恶焉，而谓之本然之性可乎。故不得不谓之气质，不得不谓之气质，则强名焉非以此。则将谓何。是乃非张子之本意。故又曰："善反之，则天地之性存焉云云。"于是可见非概以气质为性矣，只为人虑也深矣，而其辨驳之何也。吾则以气质之性之说，为天下不可欠之宝也。

【今译】

后世的儒者用"气一元论"来驳斥张横渠的气质之性。我反复读了张子的话："天地之性在以人以身体存在的方式诞生出来后，就以气质之性存在，如果能够很好地回归到本源，就会发现天地之性。所以气质之性的状态，君子是不会认可它是本然之性的。"这段话确实不可更改。为什么呢？人既然先天固有的天地之性是善，为什么后天却明显有善有恶呢？这还能叫作本然之性么？所以不得不叫它气质之性，如果不勉强给它起个名字，又怎么去表达呢？这不是张横渠先生的本意。所以他又说道："如果能够很好地回归到本源，就会发现天地之性云云。"所以我们知道，并不是把气质当作本性，只不过是为人们考虑很深罢了，又为什么要去辨驳呢？我就觉得气质之性的说法，是天下不可缺少的宝藏。

一六九

【原文】

儒释之辨，于其精也，阳明先生之说尽矣，而载于《传习录》，吾党之学人常览观之，故略焉。于其粗也，张南轩①先生详论明晰莫加焉，今录其语。曰："酒之为物，以奉祭祀供宾客，此即天之降命也，而人以酒之故，至于失德丧身，即天之降威也。释氏本恶天之降威者，乃并与天之降命者去之。吾儒则不然，去其降威者而已，降威者去，而降命者自在。如饮食而至于暴殄天物，释氏恶之，必欲食蔬茹，吾儒则不至于暴殄而已。衣服而至于穷极奢侈，释氏恶之，必欲衣坏色之衣，吾儒则去其奢侈而已。至于恶淫慝而绝夫妇，吾儒则去其淫慝而已。释氏本恶人欲，并与天理之公者去之。吾儒去人欲，所谓天理者照然矣。譬如水焉，释氏恶其泥沙之浊，而窒之以土，不知土能窒，则无水可饮矣。吾儒则不然，澄其泥沙，而水之清者可酌。

此儒释之分也。"朱子叹服之。是故儒者去降威者之工不著实，而不察释氏恶之之原，只漫以异端贬释氏，则释氏必目儒以秽浊。是以圣经贤传，字字句句，以只去人欲之事告后人焉耳。后人忽之何哉？故吾辈晚年末路，乃如释氏，而稍入圣贤之觳率矣。否则多为其所惑溺，而所立之志，所勉之功，废堕坠坏，而终为庸常之归。故遵南轩之说，而又勿泥焉废坠志勉，则可谓善学也已矣。

【注解】

①张南轩：即张栻（1133—1180），字敬夫，后避讳改字钦夫，又字乐斋，号南轩，学者称"南轩先生"，谥曰宣，后世又称张宣公。南宋汉州绵竹人，右相张浚之子。南宋初期学者、教育家。

【今译】

关于儒家和佛教的区别，阳明先生已经把精要之处说全了，记载在《传习录》里，我们这些学习的人经常阅读，这里就省略了。而通过浅显道理说明的，再没有张南轩先生说得细致明白的了，如今摘录他的话。他说："酒这东西，用在祭祀和待客上，是上天赋予它的使命，可是有人因为酒而丧失道德甚至丧生，那就是上天降下的惩罚。佛教徒本来厌恶上天的惩罚，结果连上天的使命也一并摒弃。我们儒家则不然，只把上天惩罚除去就行，惩罚不在了，可上天的使命还在。又比如吃喝以至于浪费，佛教徒也很厌恶，于是只想吃蔬菜蘑菇，我们儒家则只要不做到浪费就行。穿衣服以至于到极尽奢侈，佛教徒很反感，于是就只穿破衣烂衫，我们儒家只要做到不奢侈就行。佛教徒因为厌恶淫欲而不结婚，我们儒家则只是去除淫欲即可。佛教徒本来是厌恶人欲，结果连天理都一起摒除了。而我们儒家则只是去人欲，然后就是所谓天理昭然了。比如佛教徒因为讨厌被泥沙弄浑浊了的水，就用土堵上。却不知道用土堵上后就没水喝了。我们儒家则不然，我们沉淀掉泥沙，留下清澈的部分就可以喝了。这就是儒、佛的区别。"朱子也很叹服。所以，儒者去除上天惩罚的努力并不显著，也没理解佛教徒厌恶这种惩罚的根源，于是只在口头上把佛教徒贬为异端，佛教徒则视儒者满身污秽。所以历代的圣人贤者，他们所有的文章都是告诉后人要去除人欲。后世之人为什么会忽视这一点呢？所以我们这些人到了晚年，就应该按照佛教徒主张的那样，才能稍稍达到圣人贤者的基准。不这样的话，就往往会被欲望所诱惑，树立的目标、勤勉的努力，都会荒废，最终变成凡庸之辈。所以如果能够遵守张南轩的主张，而又不荒废自己的志向和努力，那么就可以称得上善学了。

一七〇

【原文】

孔门四子言志之意，曾晳虽实行未至焉，而气象识见俱高矣。早既窥得圣人心体之虚，与颜子一般，非诸子之比也。故有"暮春者，春服成"之答，是乃夫子之志也。夫子素其位而行，不愿乎其外。然当其任，居其职，则何事不辨，何政不治。故自委吏乘田之贱，至侯伯帝王之贵，都无留难。譬之明镜，物来则顺应，其大小妍媸，无一不照。物去则只一团虚明而已耳。是故其变通曲当，无疆无息，与天同一焉也。如夫三子，犹有意必之障，故心非虚，譬如于镜面先画花卉人物，丹青既黏著了，虽他物自外来，不能全照之。故师旅饥馑，子路心上之丹青。六七十、五六十，冉有心上之丹青也。宗庙会同，公西华心上之丹青也，三子之能乎此，而不能通乎彼，能乎彼，而不能通乎此，以此也。然微三子之器用，则孔门之教，庶乎老佛，而微曾晳之微言，则夫子之志，嫌乎管晏矣。要之吾辈持志于曾晳之所言，而从事三子之器用，则庶几免于陷一偏之害矣乎。

【今译】

孔子的四个弟子分别阐述了自己的志向，曾晳虽然没有达到实行的境界，可是人品见识却很高。他和颜回一样，很早就认识到了圣人心体之虚，这一点是其他弟子没法比的。所以才有"暮春者，春服成"月，穿上春天的衣服这样的应答，这是孔子志向。孔子是站在自己的立场上进行实践的，并没有其他的愿望。但是一旦有了责任，担任了职务，能够分辨一切事情，处理一切政务。所以无论是从事管理钱财或者饲养牲畜这种低贱的工作，还是"跻身"侯伯帝王这样的高位，都能处理得毫无问题。就像是明镜，物来就能映出，无论其大小美丑。物去就只是一团虚明。所以变通而有韧性，没有边界没有间断，和天完全一样。像其他三人，仍有固执，所以心不虚，就像在镜面先绘画了花卉、人物，颜料都黏在上面，即便再有物来，镜子也不能全映出。子路、冉有、公西华各有各的阻碍全映的颜料，在于各有擅长、各有生疏的方面。但若无三子的器用，儒教就沦如老、佛；若无曾析的妙言，那孔子的志向，就接近管、晏。总之，我们把曾析所言视为理想，勉力子路、冉有、公西华所长，大概能避免坠入偏狭。

一七一

【原文】

周官之正，即在六官各恪守其职，而其神乃在六职互联助其事

矣。各恪守其职，虽衰季犹能焉。至联助其事，则非成周之纯臣，
孰能相和神其用哉？

【今译】

　　周代官制的整饬，在于天、地、春、夏、秋、冬这六官能够恪
守自己的职位，而它精妙之处在于六官还能相互扶助。恪守职位这
件事，即便是王朝衰败的时候也能做到。但是相互扶持，如果不是
周朝兴盛时的纯良臣下，又有谁能够发挥这种精妙呢？

一七二

【原文】

　　吾辈束书不见之，虽见之一过而忘了，况于心得躬行，又安逮
古人。徐祯卿①家不蓄一书，而无所不通，二十三而死，而名满士
林。杨循吉②三十有一，而结庐支硎山下，治父母葬，寝苫墓侧，当
诏求直言时，驰疏请复建文帝尊号。此二子虽文人而非儒者，其通
书之敏，履道之正，为人模范矣，必勿蔑视焉。吾所交之人，有类
于徐者，今也则亡，而比杨者，未遇其人也夫。

【注解】

　　①徐祯卿：字昌穀，一字昌国，吴县（今江苏苏州）人，祖籍
常熟梅李镇，后迁居吴县。明代文学家，被人称为"吴中诗冠"，是
吴中四才子之一。

　　②杨循吉：明代官员、文学家。字君卿，一作君谦，号南峰、
雁村居士等。吴县人。

【今译】

　　我们这些人，把书放起来不读，就算读过一遍也就忘了，至于
反省实践，就更没法跟古人相比。徐祯卿家里不存一本书，却无所
不通，二十三岁死的时候，在学界已经很有名气。杨循吉三十一岁
时在支硎山隐居，为父母服丧，睡在墓边的草席上。当皇帝下诏要
求大家发言时，他就上疏要求恢复建文帝的尊号。这两个人虽然是
文人，但不是儒者，他们通晓书中的智慧，践行道义之正，都是世
人的典范，可不能小看。我所交往的人里，跟徐祯卿相似的，现在
也去世了，而比得上杨循吉的，还没有见到过。

一七三

【原文】

　　好读史者，遵明道程子之说以治之，则当益于身心，而不误己，
又不误人也。初学如泛观博究史类，则坏了心术必矣。然势不可禁

也，故莫如使之专读其忠孝旌德及烈女传。阅一传犹忽有动良心流
涕泣者焉，然则必复有慕其忠孝义烈之愿萌于内，而愧其贞操高节
之情攻乎心者也。况读之以数传，积之以岁月，乃与彼一，与性融，
忠孝之变，伦常之艰，万一逼于身，则愤然尽心于君、父国家，而
不让美于前修。则不独显其德于世，其益于国家，何可胜算也哉？
学者不存心乎兹，弃置忠义、烈女传等于度外，只讲究其攻伐战斗
之成败，弑逆淫泆之浊乱，及鬼蜮之陷正类，蛇蝎之毒清流，则不
知骎骎赴为不善之窍，岂非可恐之甚乎。故子弟慎而守我教，则庶
几免于人面兽心之归。不为然则质之有道之君子。

【今译】

好读史书的人，应该按照程明道先生的方法来读，那样才能有
益身心，不会误自己也不会误别人。刚开始如果就泛泛地读，大量
地看，就一定会坏了心术。但是也不能彻底禁止，所以不如让他专
门读表彰忠孝品德的传说和烈女的传记。有人只读一个人的传记就
能被感动得痛哭流涕，然后一定有人会仰慕那些忠孝节烈事迹而内
心萌发志向，或者因主人公的贞操高洁感到惭愧而反省自己内心的。
况且读多个人的传记，日积月累之后，就会与这些人融为一体，纳
入到自己的本性中，万一面临忠孝之变故、伦常之艰辛时，就会发
奋为君父、国家尽心，而不会在美德上输给前代的贤人。那么就不
单单是在世间彰显其人的德行，对国家的有益之处，又岂是能算得
过来的？学习的人不把这件事放在心上，无视忠义、烈女的传记，
只去研究攻伐战斗的成败，弑杀谋逆、淫乐放纵的污浊混乱，以及
恶人陷害忠良、可憎之人伤害清白之人的话，就不会察觉自己不断
坠入作恶的陷阱中，这难道不是最可怕的事情吗？所以你们这些年
轻人如果能慎重地遵守我的教诲，就能避免变成人面兽心的存在。
如果不想变得人面兽心，就向有道的君子请教去吧。

一七四

【原文】

读《明史·月娥传》，至寇至城陷，月娥叹曰，吾生诗礼家，可
失节于贼耶，抱幼女赴水死。未尝不掩卷以慨然流涕也。剑佩冠裳，
壳降恐后之徒，对是册子中娥眉，非无面目矣乎。吾赋诗曰：污身不
独河间妇，天下男儿多亦然，月娥何者耻诗礼，水上流尸颜尚妍。

【今译】

读《明史·月娥传》，看到敌军来到，城池被攻破，月娥叹道：
"我出生在诗书礼仪之家，怎么能在贼人那里失去节操？"于是抱着
幼女跳水自杀。读到这里总是合上书痛哭流涕。那些衣着华丽、却

争先恐后抢着投降以领取奖励的人，面对书中的月娥，又有何脸面呢。我就此写了首诗：污身不独河间妇，天下男儿多亦然。月娥何者耻诗礼，水上流尸颜尚妍。

一七五

【原文】

后儒以孔子"温良恭俭让"五字，为其传神写真矣。故有以发强刚毅，为英雄之态，而不为圣人之事者，是乃大悖于天道，而甚叛于中庸也。夫温良恭俭让，即柔德而非阳德，尊柔德而祛阳德，乃青牛老之道，而非我夫子之道也。故夫温良恭俭让，特求闻政时之气象德容耳，亦何胶柱焉哉？两观之诛，夹谷之会，堕三都之举，讨陈恒之请，是非发强刚毅而何？圣人之神化万变与太虚齐焉，岂有春温而无秋杀哉？要时中而已矣。吁！后人求闻政，则狡诈百端，进取而后止矣。而犹称温良恭俭让，以阴御正人或用。其当祸害，则逊避千计，逃而安矣。而尚憎发强刚毅，以显沮君子之或行。而正人君子亦泥焉拘焉，而不知天道中庸之神化，却为众人所沮挠，不得行其万分之一，则岂非可惜乎，岂非可恨乎。吾为宋末诸君子，发此一论，谨告其在天之精灵云。

【今译】

后世儒者归纳孔子的形象为"温良恭俭让"五个字，真是很传神。所以有人觉得强健刚毅是英雄的姿态，而不是圣人的品格，这非常有悖于天道，也不符合中庸。所谓温良恭俭让，是柔德而不是阳德，尊崇柔德而摒弃阳德，是道教的做法，不是孔子的做法。那所谓温良恭俭让，是孔子咨询政务时表现出来的人品修养，何必拘泥于这种固定的观念呢？孔子在两观杀少正卯，在夹谷见齐景公，拆三城、讨伐陈恒这些，不都是强健刚毅的姿态么？圣人精妙变化与太虚相同，怎么会只有温暖的春天而没有肃杀的秋天呢？重要的是要合时宜。唉！后世之人要请教政治之事，就只是一味利用狡诈邪恶之术钻营进取。却还谎称温良恭俭让，而暗中阻碍正人君子被启用。这种人一旦面对灾祸，则千方百计推卸，远逃以求安全。却又憎恨发愤图强刚毅自立的人格，阻止君子的行事。于是正人君子也为此拖累，察觉不到天道中庸的神妙变化，反而被众人所阻挠，想做的事情，连万分之一都实现不了，这不是很可惜么？这不是很可恨么？我为了宋末的诸位君子发出这样一番言论，恭谨地告慰他们的在天之灵。

一七六

【原文】

呜呼！孔子之气象德容，子思道尽之矣。其言曰："唯天下至圣，为能聪明睿知，足以有临也；宽裕温柔，足以有容也；发强刚毅，足以有执也；齐庄中正，足以有敬也；文理密察，足以有别也。溥博渊泉，而时出之。"如其门弟子，则不能兼之，而只主一。主一故器矣，不主一而溥博渊泉，而时出之，则与太虚同体者矣乎？故孔子即不器也，即天也，其贤于尧、舜，岂但文字贻于万世而已哉？

【今译】

啊！孔子的气象品德荣貌，都被子思说尽了。他说道："只有天下最伟大的圣人，才聪明智慧，能够统治天下；才宽宏大量、温和柔顺，能够包容天下；才奋发勇敢，刚强坚毅，能够决断大事；才威严庄重，忠诚正直，能够博得人们的尊敬；才条理清晰，详辨明察，能够辨别是非和邪正。圣人的美德，广阔博大，像深不可测的泉水，时时涌出。"而他的门人弟子，则不能全部具备这些品德，而只能保持一种。只有一种就是器具，不一而且广阔博大，像深不可测的泉水，时时涌出，这就是跟太虚一样了么？所以孔子不是器具，而是天，比尧、舜还要贤明，岂止是给万世留下文字而已呢？

一七七

【原文】

或问："朱子其学德才能，与圣人既相近矣耶？"吾不肖，何敢足知之。然以昔贤私淑朱子人之说判之。黄陶庵曰："朱子《四书集注》中，未尝无病，要之后学不可轻议。今人读李杜韩欧诸集，其中诗文佳者，固不胜举，然而字句之瑕，与文义之累理者，亦未尝无之，终不以此掩其大美。况朱子为千圣发微，使盲者得视，聋者得听，其功固不在孟子下，纵有偏滞不融处，功过独不可相准耶。"其曰释经之功，不在孟子下，则其学德之高，坐可知矣。陶庵又曰："大抵任天下事，识以主之，胆以辅之，强力以济之，欠一不可也。我朝方正学①，是何等骨力，何等学术，真圣人之徒也。惜应变之才，是其所少。使其处平世，遇中材以上之君，定有可观。建文时如何济事。因思程正叔朱元晦处建文时，不过如方正学耳。"其谓惜方正学应变之才，是其所少，而又以为朱子处建文时，不过如方正学耳。则其材能之素，又坐可推矣。陶庵在崇祯之末，殉国难，而虽是朱学之徒，其心殊恨无儒将如阳明先生者焉。故其辞气之间，悲壮感慨，岂可言述也哉。

【注解】

①方正学：即方孝孺（1357—1402），浙江台州府宁海县人。明朝大臣、学者、文学家、散文家、思想家。

【今译】

有人问："朱子的学问品德与才能，是不是已经和孔子很接近了呢？"我这种拙笨之人又怎么能知道这个。不过以前有和朱子关系很好的贤者评价过。黄陶庵说："朱子《四书集注》里，不是没有切点，总是后来的学者不能轻易指摘。现在人们读李白、杜甫、韩愈、欧阳修等人的集子，里面的好诗文虽然很多，但是字句的瑕疵，和错误的道理，也不是完全没有。但是终归不能因此掩盖了更大的优点。更何况朱子将历代圣贤的精微道理阐明出来，让盲者能看见，聋者能听见，功劳不在孟子之下，即使有一些偏颇和不自洽的地方，也不会改变功过的比例。"他说朱子解释经书的功劳，不在孟子之下，那么朱子学问品德有多高，就能知道了。黄陶庵又说："大抵承担天下之事，见识是第一位，胆识辅助，并通过努力实现，缺一不可。我们明朝的方正学，人格是何等坚强，学术是何等优秀，真是圣人的使徒。只可惜缺少应对变故的才能。要是让他生于和平的年代，遇到水平中等以上的君主，一定能成就可观的功绩。可在建文帝的时代又怎么能成就功绩呢？想来程伊川、朱子二人要是生在建文帝的时候，也不过像方正学那样立身处世罢了。"黄陶庵说方正学缺少应对变故的才能，又认为朱子要是生在建文帝的时代，也不过像方正学那样行事，就可以推测方正学拥有何等的才能了。黄陶庵在崇祯末年殉于国难，他虽是朱子的信徒，可是缺乏如阳明先生这种儒将的力量，实在是遗憾。所以他的文章虽然充满着悲壮感慨之词，可这又岂是言语能够表达的。

一七八

【原文】

天下之有目者，以白为白，以赤为赤，视鹿不为马，视马不为鹿。有耳者，以清为清，以浊为浊，听笛不为瑟，听瑟不为笛。于口鼻皆亦然。此何尝与圣人异也哉？而天下之有心者，知孝之可为，而不孝之不可为也；知悌之可为，而不悌之不可为也；知忠与义之可为，而不忠与不义之不可为也。万善万恶皆亦然，是又何尝与圣人异也哉？故《中庸》曰："夫妇之愚，可以与知焉，夫妇之不肖，可以能行焉。"然其无养气尽性之真修者，则临可危惧之事，接可喜乐之物，乃耳目为之昏乱，而心亦丧其明矣。于是视听与思惟一时颠倒了，故至于不以白为白，以赤为赤，而鹿为马，马为鹿。不

以清为清，以浊为浊，而笛为瑟，瑟为笛。而孝不敢为，不孝敢为，
悌不敢为，不悌敢为，忠与义不敢为，不忠与不义敢为也。视听思
惟，终与圣人相反如霄壤矣。今提一事以验之：赵高欲为乱，恐群
臣不听，乃先设验，持鹿献于二世曰，马也。二世笑曰："丞相误耶，
谓鹿为马。"问左右，或默，或言马，以阿顺赵高。或言鹿者，高因
阴中诸言鹿者以法，后群臣皆恐高矣。夫事物之移心目，于此可见
矣。若圣人而处此事，则与平生亦奚异。只谓鹿而不欺君与心而已
矣。或曰："彼群臣未必皆言马，或有默者焉，或有径言鹿而不欺君
与心者焉。而在其不欺君与心者，则赵高阴中之以法，以法则必见
杀矣，虽圣人径言鹿，乃与彼同见杀矣耶。"

曰："夫默者与言马者，特五十步百步间焉耳，不足深辨。至言
鹿而见杀者，不有辨，则谁解其惑哉？吾请又说之：赵高之无君，
孰与鲁三子之无君？当陈恒弑其君也，孔子沐浴朝于君曰，陈恒弑
其君，请讨之。因君不可，又之三子告焉。三子虽不可，然不能害
孔子，却因孔子之告，消沮其无君之心。则孔子虽不遂讨齐之事，
而诛三子之心严矣。由是观之，则孔子之告，虽如发于一时，其平
生慎独不欺心之工夫，无有少间断，故其浩然之气，塞乎天地之
间。苏子之所谓'卒然遇之，王公失其贵，晋楚失其富，良平失其
智，贲育失其勇，仪秦失其辨'者也。是故三子焉得施其害哉？若
常人告诸三子，则阳受而阴诛之。又犹赵高之杀言鹿者然。故使孔
子处鹿马之事，虽径言鹿，赵高不独不能害之，却战其心，沮其谋
矣，是决非余人所及也。夫径言鹿者，虽固非默者之比，然特发一
时慷慨之意气耳，何有平生慎独不欺心如圣人之真修实功也哉。然
则非浩然之气，正大之心也。非浩然之气，正大之心，而辱人犹受
祸，况挫宰臣之言乎？宜哉忠言发，而阴祸臻焉。故诚欲尽孝悌忠
义于仓卒颠沛之间者，居常戒慎恐惧，而不可不为理与气合一也。
不为理与气合一，而适发于一时一事，则虽杀身无益于君父国家，
而天之所与我之良知良能，未有尺寸之发露，而与身澌灭矣，岂非
可惜乎？"

【今译】

天下有眼睛的人，把白色当白色，把红色当红色，看见鹿不会
当成马，看见马不会当成鹿。有耳朵的人，把清澈当清澈，把浑浊
当浑浊，听到笛子声不会当成瑟，听到瑟声不会当成笛子。嘴和鼻
子也都是如此。这跟圣人又有什么分别呢？而天下有心的人，都知
道要孝，不能不孝；知道要悌，不能不悌；知道要忠义，不能不忠
不义。万善万恶也是如此，这跟圣人又有什么分别呢？所以《中庸》
说："愚蠢的夫妇也能明白事理，不肖的夫妇也能实践德行。"但是
没有养气、尽性这些真正的修行，等到遇见可怕的事情，或者收到

喜爱的东西，那耳目就会昏乱，内心也会失去清明了。于是视觉、听觉、思维同时颠倒，以至于不把白色看成白色，不把红色看成红色，而是把鹿当成马，把马当成鹿。不把清澈当清澈，不把浑浊当浑浊，听到笛子声当成瑟，听到瑟声当成笛子。不行孝顺，而要去不孝；不去行悌，而去行不悌；不去行忠义，反而不忠不义。视觉、听觉与思维，与圣人的反差终于如同天地之别。现在我举一个事例来验证：赵高想要作乱，担心群臣不服从命令，于是先设定了一个实验。他将鹿献给二世皇帝，说这是马。二世皇帝笑着说："丞相弄错了，把鹿说成是马。"接着二世皇帝又问了身边的大臣，大臣要么沉默不语，要么迎合赵高，说是马。有说是鹿的，赵高就秘密将这些人法办，之后群臣都害怕赵高。从这个事例我们就可以看到事物是如何动摇内心与眼睛的。如果圣人面对这件事，又能与平素有什么分别呢？只会说是鹿，不去欺骗君主与自己的内心罢了。或许有人会说："那些大臣未必都说是马，也有人沉默不语，也有人说是鹿而不欺骗君主与内心的。而这些不欺骗君主和内心的人，则会被赵高暗中法办，法办就必然被杀，就算是圣人，如果直言说是鹿，也会同这些大臣一样被杀害。"

我说道："那些沉默不语的，与说是马的，不过是五十步与百步的差别，不值得去特意区分。而因为说是鹿被杀的人，如果我不来去区分他们，又有谁能解决这一困惑呢？请让我讲明这件事：赵高无视二世皇帝，与鲁国三位重臣无视君主没有不同。当时陈恒杀死君主（简公）之后，孔子沐浴后在朝廷对君主（哀公）说，陈恒弑君，我想去讨伐他。因为没得到君主的许可，孔子又到三位重臣那里去请求讨伐。三位重臣虽然没有答应，却也不能加害孔子，反而因为孔子的诉求，无视君主的心态也有所改变。所以孔子虽然没能讨伐齐国，但是诛杀这三位重臣的心意变得更坚定了。从这件事来看，孔子的诉求，虽然好像是一时的言语，但是他平素"慎独""不欺心"的工夫，没有一丝中断，所以他的浩然之气，充满天地。这就是苏东坡所说的'突然遇上它，那么，王公贵族就会失去他们的尊贵，晋国、楚国就会失去它们的富有，张良、陈平就会失去他们的智慧，孟贲、夏育就会失去他们的勇力，张仪、苏秦就会失去他们的辩才'。就因为如此，三位重臣怎能加害孔子呢？如果是普通人去找这三人提出诉求，就会表面上得到应允、暗地里被诛杀吧。这就像赵高杀害那些说是鹿的人一样。因此，如果让孔子面对鹿马分辨这件事，就算直言说是鹿，赵高不单不能加害孔子，还会让他的内心战栗，让他的阴谋不能得逞，这绝不是我们这些人能够企及的水平。那些直言是鹿的，虽然与沉默之人不一样，但是也不过是发一时的慷慨意气，哪里有像圣人那样平素慎独、不欺心的真正修养用功呢？所以那并不是浩然之气、正大之心。不是浩然之气、正大之心的话，即使是侮辱别人都会遭遇灾祸，更何况否定重臣的言语呢？讲了忠言就会引来暗中的灾祸，也就很正常了。所以，如果有人真的想在危急时刻做到孝悌忠义，平时就要'戒慎恐惧'，而且不可不让理与气合一。不让理与气合一，而只是在一时、一事上表达，那即使牺牲性命，对君主、父亲、国家也没有益处，反而上天赐予我们的良知良能，还没有显露一丁点，就与身躯一起消失，岂不是很可惜吗？"

一七九

【原文】

当平生至安之时，不可无危难之念，而当仓卒危难之时，不可无至安之乐也。

【今译】

日常平安无事的时候，不可以没有处危难的观念，而当突然遇到危险的时候，又不能没有太平无事时的那种安乐心态。

一八〇

【原文】

彭南畇①先生曰："当湖陆侍御②以清德名儒，著书讲学，天下宗之。余读《三鱼堂文集》，见其所讲，专以排击王文成公为事，意在尊朱也。尊朱是矣，排击文成则甚矣。既辟其学术，复议其功业，且坐以败坏风俗，致明季之丧乱。吁！又甚矣。余不觉恫心骇目，既深为文成痛，而转为侍御惜焉。文成入手工夫，与朱子有毫厘之别，故其训格物也，实与朱子抵牾。至其所归，同传孔、曾、思、孟微言，同究濂、洛渊源。文成揭出良知宗旨，警切著明。于朱子居敬穷理之学，未尝不可互相唱提也。文成之学，传之当时者，若邹文庄，若欧阳文庄，若罗文恭，皆粹然无疵者也。沿及鹿忠节、蔡忠襄、孟云浦、黄石斋谨守宗旨。而蕺山刘先生阐扬洗涤，尤集厥成，实为有明一代扶翼道统、主持名教之归。而近之宗述文成者，若孙苏门、李二曲、黄梨洲诸先生率皆修持邃密，经济通明，侍御欲尽举而贬抑之亦不能也。且侍御之所宗者，不过如陈清澜③之《学蔀通辩》，与近今□□□、应潜斋、张武承之言而已。以彼生平行谊，视前哲为何如哉。余之深为侍御惜者此也。自《三鱼堂集》出，而奉为枕秘者，益复恣簧鼓，逞戈矛，若非排击文成不为功者。然文成之绪言几绝，而朱子之学，卒未有明也。是岂侍御初志哉。呜呼！良知丧，而害之中于世道人心者深矣。即强绳之

以居敬穷理，其不为色庄口讲者鲜矣。"此南皞先生所著《释毁录》
之自叙。

而邹文庄者，所谓东廓先生也，讳守益，字谦之。欧阳文庄者，
所谓南野先生也，讳德，字崇一。罗文恭者，所谓念庵先生也，讳
洪先，字达夫。鹿忠节，讳继善，字伯顺。蔡忠襄，讳懋德，字维
立。孟云浦，讳化鲤，字叔龙。黄石斋，讳道周，字幼元。蕺山刘
先生者，所谓念台也，讳宗周，字起东。孙苏门，讳奇逢，字启
泰。李二曲，讳颙，字中孚。黄梨洲，讳宗羲，字太冲。其道德功
业，皆炳耀乎载籍矣，阅者知之。然而载籍浩瀚，阅者亦罕。况学
属姚江者，禁而不称之。故予就《明史》《明史稿》《南疆绎史》及
《学按》等之书，采诸君之道德功业略述焉。小子听之。

东廓先生，天姿纯粹，居家以孝友称，出阳明子门。宸濠反，
与阳明子军事。嘉靖三年，世宗欲去兴献帝本生之称。东廓疏谏忤
旨，下诏狱拷掠，遂谪远方。于此废淫祠，建复初书院，与学者讲
授其间。闻阳明子卒，为位哭，服心丧。召为司经局④洗马。东廓以
太子幼未能出阁，乃与霍韬上《圣功图》以讽谏。帝以为谤讪，几
得罪。九庙灾，东廓直言，帝大怒，落职归。阳明子尝称之曰："有
若无，实若虚，犯而不校。谦之近之矣。"其子善、孙德涵德溥等，
皆守良知之学，不落家声。

南野先生甫冠举乡试，之赣州从阳明子，嘉靖二年，策问阴诋
阳明子。南野与魏良弼等直发师训，无所阿意。登第，历官为礼部
尚书。时储位久虚，帝惑邪臣之说，讳建储。南野恳请。且南野遇
事侃侃，或当利害，众相顾色战，南野意气自如。而器宇温粹，学
务实践，大阐明阳明子良知之宗旨矣。

念庵先生幼慕罗伦为人，年十五读阳明子《传习录》好之。师
事同邑李中，传其学。嘉靖八年，举进士第一。外舅喜曰，吾婿成
大名。念庵曰："儒者事业有大于此者，此三年一人，安足喜也。"
事亲孝，父丧苦块蔬食，不入室者三年。继遭母忧亦如之。起复言
事，帝怒。念庵归，益求阳明子学，甘淡泊，炼寒暑，自天文、地
志、礼乐、典章、河渠、边塞、战陈、攻守，下逮阴阳、算数，靡
不精究。至人才、吏事、国计、民情，悉加意咨访。曰："苟当其任，
皆吾事也。"流寇入吉安，主者失措，为画策战守，寇引去。素与唐
顺之善，顺之应召，欲挽之出。严嵩以同乡故，拟假边才起用，皆
力辞。其论学曰："儒者学在经世，而以无欲为本。"山中有石洞，
旧为虎穴，葺茅居之，命曰石莲，谢客默坐一榻，三年不出户。主
事项乔，巡抚马森，共请筑其家，念庵皆辞焉。以志士"不忘在沟
壑"为期。隆庆初卒。

鹿忠节端方谨恳，有必为圣贤之志。而与孙苏门为友，定交杨

忠愍祠下，皆慨然有杀身之志。万历癸丑进士。辽左欠饷，请帑，疏皆不行。会广东解金花银至，忠节与司农议，劄纳大仓，转发辽左，而后上闻，上怒，降级，调外任，忠节移疾去。金花银者，国初以备各道之缓急，俱解大仓，其后改解内府，宫中视为私钱，故帝怒也。光宗御位，复官。天启元年，辽阳陷，以才改兵部职方主事⑤。阁臣孙承宗理兵部事，推心任之。及阅视关门，以忠节从出督师。复表为赞画，拓地四百，收复城堡数十。承宗倚之若左右手。在关四年，承宗谢事，忠节亦告归。崇祯元年，起复再请归。九年七月，清兵攻定兴。忠节在江村。白父请入扞城，父许之。与里居知州薛一鹗等共守。六日城破，忠节不屈死之。家人奔告其父。父曰："嗟乎！吾儿素以身许国，今果死，吾复何憾乎？"忠节少读《传习录》，而觉此心之无隔碍也。故人问其何所授受，曰："即谓得之于阳明可也。"

蔡忠襄少慕阳明子为人。万历四十七年进士，授杭州推官。山东白莲贼起，浙中奸人亦杀知县，诸变起。皆赖忠襄筹画，事乃定。天启五年，行取入都，同乡顾秉谦柄国，不与通，秉谦怒，以故不得显擢，进祀祭员外郎。尚书率诸司，往谒魏忠贤祠，忠襄托疾不赴。崇祯改元，出为江西提学副使，颁阳明子《拔本塞源论》于诸生。自著《管见》，发明良知之说。士多兴起。迁浙江右参政，擒湖州剧盗屠阿丑。当事以忠襄为知兵。内艰服除，起井陉兵备。旱祷即雨。自余善政军功不可胜记。终与李自成大战，不屈死之。

孟云浦师事尤西川，西川即服阳明子之学也者。云浦万历八年进士，时相欲招致之，辞不行。推税河西务，与诸生讲学。河西人尸祝之。南畿山东大饥，奉命往振，全活多。不附阁臣，不通中官，以故多不悦。救张栋忤上旨，斥为民。既筑书院川上，与学者讲习不辍。四方从游者恒数百人。久之卒。云浦与孟我疆相砥砺，时人称为二孟。

黄石斋、刘念台二贤共私淑良知之学。石斋以知止为学的，念台以慎独为圣功。各当天下之乱，守人臣之节，周旋奸臣之间，扶持善类之危。虽各斥为民，起复与社稷同存亡。石斋虽被执，不肯降奴儿。于幽室囚服中，与所从之门人赵士超等四人，讲习吟咏如常，而遂共见杀。念台及南都亡，拒人劝，以世无逃生之宰相，亦岂有逃死之御史大夫哉。绝食二十三日，与门人问答如平时，遂以卒。而其门人三十又五人，其间为忠臣，为义士，为逸民，皆不负所学，而能光于门下者也。而孙苏门、李二曲、黄梨洲之三子，皆全节丘园，不受奴儿官职。呜呼！此皆非良知之余泽哉。而何喾，徐横山之具体，钱绪山之笃信，王龙溪之精微，王心斋之超脱，聂双江之主静，薛中离之精研，其余刘两峰、刘狮泉、刘晴川、黄洛村、何善山、陈明水、魏水洲、冀暗斋、南瑞泉、季彭山、赵大洲、董萝石、冯华亭等皆得良知之宗，有教化经济文章节义之绩。而私淑之人，如徐存斋、宋望之，受业聂双江，尤西川受业刘晴川，唐荆川受业王龙溪，罗近溪受业王心斋再传颜山农，皆为当代之名贤。而许孚远、邓宇定、陈蒙山、万思默、胡庐山、邓潜谷、冯慕冈、薛方山、徐波石、张宏山、施忠愍等皆亦其私淑之杰出者也。而虽夫李见罗止修之学，吕新吾呻吟之工，皆蒸出这。东林诸君之学，多亦导源于此。

而奴儿胡虏猖獗久矣，吞噬其种类，始见于《神宗本纪》万历十一年夏五月矣。而清《三朝实录》曰，削平诸部而统一之，军威益振，始攻明，取辽东、广宁诸部。则灭明之谋，不一朝一夕即可见矣。而阳明子年二十九时，尝上陈言边务疏，此既予恐夷狄夺中国如金元之势也。君相如用其策，则岂其夺国易易哉。以其不用之故，浸淫遂成金元之势。而流贼王嘉允、高迎祥起延绥，实崇祯元年矣。而魏忠贤党乔应甲、朱童蒙酿其祸，即载于史传。又加之以刘懋灭驿站，盗贼饥民纷起，至不可救治。此西土之人皆所知也。况朝廷权归内竖，怀奸固宠之徒，依附结纳，拥蔽主明。严嵩父子济恶，庄烈帝虽除之，而周延儒、温体仁怀私植党，忠邪倒置矣。自杨忠愍遭刑以来，天下名贤，皆为阉人毙焉。于是元气尽澌，国脉垂绝，欲不亡，得乎。然而士类各上不怨天，下不尤人，只尽忠殚节，数年间，防彼御此，战没之外，缢死、投缳、入水，而卖降者更无多矣。与宋末大反者，何也。此又岂非良知之教维持人心矣乎。噫，孰谓其致明季之丧乱哉。

陆稼书等，仕清而登显职，尊朱学，实非尊之也，为抑王子良知之教而已。曷为抑王子良知之教耶。是清君臣别有意在焉。识者当默而识之矣。故稼书等，只阿上之意，以终至于吐无稽之言。然非其本心，只以生死利害之心未脱也，非可叹之甚乎。且龙溪、心斋、近溪末流之弊虽固多，然以之不可少焉。在孔门传其正宗者，颜曾二人而已耳。子夏、子路等之再传，皆有弊焉。以之罪子夏、子路等则不亦刻乎。故吾恕二王与罗之三子，以此也。然学者要真修之工夫，则不可无龙溪之精微，心斋之超脱，与近溪之无我也。龙溪四无之说，虽见雠于中人以下，而上根宿学，何尝不同心矣哉。心斋虽世以禅贬之，事亲孝，尊师笃，薄爵禄，明性理。阳明子初见之时，退谓门人曰："吾擒宸濠无少动，今却为斯人动。此真学圣人者也。"而虽史言心斋读书止《孝经》《论语》《大学》，然而为儒者冠冕，则僻陋学究，岂可轻议哉。何亦不见其《王道论》乎。其明周公之法制即可见矣，然则可概曰禅哉。近溪虽是亦有禅之毁，皆俗学左祖之论，而非公正之议也。

袁中郎曰："至于学道之人，晓得几句之道理，行得几件之好事，其愤世嫉俗尤甚，此处极微极细，最难拔除。若能打倒自家身子，安心与世俗人一样，非上根宿学不能也。"此意自孔老后，惟阳明、近溪庶几近之。然则其无我之气象，超卓乎诸儒亦可见矣。呜呼！良知者，圣学之真诀也。因致之之难，乃为病焉，为弊焉，是故学者不可恃良知之固有，而实用致之之功于日用应酬，至读书讲武凡百琐屑之事。则道德功业，必逮古人矣。否则虽看破万卷，归游谈无根而已矣，亦何益于君父之有。

凡百八十条

洗心洞札记上　终

【注解】

① 彭南畇：即彭定求（1645—1719），字勤止，一字南畇，今苏州吴县人。康熙十五年（1676）状元。授修撰，历官侍讲。幼承家学，曾皈依清初苏州著名道士施道渊为弟子，又尝师事汤斌。其为学"以不欺为本，以践行为要"。尤仰慕王守仁等七贤，尚作《高望吟》七章以见志。著有《阳明释毁录》《儒门法语》《南畇文集》等。

② 陆侍御：即陆陇其（1630—1692），原名龙其，字稼书，浙江平湖人，清代理学家。清康熙九年（1670）中二甲进士。终身佩服朱熹，反对王守仁"致良知"的阳明学，被清廷誉为"本朝理学儒臣第一"。与陆世仪并称"二陆"。谥清献，从祀孔庙。著有《困勉录》《读书志疑》《三鱼堂文集》等。

③ 陈清澜：即陈建（1497—1567），字廷肇，号清澜，别署清澜钓叟、粤滨逸史。广东东莞人。辞官回乡后为驳斥王守仁的《朱子晚年定论》而撰有《学蔀通辨》十二卷。

④ 司经局：中国古代朝廷的中央政府辖下机构之一。掌经籍、典制、图书、公文的印刷与收藏等。洗马，官名。秦始置。汉时亦作"先马""前马"。为太子属官，侍从，太子出行时为前导，故名。

⑤ 兵部职方司：兵部所属有职方，为兵部四司之一。掌舆图、军制、城隍、镇戍、简练、征讨之事。

【今译】

彭南畇先生说："陆陇其是德行清洁的著名儒者，著书讲学，天下都很敬仰他。我读陆陇其的《三鱼堂文集》，看见他所说的内容，为了推崇朱子学，专门攻击王阳明。推崇朱子没问题，但攻击王阳明的方式实在是过分了。既批判他的学术，又非议他的功业，还说败坏风俗、招致晚明丧乱，都是王阳明的责任。唉！这实在是过分。我不由觉得触目惊心，既深深为王阳明感到难过，又为陆陇其感到可惜。王阳明着手的努力点，与朱子有微妙的差别，因此他理解的格物，与朱子的观点确实存在抵触。但是最终的目的，都是要传承孔子、曾子、子思、孟子的微言大义，也都是探究周濂溪、二程的渊源。王阳明开明良知的宗旨，对世间的警醒显而易见，跟朱子居敬穷理的学问，未尝不能相互补充。把王阳明的学问传于当世的，还有像邹文庄、欧阳文庄、罗文恭这些人，都是纯粹而毫无缺点的人。之后又有鹿忠节、蔡忠襄、孟云浦、黄石斋等人谨守良知的宗旨。而刘蕺山先生宣扬洗涤王阳明的良知心学，尤其还能集成良知宗旨的成果，实在是明朝一代能够强化道统、主持名教的人物。继刘蕺山之后，忠实祖述王阳明学问的，又有孙苏门、李二曲、黄梨洲各位先生，大都身怀道之精密，通晓经世济民之术。陆陇其就算想尽举而贬损这些人也无法做到。而且陆陇其所宗，也不过是诸如陈清澜的《学蔀通辨》，并没有超越近年的□□□、应潜斋、张武承这些人的言论。将陆陇其的行为，与先哲们相比较的话，又如何呢？我深为陆陇其感到可惜，就是因为这一点。自从《三鱼堂文集》刊行，那些将之奉为枕中秘籍的人，敲锣打鼓、舞枪弄剑，大肆宣传，仿佛不攻击王阳明就算不得功绩一般。但是王阳明留下的言语几乎断绝，而朱子的学问也完全不被明确。这是陆陇其最初的志向么？唉！良知丧失实在是太有害于世道人心了。及时勉强用居敬穷理之说去纠正，恐怕也少有人能够做到不装腔作势地夸夸其谈。"以上是南畇先生所著《阳明释毁录》自序里的话。

　　邹文庄，人称东廓先生，名守益，字谦之。欧阳文庄，人称南野先生，名德，字崇一。罗文恭，人称念庵先生，名洪先，字达夫。鹿忠节，名继善，字伯顺。蔡忠襄，名懋德，字维立。孟云浦，名化鲤，字叔龙。黄石斋，名道周，字幼元。蕺山刘先生者，所谓念台也，名宗周，字起东。孙苏门，名奇逢，字启泰。李二曲，名颙，字中孚。黄梨洲，名宗羲，字太冲。这些人的道德功业，都记载在书籍之中，熠熠生辉。阅读过的人应该就能了解。但是书籍浩瀚，哪有都读过的人。况且那些属于阳明一派的学者，都遭到禁止、不可谈论。所以我就依据《明史》《明史稿》《南疆绎史》《明儒学案》等书籍，摘出他们的道德、业绩，简单讲述一下。诸君请留意。

　　东廓先生，天生质朴纯粹，在家乡因孝敬友爱而被称赞。在王阳明门下学习。宁王宸濠反乱时，又随王阳明作战。嘉靖三年（1524），明世宗想要把自己生父兴献王的帝号"本生兴献帝"中的"本生"二字去掉。东廓上疏谏言，忤逆了皇帝的旨意，被投入牢狱，遭鞭打，被流谪到远方。在那里，东廓废掉滥建的祠庙，建立复初书院，为学生讲学。听说王阳明去世后，为其立牌位而哭，服心丧。后被召回，任司经局洗马。东廓认为太子年幼，尚不能出宫上学，于是和霍韬一起进献《圣功图》，委婉地进行谏言。皇帝以为这是讽刺自己，东廓几乎获罪。（皇帝祭祖的）九庙遭火灾，东廓再次直言，皇帝大怒，免去东廓官职让他还乡。王阳明夸奖东廓说，"有学问却仿佛毫无学识，满腹经纶却虚怀若谷，被冒犯也不计较，谦之配得上这赞誉。"东廓之子邹善、孙子德涵德溥等人，都严守良知心学，没有败坏家学的名声。

南野先生弱冠之间就在乡试中举，后到赣州师从王阳明先生。嘉靖二年（1523）科举考试的"策问"题目暗中非难王阳明先生的学问。南野与魏良弼直言老师的教诲，毫不迎合考官的意向。及第之后，历任官职至礼部尚书。当时很长时间没有立太子，皇帝被邪臣言语迷惑，忌讳确立储君。南野就恳切请求皇帝建储。而且南野遇事总是刚正而不妥协。遇到思量利害之时，众人都是相互观察脸色，南野却总是心态坚定自如。南野人格温和纯粹，也努力将学问用于实践，非常好地阐明了王阳明先生良知的宗旨。

念庵先生自幼仰慕罗伦的为人，十五岁时读王阳明先生的《传习录》，爱不释手。师从同乡的李中，传承了他的学问。嘉靖八年中进士第一名。岳父高兴地说，女婿成名了。念庵说："儒学者的事业里，有比中举更重要的。中进士第一的，三年就有一人，有什么值得高兴的。"他对父母十分孝顺，父亲去世后，他睡觉枕的是苫卷，吃的是粗淡素食，三年不入闺房，继母去世也像这样做。服丧结束官复原职后，又因为上疏而惹怒皇帝。念庵还乡后，越发钻研王阳明先生的学问，甘于淡泊、历练寒暑，上至天文、地志、礼乐、典章、河渠、边塞、战阵、攻守，下至阴阳、算数，无不精通。有关人才官吏、国计民生的事，都特意咨询探访。他说："如果哪天要担任这个职责，这些就都是我的事。"流寇进入吉安时，主官无计可施，念庵就为他出谋划策、作战守城，流寇就退兵了。念庵一向与唐顺之关系密切，唐顺之应召时，也想提携他做官。而严嵩因为同乡的缘故，也想借他擅长守备边疆而起用他，但是都被念庵严词拒绝。他议论学问说："儒者的学问关键在于经世，修养的根本在于无欲。"山中有个石洞，以前是虎穴，他用茅草搭成屋顶，住在里面，命名为石莲洞，谢绝访客，默默打坐，三年不出门。主事项乔，巡抚马森，二人一起想修缮念庵的居所，念庵都拒绝了。他期望能够做到"不忘沟渠"。隆庆元年（1567）去世。

鹿忠节为人端正谨严，素有成为圣贤的志向。他与孙苏门为友，在杨忠愍的祠堂下结下友谊。二人感慨时运，都有了牺牲自我的决心。万历癸丑年（万历四十一年，1613）进士。辽东军粮不足，鹿忠节上疏请求下赐帑币，未得应允。恰好广东运来金银花，忠节与司农官商议后，登记在册纳入大仓，转发到辽东后才上报中央，皇帝大怒，降了他的官阶，调到地方做官。忠节称病辞职。所谓金银花，是开国之初防备各行政区出现紧急状况的钱财，都是送到大仓保管，后来改在内府保管，宫中将其视为私有财产，因此皇帝才盛怒。光宗即位后，忠节官复原职。天启元年（1621），辽阳陷落，鹿忠节因才干出众改任兵部职方主事。当时阁僚孙承宗主管兵部，放心地任用忠节。后来孙承宗视察山海关时，让忠节跟从，担任督军。后来孙承宗又上表，任忠节为赞画（军事顾问）。开拓土地四百，收复城堡数十。承宗视其为左右手。在山海关任职四年，孙承宗辞职后，忠节也请求告假还乡。崇祯元年（1628），又再次请求归乡。崇祯九年（1636）七月，清兵进攻定兴。忠节正滞留在江村。向父亲请求进城防御，父亲答应了他的请求。忠节与住在乡下的知州薛一鹗等人一起守城。六天后失守，忠节不屈而死。家人跑去向父亲报告，父亲说："啊！我儿本来就把生命献给国家，今天终于成全，我又有什么遗憾的呢？"忠节年轻时读《传习录》，就悟出了内心本无障碍的道理。所以当有人问他是从哪里学来的时，他答道："可以说是从王阳明那里学来的。"

蔡忠襄年轻时就仰慕王阳明先生为人。万历四十七年（1619）进士，被任命为杭州的推官（主管刑事）。山东白莲教贼寇作乱，浙江中部的奸人也杀死知县，变乱频发。后都因为忠襄筹划才得以平定。天启五年（1625）被提拔进京做官。当时同乡顾秉谦治国，因为忠襄不跟他联系，十分生气，所以忠襄没有被高升，只提拔成祀祭员外郎。当时尚书率领各司官员拜谒魏忠贤祠堂时，忠襄称病未去。崇祯改元时，忠襄出任江西提学副使。他将王阳明先生的《拔本塞源论》发给诸生。自己还写了《管见》，阐发良知之说。很多士大夫精神振奋。后来专任浙江右参政，捉拿了湖州巨盗屠阿丑。主官高度评价了忠襄的军事才能。服完母亲丧期后，被起用为井陉兵备。旱灾时一祈雨就灵验。其他的善政、军功不胜枚举。最终与李自成大战，不屈战死。

孟云浦师从尤西川，西川也是信服王阳明先生学问的人。云浦是万历八年（1580）进士，当时的宰相张居正想要召他做官，云浦拒绝未去。在河西税务司担任税务官员时，与学生们讲学。河西人将云浦奉若神明。南京、山东饥荒时，奉命前往赈灾，拯救了很多生命。他不依附内阁大臣，不与宦官往来，所以引来很多不满。为了救张栋而忤逆了皇上旨意，被贬为平民。不久在河畔盖了书院，坚持与学生讲习。四面八方有数百人前来学习。后来去世。云浦与孟我疆时常切磋，当时人称二孟。

黄石斋、刘念台两位贤人都私下钦佩良知之学。石斋将"知止"为学问的目的，念台则以"慎独"为成为圣人的努力方法。他们各自在天下大乱时，坚守作为人臣的节操，周旋在奸臣之间，以扶持良善之人。虽然都被贬为平民，再次被起用时又都与国家共存亡。

石斋虽然被俘，却不肯投降努尔哈赤。被囚禁在幽室中时，还是和平常一样，与跟随自己的赵士超等四人讲习学问，吟咏诗词，后来一起被杀害。念台在南明朝廷灭亡时，拒绝了他人逃亡的劝告，说世上没有逃生的宰相，又岂能有怕死的御史大夫。他绝食二十三天，和平常一样与门人问答，最终去世。他的门人有三十五人，有忠臣、有义士、有逸民，都是不负所学、为一门增光之人。而孙苏门、李二曲、黄梨洲三位先生，隐居起来全了气节，不接受努尔哈赤的官职。啊，这不都是良知心学的余德么。又岂止是徐横山之具体，钱绪山之笃信，王龙溪之精微，王心斋之超脱，聂双江之主静，薛中离之精研，其余还有刘两峰、刘狮泉、刘晴川、黄洛村、何善山、陈明水、魏水洲、冀暗斋、南瑞泉、季彭山、赵大洲、董萝石、冯华亭等人，都是领会了得良知的宗旨，在人民教化、经世济民、文章节义上有功绩的人。而私下仰慕王阳明学问的人，比如徐存斋、宋望之，受业于聂双江，尤西川受业于刘晴川，唐荆川受业于王龙溪，罗近溪受业于王心斋，再传给颜山农，这些都是当代的名贤。而许孚远、邓宇定、陈蒙山、万思默、胡庐山、邓潜谷、冯慕冈、薛方山、徐波石、张宏山、施忠愍等人，也都是私下仰慕王阳明的杰出人物。而那李见罗的止修之学，吕新吾的呻吟之工，都是出自这，东林诸君的学问，也多源于良知心学。

努尔哈赤向南进军，始见于《明史·神宗本纪》的万历十一年夏五月。而清朝的《三朝实录》中记载，待平定、统一诸部、军威愈发振奋后，才开始进攻明朝，夺取辽东、广宁诸部。即可见清朝灭明的谋略，不是一朝一夕实现的。而王阳明先生在二十九岁时就曾上疏，陈述边境勤务，这就是因为担心夷狄如同金朝、元朝那样夺取中国。皇帝、宰相如果能采纳先生的策略，又怎么会让清人这么轻易地夺取国土呢？正因为他们不用先生策略，夷狄这才前来犯境，以致于形成当年金、元之势。而流寇王嘉允、高迎祥在延绥举兵，正是在崇祯元年（1828）。而魏忠贤一党的乔应甲、朱童蒙酿成此祸，也记载在史传之中。再加上刘懋减少了驿站，导致盗贼、饥民四起，以致于无法救济、统治。这在中国是人人皆知的事实。况且朝廷实权被宦官把持，那些心怀奸诈、热衷宠爱之徒，纷纷依附结党，蒙蔽主君的眼睛。严嵩父子作恶，虽被庄烈帝除去，但周延儒、温体仁心怀私心，暗自结党，使忠邪颠倒。自从杨忠愍被处刑以来，天下有名的贤人，都被宦官害死了。于是天下元气尽失、国家命脉断绝，怎么可能不亡国呢？即便如此，士大夫们上不怨天、下不尤人，只是尽忠守节，数年间四处防御，除了战死的，还有上吊、投水而亡的，接受贿赂而投降的并不多。这一点为什么与宋朝末年如此不同呢？这岂不又是因为良知的教诲维持了人心么？啊，是谁说良知心学导致明末衰乱呢?

陆陇其等人,服侍清朝而当上高官,他们尊崇朱子学,其实并不是真的尊崇,而是为了打压王阳明的教诲。那为什么要打压王阳明的教会呢?这是因为清朝君臣都别有用意。有见识的人自然能默默看穿他们的意图。所以陆陇其这些人,只是逢迎上面的意向,才最终说出无稽之谈。但这并非他的本心,只是因为没有超脱生死利害之心而已,这不是非常可叹么?而且,王龙溪、王心斋、罗近溪这些末流的弊害虽多,但是陆陇其的弊害也不能说少。孔子一门中传承正宗的,只有颜回、曾子二人。子夏、子路等再传弟子,都有其弊害。但是因此说子夏、子路等人有罪,不也太刻薄了么?所以,我宽恕王龙溪、王心斋、罗近溪这三人,也是出于这个理由。然而学者如果真的要努力修养,就不能没有王龙溪之精微,王心斋之超脱,以及罗近溪之无我。王龙溪的四无之说,虽被中等水平以下的人视为仇敌,可那些资质超群又精于学问的人,又怎么会不赞同呢?世上虽然贬低王心斋说他修的是禅学,但他孝敬双亲、尊敬师长、淡泊官阶钱财、明白心性道理。王阳明先生初次见到他,等他出去后对门人说:"我当初擒拿朱宸濠时都很平静,今天却被此人的品格所感动。这是一个真正向圣人学习的人。"另外虽然史书上批评王心斋只读《孝经》《论语》《大学》,可这是儒者中的翘楚,乡下学者又岂能如此轻易数落?怎么不去读他的《王道论》?读后就立刻能知道他是通晓周公法制的。所以岂能一概而论说他学的是禅呢?罗近溪虽然也被人批评说是学禅,这都是庸俗学者的党阀之论,而不是公正的评价。

袁中郎(袁宏道)说:"至于那些学道的人,知道几句道理,做了几件好事,就更容易愤世嫉俗。这一点极其微妙细密,最难除去。想要自我否定,与世俗之人一样让心安稳,不是资质超群又精于学问的人,是做不到的。"这种气魄,自孔子以后,只有王阳明、罗近溪接近了。这么说来,罗近溪的无我的气象,可以说超越了那一众儒者。啊!良知真是圣学的神髓。致良知如此困难,确实是缺点和弊害。所以学者才不能不坚持固有的良知,并且将它实践到日常生活的应对以及读书习武等百般琐事上。那么你的道德功业,就能直追古人了。否则的话,就算读书破万卷,最终也不过谈一些无根之草的话,对君主对父亲又有什么益处呢?

凡百八十条

洗心洞札记上　终

洗心洞札记　下

一

【原文】

自性善上行道来者，不论高下精粗，尧、舜、孔、孟之血脉也。自情欲上为恶来者，不论小大深浅，桀、纣、莽、操之苗裔也。外妆点仁义，而衷包藏功利，以道问学，以从事世务者，便是霸者之奴隶也。亿兆虽不可胜算，人品要不出乎此三等。吁！欲为人者，择不行之，焉得知。而阅史者，亦以之观当时之人之心术行事，则了了然。

【今译】

基于性善论而实践道的人，不论内容的高下和精粗，都是尧、舜、孔、孟之的血脉。受情欲所控而作恶的，不管恶行大小和深浅，都是桀、纣、王莽、曹操的苗裔。外面用仁义包装，里面却包藏着功名利禄之心，做学问以从事治理俗世的，就是被霸道所左右的人。人类数量不知有多少，人品也不出这三等。唉！想要做人的，不经过选择就去实践，怎么能得到智慧知识呢？读史的时候，也应该用这个标准去观察当时人的心术和行事，就都看明白了。

二

【原文】

清孙苏门、黄梨洲、李二曲三大儒之学，非独从姚江来，毛西河、施愚山、朱竹垞诸老先生，皆亦姚江流派人也。世以其诗文著作之多，为非致良知之学矣，是皆不研究其书之误也，故语之以牖子弟之蔀①。

【注解】

①蔀：原意是覆盖于棚架上以遮蔽阳光的草席。引申为遮蔽。

【今译】

清代孙苏门、黄梨洲、李二曲这三个伟大儒学家的学问，不单单是学王阳明而来，毛西河、施愚山、朱竹垞这些老先生，也都是王阳明学问的流派。世人都以为这些老先生写的诗文很多，以为他们都不是致良知的学问，这都是不去研究他们书籍导致的误解，所以在这里说给我的学生，消除他们的误解。

三

【原文】

世俗方位之说,固非矣。然方位二字,非曲士杜撰也。《周官》曰:"惟王建国,辨方正位。"即是其滥觞欤。然其辨之与正者,非所谓鬼门星宿之事。鬼门星宿之事,于圣经无见,则不足取也。虽不足取,谩事土木宫室之事,则非道也。虽非道则无灾,君子决不为也。而辨之与正,如周公之制,则虽有灾,君子必为之也。

【今译】

世间关于方位的说法,自然是错的。但方位这两个字,也不是无学之人杜撰的。《周礼》中说:"封邦建国的时候,先要确定方位。"这是这个词的来源。但是确定方位端正方位,并不是所谓鬼门星宿这些事。鬼门星宿这些事,经书里看不到,所以不足采信。虽然不足采信,但是毫无依据地进行工事建筑,也不是道。虽然不是道,但也没什么坏处,然后君子也不会去做。而辨别与纠正,比如周礼的官制,即便是有坏处,君子也一定会去做。

四

【原文】

薛敬轩先生曰:"太极乃未分之五性①,五性乃已分之太极,天下之万善,皆自此出。"是真见道之言,故简易直截,而此字专指太极可也。何者?五性万善,要皆从一活泼泼出来。

【注解】

①五性:即仁、义、礼、智信。

【今译】

薛敬轩先生说:"太极就是没有分开的五性,五性就是分来了的太极,天下所有的善,都是从这里来。"这是真正明白了道的话,所以说得简单直接。而这个专门指太极就好了。为什么呢?因为五性和所有的善,终归要从活跃生动中来。

五

【原文】

柳子厚《晋文公问守原议》《桐叶封弟辩》等之文,解得道理绵密,宋儒之论议,大抵发挥之来。其人虽劣于韩,其文与之抗衡,良有以哉。

【今译】

柳宗元《晋文公问守原议》和《桐叶封弟辩》这几篇文章,将道理解释得细致绵密,宋代儒学者的讨论,大致都是说明了这个事情。柳宗元虽然不如韩愈人物卓绝,但是文章却可以与之媲美,确实有他的道理。

六

【原文】

毛西河先生曰:"良知出《孟子》。原无可疑,特文成提此直从尧、舜、孔、孟之学,与宋学相反处。揭此二字,不特文成得领要,优入圣域,且化苗有验实,则有功万世者。"西河推尊阳明先生即如此。而其致良知以诚意之学,私淑之高笠先生,终有了悟焉。于其《证文》《知本》等之书可见矣。只其谓"与宋学相反之"一语,乃过激也。程朱何曾废良知。学人平心读其遗书文集,则可见往往说出焉也,只非如阳明先生事事说之耳。然则奚相反之有。故学贵乎平心讲之。

【今译】

毛西河先生说:"良知一词是出自《孟子》。这原本没什么疑问。但只有阳明先生提倡良知是上承尧、舜、孔、孟的学问,这就是跟宋学相反的地方。提倡这两个字,而得到要领,进入圣域的也只有阳明先生,而且有教化苗人的切实功绩,对万世都有功劳,就只有阳明先生了。"西河先生就是如此推崇阳明先生。等到他和高笠先生交好,终于开悟了致良知和诚意的学问。这些内容在西河先生的《大学证文》《大学知本图说》这些书里可以读到。只不过他说的"与宋学相反"这句话,实在有点过激。二程、朱子又何曾摒弃良知。学人要是平心静气去读二程、朱子留下的著作,就可以看到他们经常谈到良知,并不是只有阳明先生经常说去。所以有什么相反的呢?所以做学问贵在客观公平。

七

【原文】

胡敬斋先生曰:"陈公甫亦窥见些道理,因下面无循序工夫,故遂成空见。"此责中材已下之事,而责大贤则不可也。凡大贤一了百了,然苟责之,亦如督课诸生儿辈,是乃后儒所以泥而驱上根之人,以开走于禅门之宾也欤。噫!

【今译】

胡敬斋先生说："陈公甫也看到了些道理，但是因为后面没有继续努力钻研，所以最终成了空谈。"这可以批评中等以下水平的人，却不能批评大贤之人。一般大贤之人都是一通百通，你却如同批评小学生一样批评他，这是后世儒生拘泥于老办法，把根基优秀的人都送入了学习禅学的大门。唉！

八

【原文】

毛西河先生诗曰，天门相望楚江秋，采石矶边旧酒楼。醉里乘潮牵缆上，不疑江水向东流。观此诗，当知先生深乎理学也。

【今译】

毛西河先生作诗说：天门相望楚江秋，采石矶边旧酒楼。醉里乘潮牵缆上，不疑江水向东流。读这首诗，就该知道先生理学造诣极深。

九

【原文】

刀拙乎切木，而锯巧乎切木。锯难乎杀人，而刀易乎杀人。故器各有适于用，不适于用，则虽利器犹如钝。是故圣人器使也。

【今译】

刀锯木头很难用，而锯子锯木头就好用。锯子很难用来杀人，而用刀杀人就很好用。所以器具各有适用的地方，如果不适用，那么再锋利也好像是钝的。所以圣人根据人的特点去任用他。

一〇

【原文】

吕新吾先生曰："古人名望相近则相得，今人名望相近则相妒。"吁！其相妒也，以有一点利心也。一点利心，使硕学鸿儒，化为妾妇态，则其亦可恐者也。故童稚入学时，令去其心，惟是教者之责耳，惟是学者之工耳。而文字呫唔其余事也。

【今译】

吕新吾先生说："古人要是名望相近就会关系很好，今人名望相近就会互相嫉妒。"唉！他们互相嫉妒，就是因为一点名利之心。这点名利之心就把硕学鸿儒变成了争风吃醋的小妾，这是多么可怕的事。所以小孩子开始上学，让他去除名利之心，是教师的责任，也是学生努力之所在。而学字读书是这以后的事。

一一

【原文】

自后天而视之，则似理与气当分。在先天固无理气之可分矣。慎独复性，便是先天之学，而犹以理气为二，可乎？故终身不能复性，以此也。

【今译】

从后天现象上看，好像理和气应该是分开的。但是从先天本质上看，自然理和气又不能分开。慎独复性，就是先天本质的学问，可是依然认为理和气是分开的，这样行吗？所以终身都不能恢复本性，就是因为此。

一二

【原文】

子谓伯鱼曰："女①为《周南》《召南》矣乎？人而不为《周南》《召南》，其犹正墙面而立也欤。"是其意非注释之所可及。故三复朱注修身齐家之说，不能得其要也。而父之教子以此，圣人之外，未尝闻也。

【注解】

① 女：通"汝"。

【今译】

孔子对儿子伯鱼说："你学过《诗经》里的《周南》《召南》两篇诗了吗？一个人如果没有学过《周南》《召南》，就像面对着墙壁站立着一样的吧。"这句话的意思，是注释没办法说明白的。朱子注释说是修身齐家的意思，我读了很多遍也不得要领。而像我没有听说过圣人之外，还有谁这样教育儿子。

一三

【原文】

或问："阳明先生亦明言太虚，有乎？"曰："有。"《语录》曰："圣人只是还他良知的本色，更不著些子意在。良知之虚，便是天之太虚，良知之无，便是太虚之无形，日、月、风、雷、山、川、民、物，凡有貌象形色，皆在太虚无形中发用流行，未尝作得天的障碍。

圣人只是顺其良知之发用，天地万物，俱在我良知的发用流行中，何尝又有一物超于良知之外，能作得障碍。"此岂非道太虚乎？吾太虚之说，皆亦祖述此来。而张子之太虚，无复异之也。人如无欲，则独自了悟焉。否则必有疑类于老佛者，不辨而可也。

【今译】

有人问："阳明先生也明确说过太虚吗？"我说："有。"《传习录》上说："圣人不过就是还良知的本色，更不会添加其他的意思。良知之虚就是天之太虚，良知之无就是太虚之无形，日、月、风、雷、山、川、民、物，凡是具有具体形状样貌的事物，都是在太虚无形之中生发成长，谁又会成为天的障碍呢？圣人仅是顺应良知的作用，天地万物皆在我良知的范围内运动，又何尝有一物事于良知之外成为障碍呢？"这不就是在说太虚么？我的太虚之说，都是从这里来的。而张横渠的太虚，也跟这个没有分别。人如果没有私欲，那么自己就明白了。不然必然有人会怀疑太虚跟道教佛教相似，这也不必去辩解。

一四

【原文】

问："读书然后致良如乎？"曰："否。读书便是致良知也。"

【今译】

问："是读书之后致良知么？"我回答："不是。读书本身就是致良知。"

一五

【原文】

二氏虽异端，其设教意，则固亦长善消恶也已矣，故其说合道者间有之。然犹以异端不取其合道者，则非狭隘乎？善哉邹东廓先生之说曰："吾儒之教，若三间正堂，圣圣相传，洒扫以为世业。圣人不作，而堂无祖矣。老氏入其左角，指天画地曰，此吾之堂也。释氏入其右角，指天画地曰，此吾之堂也。于是堂中之人，眩然迷乱，而不知其真。后之儒者，欲恢复圣人之道，则亦入居中堂，洒扫以复其旧可矣。乃割其左以归老，割其右以归释。而圣人之堂，遂决裂而不完。盖二氏之言，其合道者，固吾儒之道也。至于拂经而畔道，则以所居之偏，无以履大中，而由至正焉耳。而概指言以为老释之道，虽其合道者，一切禁忌，若相污染然。是割吾地，弃吾兵粮，借盗而助之攻也。"呜呼！先生之说，公正浩大，非亲炙阳明先生，而心归乎太虚，其卓见奚至乎此哉？

【今译】

　　道教和佛教虽然是异端，但是设立的教义，自然也是为了助长善而消除恶，所以道教和佛教的说法之中也有一些与道相合的。然而因为是异端，所以不采纳他们与道相合的教义，这不是狭隘吗？邹东廓先生说得好："我们儒家的教导好像三间正堂，圣人与圣人相传世代，以洒水草地为世代的功课。圣人不再出现，房间里就没有了本尊。道教进到左边的房间，指天画地说这是我的房间。佛教进入右侧的房间，指天画地说这是我的房间。结果在中间房间的人头晕目眩，不知道什么是真实。后来的儒者想要恢复圣人之道，也开始进入中间的房间，洒水扫地，使正堂恢复原来的样子。可是左边的房间割给了道教，右边的房间割给了佛教，圣人的殿堂终究分割而不得完全。原本道教和佛教的教义，其中与道相合的内容，本来也是我们儒家的道。等到以后离经叛道，就是因为住的房屋已经倾斜，没法走中正之路。然后一概指责佛道的教义，哪怕是与儒家之道相合的内容，也都当作禁忌，好像儒学被他们污染了一样。这简直就像分割自己的土地，丢弃自己的兵粮，借盗贼来帮助我们进攻。"唉！先生的话，公正浩大，如不是亲身受到阳明先生教益，怎么会有如此卓见呢？

一六

【原文】

　　言貌之文而已，则君子不亲信。而有情与诚，则虽无言貌之文，必亲信之也，况其见于言貌乎。吕新吾先生曰："情不足，而文之以言，其言不可亲也。诚不足，而文之以貌，其貌不足信也。是以天下之事贵真。真不容掩，而见之言貌，其可亲可信也夫。"吁！是言也，知人鉴也。

【今译】

　　如果只是用言语和表情装饰，那么君子既不会感到亲近，也不会相信。而如果充满感情和真诚，那么就算没有言语和表情的装饰，也会感到亲近，并且相信，更不用说有言语和表情了。吕新吾先生说："情感不足，而用言语装饰，这种言语不可能令人感到亲近。诚恳不足，而用表情装饰，这种表情也不足以相信。所以天下的事情贵在真诚。真诚不能被掩饰，而表现成言语和表情，那就是可亲近可相信的了。"唉！这句话，真是看透人的明镜。

一七

【原文】

理与时与势，皆上之所为也，岂天云乎哉？而汉文虽明君，谦让于大臣，而不用识者之言益乎世。则使理与时与势全任于天，而以不自任者也。其治效与三王不同，盖在此矣。而以贤称乎世，则亦犹如士不志于圣学，而媚于世以无非刺者也。故陆象山先生谓之乡愿，是非无见，而世儒惊其说之出于意外，却贬先生诡诡然立说。嗟夫！是亦乡愿也哉。

【今译】

理、时、势，这都是上位者的工作，怎么能说是上天的责任呢？汉文帝虽然也是明君，对大臣很谦恭，却不采用有识之士的言语，以利于世间。还把这些全都推给上天，不把理、时、势当成自己的责任。他的政治功绩不能与夏禹、商汤、周武王这三王相比的理由就在于此。但是他却被世间评价为贤君，这就跟那些无志于圣学的士大夫，为了不被世间责难而谄媚世间一样。所以陆象山先生评价汉文帝是乡愿，看不到是非，这一说法令世间的儒者感到意外很是吃惊，却非难先生为了争辩标新立异。唉！这些人也是乡愿罢了。

一八

【原文】

欧阳公《再论按察官吏状》略曰："不材之人，为害深于脏吏。国家之法，除脏吏，因民告发者乃行之。其他不材之人，大者坏州，小者坏县，皆明知而不问。臣谓凡脏吏，多是强黠之人，所取在于豪富，或不及贫弱。不材之人，不能驭下，虽其一身不能乞取，而恣其群下，共行诛剥，更无贫富，皆被其殃，为害至深，纵而不问。故臣尤欲尽取老病缪懦者，与脏吏一例黜之。"审如是则浇季①恐至于官无人，吏亦无人矣。故公虽执政之时，不能汰之如此也。呜呼！势所在岂但公，抑虽圣人亦无奈之何。

【注解】

①浇季：道德风俗浮薄的末世。《旧唐书·太宗上》："然情存今古，世踵浇季，而策名就列，或乖大体。"

【今译】

大略说一下欧阳公的《再论按察官吏状》的内容："无能的官员危害比贪官还深。国家的法律依照人民的告发，免除贪官的职位。而其他无能的官员，往大里说损害一个州，往小里说损害一个县，可是明明都知道，却不过问他们的失职。我觉得那些贪官都是狡猾聪明的人，他们盘剥的都是富豪，可能不会影响到穷人。可是无能的官员不能管束部下，就算他自己不能巧取，可是却放任部下豪夺，无论贫富，都被殃及，危害甚重，却放任不管。所以臣想把这些老朽、生病、失职、胆小的官员与贪官一样免职。"可是在道德败坏的末世，如果按照欧阳修所说的那样处理，恐怕就没人做官，没人做吏了。所以就算欧阳修主政的时候，也没法按照自己的想法免除这些官吏的职务。唉！所谓时势，不只是欧阳修，就算是圣人也是毫无办法吧。

一九

【原文】

"藉用白茅"，事不苟也。"再斯可矣"，决行之也。事不苟，与决行之。废一则大事不成矣。

【今译】

"贡品要放在清洁的茅草上"，意思就是说君子做什么事都不随便。"考虑两次就行了"，意思是说一定要去执行。做事不随便，一定要去执行，缺少一边都不能成大事。

二〇

【原文】

孔子不悦于鲁卫，遭宋桓司马将要而杀之，微服而过宋。夫孔子之圣，而鲁卫不用，桓司马杀之，实不知其何谓也。然而推寻之人情，则只群小畏其是非之公焉耳，故乃至此矣。况吾辈学圣人，一任良知，以公是非如狂者，则其人祸殆有不可测者焉。虽然徒怖人祸，终昧是非之心，固丈夫之所耻，而何面目见圣人于地下哉？故我亦从吾志已矣。

【今译】

孔子在鲁国和卫国不受欢迎，宋国的桓司马还要拦截并杀死孔子，孔子这才微服穿过宋国。以孔子这样的圣人，而不被鲁国和卫国启用，桓司马还要杀他，实在不知道因为什么。如果从人情的角度推断，实际上就是一群小人畏惧孔子为人能够公正判断是非公正，以至于如此地步。何况我们学习圣人，如果依照良知，像不会改变信念的"狂人"一样公正地判断是非的话，无法预测会遭遇怎样的迫害。可是如果担心被迫害而蒙昧了判断是非的心灵，自然是大丈夫所不耻的，而死后又有什么面目见圣人呢？所以我们还是应该坚持自己的志向。

二一

【原文】

柔佞狡诈，皆是贼良知之蠹也。加之以学力，则不啻贼己之良知，亦蠹了人人之良知也。

【今译】

圆滑、奉承、狡诈，都是损坏良知的害虫。再加上有些学问的话，就不止损害自己的良知，也会损害了每个人的良知。

二二

【原文】

朱子与陈同甫书曰："绌去义利双行、王霸并用之说，而从事于惩忿、窒欲、迁善改过之事，粹然以醇儒之道自律，则岂独免于人道之祸。而所以培壅本根，澄源正本，为异时发挥事业之地者，益光大而高明矣。"吾意者义利双行、王霸并用之事，陈氏特举于口舌而已，而其心则亦庶几归乎道。而从朱子学者，蔡氏父子，及黄李数子之外，虽皆称道学，恐未能免其里面有义利双行，王霸并用之实也。岂非彼善乎此耶？然则朱子所论，非但医陈氏之阳病，却亦砭其徒之阴病也。吾辈表里不合一，心口不同符，故亦当反观内省，而去其病。粹然以醇儒之道自律，则庶乎弛先贤之忧患矣。

【今译】

朱子写给陈同甫的信里说，拒绝追求道义和利益两个方面，同时实行王道和霸道的学说，从事改变愤怒、压制情欲、向善改过的事情，用纯粹而纯正的儒者之道自律，这样岂止使自己免除人类社会刑罚的痛苦，还可以培养根基，正本清源，成为将来发挥事业基础，这实在应该变得更加充实，高大光明。在我看来，陈同甫只是口头上说同时追求道义和利益，同时实行王道和霸道罢了，他自己肯定希望本心能够回归到圣人之道。而跟随朱子学习的这些人。除了如蔡元定父子、黄干、李方子这些人以外，大家都是嘴上说道学，难免内心里还有同时追求道义与利益，同时实行王道和霸道的意思。跟他们比，陈同甫是不是更正直呢？这样的话，朱子的立论就不单单是想要改变陈同甫说话耿直的毛病，也是想要根治自己学中心中暗藏的缺点。我们这些人表里不一，心口不同，也应该反省自己的内心，改掉自己的缺点。用纯粹而纯正的儒者之道自律，这样就会减少先贤的担心了吧。

二三

【原文】

《周官》大司寇之职，以五刑纠万民。故野无惰农，军无怯兵，乡无恶人，官无贪者，国无暴客，此成周之所以治而强之一端也。而至汉唐有纠暴之刑，而其余四刑，与上愿之法索然尽矣。而欲国之富强不可得，何况三代之治乎？

【今译】

《周官》里说的大司寇的职责，就是用五种刑罚纠正万民。所以田野里没有懒惰的农民，军队里没有怯懦的士兵，乡里没有恶人，官府没有贪官，国都没有暴徒，这是周王朝治理井然、国力强大的理由之一。等到了汉代和唐代，虽然也实行了纠正暴力的刑罚，但是其他的刑罚与"冤情上达"之法一起消失了。所以虽然也想富国强兵，却不可能实现，更何况夏商周三代之治呢？

二四

【原文】

博识而叛道，雄辨而悖理，则伤风害俗，此少正卯所以不免乎孔子之诛也。而至春秋战国间，不知少正卯为几多，以唯无一圣人，各逞其技，驰其才，骇众惑愚，终开李斯之残暴，而邪正俱坑焉。故李斯之大恶，赫然乎宇宙，虽黄口小儿，既能知之。其儒者之有罪，谁能知之？如圣人而居于李斯之位，则必教之令改。教之而不改者，则正其罪焉，安比而虐之如斯之残暴哉？然如正卯者，决不能免诛也。

呜呼！后辈徒知语往昔之事，而不知其身却为正卯之学者，亦愚也。故学者真立志，以行道践理，扶风正俗，而一助乎政道，则虽虎狼不能咥之，而况人乎？否则亦殆乎哉。

【今译】

知识渊博却有违正道，擅长辩论却有悖道理，就会伤风败俗，这是少正卯不免被孔子诛杀的原因。等到了春秋战国期间，像少正卯这样的人，不知有多少，却一个圣人都没有，所以这些人用各种手段尽情恐吓大众、愚弄百姓，结果招致了李斯的残暴，把邪恶的人和正直的人都通通埋了。所以李斯的暴行昭然于宇宙，连小孩子都知道。但是儒者也有罪，又有谁能知道呢？如果圣人处于李斯的位置，就一定会教导他、令他改正。教导后依然不改的，就去治他的罪行。又怎么会像李斯那样不加区分地、残暴地对待呢？但是像少正卯这样的人还是决不能免死。

唉！后人只知道讲过去的事情，但是却意识不到自己正是像少正卯那样的学人，真是愚蠢。所以学者应该真正立志，去实行道义，实践真理，纠正风俗，为政道做贡献，那么就算是虎狼也不能伤害他，更何况是人呢？否则就相当危险了。

二五

【原文】

临利害生死之境，真不起趋避之心，则未至五十乃知天命也。而动其心以趋避者，则虽百岁老人，实梦生焉耳。此等命之知不知，固无论矣，是故人不可以不早知天命也。

【今译】

面临利害生死的情况，如果能够做到不起趋避之心，那么没到五十岁就知道天命了。而动了心念想要趋避利害，那么就算是百岁老人，活着也像做梦一样。这种知不知天命，实在没有什么讨论的必要，所以人不可以不早知天命。

二六

【原文】

养生家节饮食、省思虑，以不破五脏之心。学者不节饮食、不省思虑，以破五脏之心者间有之。而犹自谓尽心于学者愚矣，而曾养生家不如也，是无他，实未知心为何物故也。

【今译】

养生家控制饮食和思虑，为了避免五脏中的心遭到破坏。学者中偶尔也有不控制饮食和思虑，却破坏了五脏之心的人。可是还愚蠢地说自己尽心于学术了，这连养生家都不如，不是因为别的，是因为他实在不知道心为何物。

二七

【原文】

冉子之说道者，良知也。力不足者，气习累心也，故不能致其良知也。然画①而不进，则心不安也。其所以不安者，良知也。夫子以画一言唤醒冉子，亦只指点其良知耳。

【注解】

① 画：停止。《论语·雍也》篇载，冉求曰："非不说子之道，力不足也。"子曰："力不足者，中道而废，今女画。"

【今译】

冉求说喜欢道的人,是因为有良知。(他说的)实力不足的人,是后天的习气影响了内心,所以不能致良知。但是停止不能进步,心就会不安。之所以会不安,也是因为良知。孔子用"画"这个字唤醒冉求,也只是指点他的良知罢了。

二八

【原文】

澹台灭明行不由径,虽迂心安。心安即率良知也。如行由径,则虽捷心不安,心不安即欺良知也。公事则至于其室,非公事则不至于其室。良知之是非分别如此。子游取斯人,亦致其好善之良知也。

【今译】

澹台灭明出门的时候不走小路,就算是绕远路也觉得心安。心安就是因为良知发挥作用。如果出门的时候走了小路,虽然快捷了,也觉得心不安,心不安就是因为欺骗了良知。澹台灭明有公事的时候才进子游的房间,不是公事就不进入子游的房间。良知就是这样是非分明。子游任用他,也是因为子游自身固有的好善的良知在发挥作用。

二九

【原文】

闵子①其脱了祸福生死者矣乎,有禹、稷、伊、周之才者矣乎。吾何以见之? 观善为我辞焉②之十有七字,以知其心之所养,与其才之所畜也。

【注解】

① 闵子:即闵子骞,孔子的学生,姓闵,名损,字子骞。

② 参见《论语·雍也》篇:季氏使闵子骞为费宰。闵子骞曰:"善为我辞焉。如有复我者,则吾必在汶上矣。"

【今译】

闵子骞真是个超越了祸福生死的人,也是个拥有与夏禹、后稷、伊尹、周公同样才能的人。我是怎么知道的呢? 我看他说"请好好为我推辞掉吧"这几个字,就知道他内心的涵养和积蓄的才能了。

三〇

【原文】

质胜文者，虽不事多闻多见，而良知不失乎内，犹如石中火，特未显于用耳，故曰野。文胜质者，尝不信良知，而博识意见，只驰于外，犹如毁原火，既失本体矣，故曰史。若夫从事"精一执中"之学者，则不失良知于内，而致之于事事物物，发皆中节矣。虽不欲彬彬得乎，故曰君子。

【今译】

质朴胜于文采的人，虽然不特意去增长见闻，但良知却不会在他内心消失，就像燧石中的火，只是还没有显现出作用来罢了，所以说他是"野"（质朴）。文采胜过质朴的人，不曾相信良知，而他的渊博和见识就像草原上烧过的火一样，已经失去了本体，所以称他为"史"（浮夸）。依照《书经》说的"精一执中"之学的人，没有失去内心中的良知，所以在各种事物上都能适度处理，不求文质兼备，所以称之为"君子"。

三一

【原文】

晴夜起，仰观天文。乃知古圣贤文章，有法而参错烂灿明白神奇者，咸则这个来。

【今译】

一个晴夜，我起来仰望夜空、观察天象。于是明白了古代圣贤的文章，法度森然又错落有致、熠熠生辉，浅显明晰而又无比神奇，都是从这里来。

三二

【原文】

顾亭林欲矫心学之弊，终以程子所云之孔门传授心法①，为借用释氏之言，不无可酌。而又引唐仁卿《答人书》所谓"心学二字，六经孔孟所不道"之语，以窜逐心学于禅学。是推其意，全恶阳明先生良知之学，而波及程子也。嗟夫，冤哉！而亭林虽独厌心学如此，古大儒皆由此入贤圣域，则亦奚疑哉。后进如惑亭林之说，废心以读书穷理，则其所学特训诂文字之末耳，岂圣学也哉。故今乃试举大儒心学之说以证之，而破后进之惑矣。

明道程子曰："圣人千言万语，只是欲人将已放之心，约之使反覆入身来，自能寻向上去，下学而上达也。"伊川程子曰："学本是治心，岂有反为心害。"此皆学以心为主，非心学而何？

朱子曰："自古圣贤皆以心地为本。"又曰："（孟子说）学问之道无他，求其放心而已矣。此是为学第一义。"又曰："为学之道，圣经贤传所以告人者，已竭尽而无余。不过欲人存此一心，使自家身有主宰。"又曰："今日学者不长进，只是心不在焉。"又曰："古人只去心上理会，至去治天下，皆自心中流。"又曰："人心者，人欲也。道心者，天理也。天理人欲，与他劈做两片，自然分晓。"尧、舜禹所传心法，只此四句。②此亦学以心为主，非心学而何？

真西山先生曰："大舜十六字，开万世心学之源，后之圣贤更相授受，虽若不同，然大要教人守道心之正，而遏人心之流耳。"此明言心学二字也。阳明先生曰："君子之学，惟求得其心，虽至于位'天地育万物'，未有出于吾心之外也。"王龙溪先生曰："夫千古圣人之学，心学也。太极者，心之极也。"而至毛西河先生，解得心学尤明快痛切，其文之略曰，心学是真圣学，毋论道心惟微十六字之传始于尧、舜，即孔子曰，操则存，操此心也。《大学》曰："正心。"孟子曰："存其心。"又曰："求其放心。"皆专治此心也。故曾子一贯之学，只是一恕，无非心学。

张南士曰："心学不是禅学，天不生佛时，先生此心。佛法未入中国时，已早有存心、养性之学，令惧其类禅而去此心何可。"夫儒佛之不类多矣，须发不类，家室居处都不类。然犹相类者，此人心耳。若人与虫兽，则绝无一类者。然而虎狼父子，蜂蚁君臣，忠孝之心，偶亦相同。万一攻心学者，惟恐类虫兽，而并此忠孝之心一齐去之，是虫兽不若也。二王、毛氏之说，皆亦明心学之奥也。由是观之，则圣学之要，读书之诀，只求放心而已矣，只正心而已矣。此外更无学矣，亦奚足疑哉？

【注解】

① 语见《中庸章句序》：子程子曰："不偏之谓中，不易之谓庸。中者天下之正道，庸者天下之定理。此篇乃孔门传授心法。"

② 语出于《尚书·大禹谟》："人心惟危，道心惟微；惟精惟一，允执厥中。"

【今译】

顾亭林为了矫正心学的弊害，下结论说，程子所谓"（《中庸》）是孔子一门传承的心法"之说，其实是借用佛教的说法，可见朱熹先生倒也不觉得佛教话语没有可参考之处。之后又引用唐仁卿《答人书》里说的"心学二字在六经和孔孟中都没有提到"，想把心学归到禅学中。推测他的用意，全是因为他厌恶王阳明先生良知之学，又殃及程子。唉！真是冤枉！虽然顾亭林一人如此讨厌心学，古时候的大儒却都因为信奉心学而达到了圣贤的境界，这是毫无疑问的。后来的人如果被顾亭林的主张迷惑，否定心学去读书穷理，那他所学的不过是训诂文字的末流技能，而不是真正的圣学。所以现在我试着列举那些大儒谈及心学的学说，来证明这一点，从而打破后学者的困惑。

程明道先生说："圣人的千言万语，只是想让人把已放逐的心，让它再重新回到我们自身，这样就能自己追求进步，通过学习日常知识而通达天理。"程伊川先生说："学问本来是要陶冶内心，怎么能成为陶冶内心的阻碍？"这些都是认为学问要以心为主，不是心学又是什么呢？

朱子说："自古的圣人贤人都是以心地为根本。"又说："孟子说过，学问的方法不在别的，就是要找回失去的人性。这是做学问的第一要义。"又说："做学问的方法，就是圣人的经典、贤者的传注告诉人们的那些方法，已经说得非常详尽没有疏漏了。不过是希望人们能够保持本心，能够主宰自己的身体。"又说："如今的学者不能长足进步，无非是心思不在这里罢了。"又说："古人只是从内心去领会，才能去治天下，都是发自内心的。"又说："人心就是人欲，道心就是天理，把天理和人欲看成不同的东西，自然就明白了。"尧传舜、舜传禹的心法，也就这四句话。这些也是讲学问要以心为主。不是心学又是什么呢？

真西山先生说："大禹的十六个字，打开了万世心学的源头。与后来的圣人贤者传授下来的内容就算不同，基本上都是要教导人守住道心的端正，而遏制人心流于不正。"先生这话明言了心学二字。王阳明先生说："君子的学问，其实就是确立自己的内心。就算是所谓'位天地育万物'，也没有出于我们内心之外的。"王龙溪先生说："原本千古以来的圣人贤者的学问，就是心学。太极就是内心之极。"而到了毛西河先生那里，将心学解释得尤其明快痛切。概括一下他的话就是，心学是真正的圣人之学。"道心惟微"十六个字自然是始传自尧、舜。也即孔子所说的只要把握住就能保存，说的就是保存内心。《大学》里说："正心。"孟子说："存其心。"又说："求其放心。"这些都是专门要治心的。所以曾子一贯的学问，不过是一个恕。这也无非是心学。

张南士说："心学不是禅学，天还没生出佛时，就先生出了心。佛法还没传入中国时，早就存在了存心、养性的学问，怎么能允许因说它与禅学类似而害怕、进而放弃内心呢？"原本儒佛不相似之处就很多，剃须发不同、房屋居所都不同。就算有相似的，也就是人心本身了。如果是人与昆虫野兽相比，就没有一处相似。可即便如此，虎、狼的父子关系，蜂、蚁的君臣关系上，忠孝之心，偶尔也与人类相同。万一钻研心学的人，要是害怕与昆虫野兽相似，而舍弃忠孝之心的话，就连昆虫野兽都不如了。王阳明、王龙溪、毛西河三位先生的主张，都阐明了心学深奥的含义。这么看来，圣人之学的关键、读书的秘诀，只在寻求失去的心性、端正内心而已。除此之外在没有学问，这有什么可怀疑的呢？

三三

【原文】

横渠先生曰："人多言安于贫贱，其实只是计穷、力屈、才短，不能营画耳。若稍动得，恐未肯安之。须是诚知义理之乐于利欲也，乃能。"是可谓洞见假道学者之情矣。而味动字，物触乎我所嗜与我所馁，则以固非虚体，为之所动。而沦溺亦为尘俗。自古至今，其人不少。故吾辈宜真乐义理，以实忘利欲矣，否则未可知动者到乎前，而安贫贱其自若焉也。

【今译】

张横渠先生说："人总是说安于贫贱，实际上不过是因为计划穷尽、能力不足、缺乏才能，不能经营罢了。要是稍能活动，恐怕未必能安于贫贱。想要做到安于贫贱，得是真正知道义理的快乐高于利欲才行。"这可真是看穿了假道学的内心。而玩味这个"动"字，外物触及我们所喜欢的和所渴望的，心的本体就不是太虚的状态，才为之所动。沉溺于外物的诱惑，变成被欲望包围的俗人。古往今来，这种人不在少数。所以我们才应该真正乐于义理而忘掉利益欲望，否则等到动摇我们的东西到来时，就不知道是否还能安于平静而泰然自若了。

三四

【原文】

伊川先生曰："多权者害诚，好功者害义，取名者贼心。是吾逆耳之言，而疗心病之良药也。而令一诚复焉，则义在其中，而心亦正矣。"呜呼！一个诚不可害，是圣学之要也。

【今译】

程伊川先生说："喜好权谋的，会损害诚；喜好功利的，会损害义；谋取功名的，会损害心。这些话是逆耳的忠言，却是治疗心病的良药。只有让纯正的诚恢复，义就自然能够实现，心也能够端正。"唉！这一句不可以损害诚，是圣学的精要。

三五

【原文】

致良知之学，不但不欺人，先毋自欺也。而其功夫自屋漏来①。戒慎与恐惧，不可须臾遗之也。一旦豁然见天理乎心，即人欲冰释冻解矣。于是当知洒脱之妙无超乎此者。而世人欺人自欺，是为习俗。父之养子，子之事父，君之使臣，臣之事君亦于是。自夫妇长幼朋友，至师弟之教学，莫皆不然矣。故遂语之致良知之事，则有骇而走者，有恶而仇者，有嘲而弃者，有笑而避者，有以桎梏视之者，有以缧绁比之者。故良知之学亡乎天下而不传。只其不传也，人亦不得跻于圣贤之域，而皆扰扰乎梦生醉死之场，岂非可悲乎？若有先觉者，犯万死不得不疾告也。呜呼！当后之世，先觉者抑谁欤。吾未见其人也，噫！

【注解】

① 语出《中庸》第三十三章，《诗》云："相在尔室，尚不愧于屋漏。故君子不动而敬，不言而信。"意思是别人看不见，却直通神明的地方。

【今译】

致良知的学问不单是不欺骗别人，而且首先要不欺骗自己。这种努力从"屋漏"而来。首先要时刻提醒自己，不要过于谨慎和害怕。一旦在内心中发现天理，人欲就会消解。于是就会知道，这才是无上的洒脱的妙处。而世上的人，欺骗别人，也欺骗自己，把这当成习惯。父亲养育孩子，孩子孝敬父亲，君主任用大臣，大臣侍奉君主也是这样。从夫妇长幼朋友，直到老师的教导忽然学生的学习，没有不是这样的。所以一说到致良知的事，有害怕而逃走的，有厌恶而仇恨，有嘲弄而摒弃的，有笑话而躲避的，有把它视为镣铐的，有把它视为绳索的。所以良知的学问不能够在世上得到流传。正因为不能流传，人就不能达到圣贤的境地，而都醉生梦死，纷纷扰扰。这不是很可悲的吗？如果有人先觉醒，必然会冒着必死的危险警告世人。唉！不知道后世谁先觉醒？我还没见过这样的人。唉！

三六

【原文】

自口耳之虚，至五脏方寸之虚，皆是太虚之虚也。而太虚之灵，尽萃乎五脏方寸之虚，便是仁、义、礼、智之所家焉也。其所家焉之仁、义、礼、智，即太虚所循环之春夏秋冬也焉耳。由是观之，则仁、义、礼、智,与春夏秋冬异而同。故昔人曰,人者天也,天者人也。夫子所谓天何言哉,四时行焉,百物生焉。天何言哉,是将天言人德也,然则曰:"天者人也,人者天也",不亦理乎?

【今译】

从口耳的虚空,到五脏内心的虚空,都是太虚之虚。而太虚的灵妙之处,全都藏在五脏内心的虚空之中。这里也是仁、义、礼、智所在之处。仁、义、礼、智,也就是太虚循环的春夏秋冬。这么看来,那么仁、义、礼、智和春夏秋冬既不同也相同。所以古代的人讲,人就是天,天就是人。孔子所说的,天不说话,却让四季流转,百物生长。天不说话就是用天来讲人的品德,所以"天就是人,人就是天"这话,不是说得很有道理吗?

三七

【原文】

方寸之虚,与太虚不可刻不通也。如隔而不通焉,则非生人也。何者?今以物塞乎口中,即方寸之虚闭,而呼吸绝矣,忽为死人。故方寸之虚,不可刻不通于太虚也。是无他,以太虚即心之本体故也。亦何疑也哉?

【今译】

方寸内的虚空,与太虚不能没有一刻不沟通。如果分隔而不沟通,就不是活人了。为什么呢?如果现在用东西塞到口中,那么心中的虚空就会关闭,呼吸断绝,马上死去。所以心中的虚空不能一刻不与太虚沟通。不是因为别的,是因为太虚就是心的本体。这有什么可怀疑的呢?

三八

【原文】

要置身于安焉,即人情也。然任其情,则不可与入于道矣。

【今译】

想要让自己置于安乐的境地,是人之常情。但是任由这种情绪发展,就不能入道了。

三九

【原文】

圣人即有言之太虚,太虚即不言之圣人。

【今译】

圣人就是能说话的太虚，太虚就是不说话的圣人。

四〇

【原文】

孔子谓仁，孟子谓仁义，两个仁字，同而异矣。孟子之仁者，在天即春也。孔子所谓仁也，则其贯四时之元也欤，而春气亦其分散耳。然而孟子单举仁，则与孔子之仁亦奚异哉？推之理，则圣贤所单举之仁，即良知也已矣。三子之去也，奴也，死也①，孔子乃以从其心之所安。以全其德，终谓之仁。然则良知之是非取舍，非仁而何？吾故断曰，仁即良知，学者依之学，则庶乎不违焉。

【注解】

① 指微子、箕子、比干三人进谏不得采纳后的境遇。

【今译】

孔子说仁，孟子说仁义，两个仁字，相同又有区别。孟子所谓的仁，在自然现象就是春天。孔子所谓的仁，则是贯通四季的本源，而春之气也是本源之气的散发。这样的话，那么孟子单单举出的仁，与孔子的仁有什么区别呢？从道理上考虑，圣贤单说仁的时候，说的就是良知。微子、箕子、比干三个人，或流亡或为奴或死去，孟子认为他们遵从内心，成全了德行，所以才认为他们是"仁"。所以良知判断是非、选择取舍，不是仁又是什么呢？所以我断言，仁就是良知，学者依照良知做学问，大概就不会违背"仁"。

四一

【原文】

太虚容世界，世界容于太虚。而物千变万化，未尝能障碍于太虚，则圣人之心量无累，于是乎可见矣。

【今译】

太虚包容世界，世界包容于太虚。现象虽然千变万化，却不能阻碍太虚，所以我们可以知道，圣人的心量是不可以被阻碍的。

四二

【原文】

方寸之虚，与口耳之虚本通一，而口耳之虚，即亦与太虚通一而无际焉。包括四海，含容宇宙，不可捉捕者也。"语大天下莫能载焉"之义甚分晓，不觉手舞足踏。

【今译】

心脏的虚空与口耳的虚空连为一体。口耳的虚空，又与太虚连为一体，没有边界。包括四海，包容宇宙，不可捕捉。我明白了"说它大，连天下都不能承载"的道理，不由得手舞足蹈起来。

四三

【原文】

太虚非空，即春夏秋冬之气，元亨利贞之理，遍布充满焉。而著乎物，则虽愚夫妇之心眼，犹视之而识之。未著于物，则大人、君子不敢道眼见之，而默而知焉耳。默而知之理气，则非愚夫妇心眼之所及也。然则非空乎。曰，非空矣。去人欲、复天理，然后始知是言之非妄也。

【今译】

太虚不是空无一物，春夏秋冬之气、元亨利贞之理，都遍布充满于太虚。如果显现为现象，那么一般的夫妇的心和眼睛都能看到和理解。但是如果不显现为现象，大人、君子也不能说自己眼睛可以看到，只是在内心中默默地理解罢了。内心中默默理解的理和气，就不是普通夫妇心灵和眼睛所能感受的。那这样的太虚就是空无一物的吗？我说，不是空无一物。去人欲、复天理，然后才知道这话不是假的了。

四四

【原文】

伐则梦寐不稳，是乃功累心也。致良知，则奚足夸区区功哉。如孟之反者，于"奔而殿"之一事，可谓不欺良知之大丈夫矣。故夫子取其勇而让。夸文章笔墨之小技者，宜见此章，及《注》中谢氏之说，以知耻矣。

【今译】

自夸就睡不安稳，原来是功绩连累了内心。如果能够致良知，又怎么会把区区功绩放在心里。就好像打仗败了，孟之反走在最后掩护撤退，可以说是不欺骗良知的大丈夫。所以孔子嘉奖他的勇气和谦让功绩。那些夸耀文章笔墨、细小技能的人，应该看看这一章，以及朱子《论语集注》中提到的谢上蔡的观点，就知道羞耻了。

四五

【原文】

孟子浩然之气，于何处认识之？七篇中处处皆是也，而如"见梁惠章"尤彰彰焉。其千里而见梁惠，不亦劳乎？而答其"利吾国"之问，以"何必曰利亦有仁义而已矣"之一语。遏他欲，伸吾道，不肯顾其身之用不用，便是至大至刚也，便是浩然之气也。又何认识之难之有？

【今译】

孟子的浩然之气，在什么地方能够认识呢？《孟子》七篇里到处都是，而见梁惠王那一章尤其明显。孟子千里迢迢见梁惠王，何其劳苦！梁惠王问他，有什么办法使我国得利？孟子回答，为什么要谈利呢？我知道的只是仁义而已。这句话压制了梁惠王的欲望，主张了我们的王道，却不考虑自身是不是会被魏国任用，这就是至大至刚、浩然之气。又有什么难以认识的呢？

四六

【原文】

王心斋先生之学者问，放心难于求。先生呼之，即起而应。先生曰："而心见在，更何求心乎？"此所谓光景上事，而其说固非也。若以应乎呼者，为心见在，则今呼猫犬，亦应而起来，以此为良心见在，可乎？是全知觉之知，而人兽一般也。以其有此，谓何求心？故其弊至猖狂恣睢、不求良心之甚矣。先生之获罪于王门，而受诽乎天下，只在此光景上事，所谓"贤知之过高者"[1]也欤。

【注解】

[1] 语出《中庸》第四章，子曰："道之不行也，我知之矣，知者过之，愚者不及也。道之不明也，我知之矣，贤者过之，不肖者不及也。"

【今译】

王心斋先生的学生求教，"求"孟子所谓的"放心"很难做到。王心斋先生就招呼那个学生，学生立刻站起来答应。先生说："你的心现在就在，为什么还要求心呢？"这是现象层面的事，王心斋先生的说法并不对。如果说招呼一下，然后回答，就认为心在的话，那么现在喊一下猫狗，也会回应起身，怎么能够因此认为良心存在呢？这是知觉作用层面的知，人和兽都一样。用这种层面的知又能在哪儿找到内心呢？其结果必然是猖狂恣意、完全不想去追求良心。王心斋先生在王门获罪，被天下人非难，就是因为在现象层面上考虑问题，这就是《中庸》里说的"贤知之过高者"的意思吧。

四七

【原文】

读"祝鮀①章"，叹曰，春秋之世，好佞悦美！盖当其时，《大学》之道既亡，而致知之教自废矣。是故人人不知心神明为何物，只触气随意，好佞悦美而已。故祝鮀辈得志以行奸，而其为君者，昏然为其所欺罔，与无知之物一般，遂至于亡身以破家国。要之以不知其致良知也。后人如不知致良知，则祝鮀辈何世无之，恐为他亦所欺罔。圣人载之言，不惟诚当时，为天下万世立言也。读之者，岂可忽哉？

【注解】

① 祝鮀：春秋卫国人，能言善辩，因其善以巧言媚人，后为佞人的典型。出自《论语·雍也》。

【今译】

读《论语》祝鮀那一章，感叹道，春秋时代真是喜欢善言辞者和美男子啊！在那个时代，《大学》之道已经消亡，致良知的教诲已经被废弃。所以人人都不知道心之神明为何物，只是感受到气，随意而为，喜欢善言辞者和美男子。所以像祝鮀这种人才能够得志，奸恶得逞，而国君迷糊不清、被他欺骗，和没有良知的人一样，结果导致身亡国破。总之都是因为不知道致良知。后人如果不知道致良知，那么祝鮀这样的人，什么时候都会出现，肯定还是会被这种人欺骗的。圣人所留下的话，不单单是劝诫当时的人，也是为了教导天下万世的人。读这一章的人，怎么可以忽视它呢？

四八

【原文】

"出由户"①，所谓日用而不知，是即皆从良知之自然，而不自知者也。"莫由道"者，气拘物蔽，特不能致良知于日用酬酢之间焉耳。学以除了气拘物蔽，则由斯道，而不能须臾离良知也。人至此与圣人一般矣。

【注解】

①语出《论语·雍也》，子曰："谁能出不由户，何莫由斯道也？"

【今译】

"出去要经过房门"，就是我们每天都在实践，却意识不到，这是都从自然的良知中来，但自己意识不到。"不走这条道"，是因为被习气约束、被外物遮蔽，不能在日常生活应对的时候发挥良知。我们努力学习去排除的话，就能够走正道，从此一刻也不能离开良知。人要能够实践到这个程度，就和圣人一样了。

四九

【原文】

欧阳南野先生曰："载籍者，已往之师友，师友者，见在之载籍，其用一也。然人往往乐独学于载籍，而不乐共学于朋友，可不察其故哉？朋友规切，则人已相形，情伪将无所容，而胜心为之抵悟。载籍则其人已往，或得缘附立见，而胜心无所拂逆。故凡学载籍，而无朋友之助，鲜不锢于胜心而流于自用。多识以畜德者，其无以取友为本也哉！"此只读书而忽友者之针药也。学者不可不求于益友也，而益友不常有，误取不如己者，则反损己德。损己德，则不若友载籍也。而载籍四书六经，及宋元明清大儒遗书之外，亦庶乎损友。故不杂览之，便是不失心之一端也哉。

【今译】

欧阳南野先生说："书籍是过去的师友，师友是现在的书籍，其功能是一样的。可是人往往只喜欢独自从书籍学习，却不喜欢和朋友一起学习，其原因必须弄清楚。朋友、同志一旦提出忠告，就会出现彼此对立，真实和虚伪不能够相容，就会有好胜心，彼此产生冲突。而书籍的作者已离世，对书籍的内容，读者可以单方面地恣意解释，就算有争胜之心也没人会违背。所以，一旦只从书籍上学习，而没有朋友的帮助，就会被好胜之心束缚。见多识广而德行深厚的人，哪有不以交友为本的呢？"这是治疗只读书却忽视交友的药物。学者一定要交益友，但益友很少，若误交了损友，于己不利，就不如与书为友了。但书除了四书大经以及宋元明清大儒的著作外，几乎全是损友。所以不读是损友的书，就是不失本心的一方面。

五〇

【原文】

晓行忽值雨。而无蓑笠，头项迄手脚尽露。是时心为之动，即方寸之虚亦复露也，不动则与太虚之不露乃一般，因此又悟"入水不濡"①之理。

【注解】

①语出《庄子·大宗师》："若然者，登高不栗，入水不濡，入火不热。"

【今译】

早上行路突然赶上下雨，既没有戴斗笠，也没有穿蓑衣，从头到脚全湿了。那时候如果心神动摇，新的虚空也会被打湿，如果不动，太虚就好像没湿一样。从这件事我明白了"入水不濡"的道理。

五一

【原文】

荀子性恶之说，当之于情，则不易之论。而当之于性，则不吻合也。此无他，他只看阴阳，而未见太极故也。

【今译】

荀子性恶的说法，在人类情感的层面上，是不变的真理。但是从本性上讲就不吻合了。不是因为别的，是因为荀子只看见了现象上的阴阳，而没有看到本源的太虚。

五二

【原文】

从阴阳上做者，天下皆是也。而从太极上做者，惟是圣贤已矣。而虽常人看破方寸之虚，则出彼入此，盖亦不难欤。

【今译】

世上的人大抵是依照阴阳进行实践。而依照太极实践的人，则只有圣贤。可是普通人如果能够明白心是虚空的，改变做法也不是什么难事。

五三

【原文】

晓行闻寺钟，又闻村鸡，乃告所从之弟子曰："夫钟之鸣，以其虚乎中，其远响乃唤醒家家睡人。而鸡自其口咽通于心，即亦虚也，故有声以告时夜。如两非有虚，则无响与声矣。故人亦不塞于方寸之虚，即无不感通于事物也。你辈学者，学此也；问者，问此也；思者，思此也；辨者，辨此也；行者，行此也；而人欲去，全归乎太虚，则其妙不可言述也，奚啻钟与鸡之类也哉？"

【今译】

早上行路，听到寺院的钟声，又听到村里的鸡叫，于是告诉随行的弟子说："那钟的鸣响，是因为它中间是空的，所以才能传到远方，唤醒家家沉睡的人。而鸡从口通过脖子连到心，也是空的，所以能用声音报时。如果这两样东西不是空的，就没有响动和声音。所以人如果不阻塞内心的虚空，就可以感通所有事物。你们要学习，就学这个；要求问，就问这个；要思考，就思考这个；要分辨，就分辨这个；要实践，就实践这个。而人欲摒除后，全部归于太虚，就会妙不可言，何止体现在钟和鸡呢？"

五四

【原文】

闭眼反观之，则方寸之虚亦春夏秋冬焉耳。开眼放观之，则天之太虚亦仁、义、礼、智焉耳。天人合一无疑矣。

【今译】

闭上眼睛内观，内心的虚空就是春夏秋冬。睁开眼睛眺望，天的虚空就是仁、义、礼、智。天人合一是毫无疑问的了。

五五

【原文】

不知障乎雨，而到于与人所约处，便是知命也。如先卜将雨而不到焉，便是不知命也。夫君子之云命者，非卜筮及世俗所云之命者也，体道者而后能知之。

【今译】

不知道会受到雨的影响，而抵达与人约好的地方，就是知命。如果事先预测要下雨，于是就不去了，就是不知命。君子所说的命，不是占卜或者世俗所说的命运，真正理解了"道"，就能够明白了。

五六

【原文】

虚亦有人为之虚与天成之虚之别。人为之虚者，即宫室空豁之类也，天成之虚者，即人物心口之类也。人为之虚乃不灵，而天成之虚皆含其灵，而人受之以最秀者也。然人有欲，则天成之虚反为不灵，而人为之虚，则以本不有心，容物无终始焉。而要皆是太虚之分散也，故无欲则天成之虚，其灵乃如神。而人为之虚，容物如此，则虚之德，岂非贵乎。

【今译】

虚也有人为之虚和天成之虚的区别。人为之虚，就是房屋空旷之类，天成之虚，就是人的心口之类。人为之虚，没有灵秀；而天成之虚,都有灵秀,人接受的是其中最好的。但是人有欲望,天成之虚反而不再有灵秀,而人为之虚,因本体没有心,所以容纳外物没有限制。总之,天成之虚和人为之虚都是太虚的分散,所以如果没有了欲望,天成之需的灵妙就和神一般。而人为之虚也能如此容纳,所以虚空的德行是多么的高贵。

五七

【原文】

心归乎太虚,然后实理始存焉。不归乎太虚,则实理埋没了,与物不异。夫人而与物不异,可耻之甚者也!举世不耻之,则其灵将何在哉?

【今译】

心归于太虚,真实的道理就存在。心不归于太虚,真实的道理就埋没了,心跟东西没什么区别。做人却跟东西没什么区别,这实在是可耻啊!可是世上的人却不以为耻,那么人的灵性又在哪里呢?

五八

【原文】

师弟之相得者,必有所肖焉,不有所肖而相得者,未之有也。颜子之仁,孔子亦有之。子路之勇,孔子亦有之。子贡之敏,孔子亦有之。其余诸子之德,孔子皆亦有之。故虽颠沛流离之间,未敢去之也。而邢和叔之于程子,程子未尝有其邪黠。王纯甫之于阳明子,阳明子未尝有其薄恶。故二子终去程王,而坠其学与德,万世犹贬之。要以其不有所肖,乃至于此,岂非可惜乎。然为师者教其肖者,而辞其不肖者而可矣,否则损乎道。损乎道,则圣贤辞其君而行,而况师之于弟子乎?

【今译】

师徒相合的,必然有相似的地方,没有相似的地方而相合的,从来就没有过。颜子之仁,孔子也有。子路之勇,孔子也有。子贡之敏,孔子也有。其他弟的德行,孔子也都有。所以孔子在逆境中颠沛流离时,也没有徒弟离开孔子。而在邢和叔与程伊川之间,程伊川没有邢和叔的邪恶狡猾。在王纯甫和王阳明之间,王阳明没有王纯甫的轻薄。所以这两个人最终离开了程伊川和王阳明,学问和德行都堕落了,过了很久还在遭到非难。总之是因为他们和老师不相似,才有这样的结局,实在是可惜。这么说来,做老师的就应该教育那些与自己相像的人,而不去教与自己不像的人,否则就会有损于道。如果有损于道，圣贤都会离开君主，更何况老师和徒弟之间呢？

五九

【原文】

或问"人之生也直"之义。曰，良知知孝弟之是，而不孝不弟之非。知仁义之是，而不仁不义之非，是即无圣凡，一也。故"人之生也直"，而人随长不能克己，自欺其良知，而不得致之，故罔①焉。罔则非人也，而免于刑戮，以全身而生，此岂非"幸民"乎？在先王世，则决不可免于乡八刑，虽欲为"幸民"得乎？故孔子所以有"幸而免"之叹也欤。

【注解】

①语出《论语·雍也》，子曰："人之生也直，罔之生也幸而免。"罔，蒙蔽的意思。

【今译】

有人问"人之生也直"的意思。我答道，良知就是知道孝悌是正确的，不孝不悌是不正确的。知道仁义是正确的，不仁不义是不正确的，这一点上圣人和凡人没有区别。所以"人之生也直"，可是人随着成长不能控制自己，欺骗自己的良知，使其不能发挥作用，所以就会"罔"。"罔"就不能被称作人了，可是却能免于刑罚、毫无损伤的存活下去，这不就是所谓的"幸民"吗？如果先王还在执政的时代，（这些人）就绝不可能免于乡八刑的处罚，就算自己想也不可能成为"幸民"，所以孔子有了"幸而免"的感叹。

六〇

【原文】

汉末佛法入中国，有所由来焉。董子《对策》曰："诛名而不察实，为善者不必免，而犯恶者未必刑也。是以百官皆饰虚辞，而不顾实。外有事君之礼，内有背上之心。造伪饰诈，趣利亡耻。"吁！此乃佛之所由入焉乎？此乃天堂地狱之所由起乎？然则非佛氏自入中国，而中国故招佛而来也。欧阳公本论，乘其阙废之说，是矣！

【今译】

汉朝末年佛法传入中国，这是有它的由来。董仲舒《举贤衣对策》里说："秦只求名而不察实，行善的好人不一定能免罪，犯法的坏人也不一定就受到惩罚。所以百官都谎言欺诈，不务实际。表面上都表现出尊敬君上的礼貌，内心却怀着背叛君上的打算。弄虚作假来掩饰狡诈，追逐私利，没有羞耻。"唉！这就是佛教传入中国的原因吗？这就是天堂和地狱被提起的原因吗？如此说来，并不是佛教传入中国，而是中国招来了佛教。欧阳修的本论说的就是佛教趁着中国礼崩乐坏才进入的，说得很对啊！

六一

【原文】

下等之人，缘师友之资，强为善者，譬如捧满盂水者，心手微动，则不流泄于左，必流泄于右，不流泄于前，必流泄于后。是故宜自存临深履薄之念于内，而师、友、父、兄，常用扶醉汉之劳于外，则庶几免于左右前后之流泄矣。

【今译】

素质不高的人，在老师和朋友的帮助下，勉强的实践善，这就像是捧着满满一钵水，心和手只要稍微动摇，不流向左边就流向右边，不流向前边就流向后边。所以自己要抱有临深渊履薄冰的念头，而老师、朋友、父亲、兄弟在旁边就像扶着醉汉一样费力帮助他，这样大概就能避免水流到前后左右去了吧。

六二

【原文】

明德者，知之本量也。不明明德而行仁行义，则仁而不仁，义而不义，而罔且殆矣。譬如搜陈列之器于暗室中，虽有色色在焉，以无灯烛故，不能执得之。设执得之，不能断知其所期乎否乎。疑焉，惑焉。如照烛而择之，则亦何难之有？是以人不可不明明德，德明则众善皆举矣，而其功则在"致知、格物、诚意、正心、修身"也。噫！气习深者，不用百倍之功而望其明，则遂亦归乎自弃自暴矣。

【今译】

所谓明德，就是持有良知原本的能力。如果做不到明德就去实行仁义，那么仁就不能称为仁、义就不能称为义，而且变得迷茫又危险了。这就像在暗室中寻找陈列的器具，虽然摆得整整齐齐，但是因为没有灯烛，就拿不到手里。就算拿到手里，也不知道是不是自己想要的。因此就会感到疑惑。如果用蜡烛照着选择，又有什么难的呢？所以人不可以不明白明德，明德了就可以实践很多的善，其努力的要点就在于"致知格物诚意正心修身"。唉！惰性深刻的人，如果不百倍努力去做到明德，最终只能自暴自弃了。

六三

【原文】

《大学》首章，明字，亲字，止字①，皆自责之功也。如改亲字作新②字，则不自责而责之于人，责之于人，则非《大学》之本旨也。而新属彼，属彼者，虽圣人无如之何。尧、舜圣人也，明爱子之明德。而丹朱、商均终乎不肖，而不肯新。禹明爱父之明德。而鲧终乎方命、圯族，而不肯新。周公明友爱兄弟之明德，而管叔、蔡叔谋不轨，危社稷，以伤骨肉，而不肯新。孔氏三世明男女居室之明德，而皆出妻，则其室各必犯七出，而不肯新。诸葛武侯明忠之明德事后主。后主终乎庸愚，而不肯新。以是观之，则虽圣贤不能尽新之，故作新字无味，而吾道穷矣。

故曰，非《大学》之本旨也。如亲字则尤有味，而实兼教养意。吾惟尧、舜亲其子，而终不传天下于丹朱、商均，以传之舜、禹，是即真教养之至，岂非明亲之至善者乎。禹亲其父，而虽殛死，舜不嫌其为罪人之子，举之以令治水土，遂退子授之天子之位，而未闻正不新其父之罪也。然则禹之大孝，与舜同德，在此不在彼可知矣。周公刲刃于管叔、蔡叔之身者，非明明德之极功，不能为如此之举。而天下之人民，皆亦恬然不疑，而称安社稷之大功。则平时教养之诚，感天动地，断可知矣。孔氏之于室，武侯之于君，皆亦然矣。虽各不新，谁敢谓其德之不明哉。故只为子则明孝之明德亲父，而止于至善。为臣则明忠之明德亲君，而止于至善，不责新不新于君父，而责亲之功夫于己，则尽心尽性之《大学》问也。而彼新亦在其中矣。故瞽瞍夫妇及象烝烝③，乂不格奸。虽皆如新，要自舜亲民之苦功上化焉来。

【注解】

①《大学》首句："大学之道，在明明德，在亲民，在止于至善。"

② 王阳明依"作新民"三个字源于《尚书》，意思是"改过自新，重新做人"，不认同朱熹的改动，故有此辩。

③ 烝烝：谓孝德之厚美。语出《书经·尧典》："克谐以孝烝烝，乂不格奸。"

【今译】

《大学》首章里的明字，亲字，止字，这些都是自己要求自己的方法，可是如果（像朱子那样）把亲字改成新字，就不是自责，而是要求别人了，要求别人就不是《大学》的本意。而且新是别人的事情，如果是别人的事情，那么圣人也没有办法。尧、舜是圣人，知晓了爱子的美德。但是他们的孩子丹朱、商均都是不肖之子，也不肯改过自新。大禹知晓爱父的美德。但是他父亲鲧最后却违背命令，导致一族灭亡，也不肯改过自新。周公知晓友爱兄弟的明德，但是管叔、蔡叔却图谋不轨、危害社稷、伤害骨肉，也不肯改过自新。孔子一家三代知晓夫妇融洽的明德，但是他们都休了妻子，那么他们的妻子必然犯了"七出"的过错，可她们却不肯改过自新。诸葛武侯知晓忠的美德，辅佐后主刘禅。但是后主终归昏庸愚笨，也不肯改过自新。这么看起来，即便是圣贤也不能让所有人改过自新，所以把"亲"字改为"新"字毫无意味，我们圣学之道就穷尽了。

所以说，这就不是《大学》的本意了。像"亲"这个字则更有意味，它实际上兼具了"教育、修养"的含义。我考虑到，尧、舜爱自己的孩子，但是终归没把天下传给丹朱、商均，而传给了舜、禹。这真是"教育"的极致，不就是"明"和"亲"的至善之境界么。禹爱他的父亲，舜处死了鲧，舜却没有因为禹是罪人之子而厌弃他，还任用他去治理水土。还让自己的孩子避位，把天子之位授予禹，却没听说他要追究禹没有让其父改过自新之罪。由此可知，禹的功绩能与舜之德相提并论，就在于"亲"而不在"新"。周公杀死管叔、蔡叔，如果这不是"明明德"最高的实践，也不会有如此行为。所以天下百姓都很平静，没人怀疑周公的行为，反而称颂这是让国家安泰的伟大功绩。所以我们就可以理解，周公平素"教育、修养"之真诚，实在是感天动地。孔家对于对妻子、诸葛武侯对主君，也都是如此。虽然都没有让对方改过自新，但是谁能说他们没有"明明德"呢？所以如果是儿子，就只明确孝之明德而爱其父，然后止于至善。如果是臣子就只明确忠之明德而爱其君，然后止于至善，不去责求主君、父亲有没有改过自新，而将改过自新的努力放在自己身上，就是《大学》"尽心尽性"的学问了。于是对方也就会"自新"了。所以舜的双亲瞽瞍夫妇及弟弟象，能够善良安定，不至于走向奸邪。他们看上去都"自新"了，这实际上都是从舜"亲民"勤勉努力上得来的。

六四

【原文】

于乎！为禅门驱贤智高明之君子者，改亲作新，惟是崇也。何者？贤智高明之人，学《大学》之道，则欲必践其言以行之。岂如浮薄之徒，从事训诂、诵读，以句释章解，而无躬行心得哉？故明其明德，欲新其父之旧染宿态，而父自若不新，欲新其子之旧染宿态，而子自若不新。君臣也，夫妇也，兄弟也，亦复然。虽然贤智高明之人，求仁利仁，故犹不欲疏之。夜以继日，思新之之功，攻苦疲劳，而其终乎不新，则与吾德实如冰炭黑白。于是乎不得不起洁己躬之念，故割父子、君臣、夫妇、兄弟之恩与义，髡首换衣，趋于禅门，学色、空之道，其累始脱然矣。而不知其身陷乎夷教，岂非可悲乎？若夫浮薄之徒，则虽读书知理，固无意躬行，以是糊其口而已。故只曰亲民误而新民是也，而心无定见。要不得免于剿同之腐也。请试躬行之，乃其亲新之是非，断然明白矣。只所幸阳明子以亲民为是，犹释之曰，兼教养意①。而高明之君子，始得五帝、三王之学脉焉。由是学则虽不趋于禅门，决无心累矣。故不离大伦而离，离而不离，得行道于其间，岂非圣门之大功哉，岂非人间之大幸哉？

【注解】

①《传习录》上卷一条："说'亲民'便是兼教养意，说'新民'便觉偏了。"

【今译】

啊！把亲字改成新字并且大加推崇，真是把贤智高明的君子都赶到了禅门里。为什么呢？因为贤智高明的人学习《大学》一定会按照文章说的去执行，去实践。而不像浅薄轻浮之人，只是训诂文字、解读篇章，没有亲自实践的念头呢？所以当这样的人明白了明德的道理，就想去改变父亲旧毛病，但父亲并不改，反而想要改掉自己儿子的旧毛病，儿子也不改。君臣、夫妇、兄弟都是这样。贤智高明的人要求仁、利仁，所以即便（亲人）如此，也不想疏远他们。于是夜以继日思考如何努力去改变对方，可是无论如何辛苦，对方都不改变，这跟我们追求的道德正好相反。于是（他们）兴起了洁身自好的念头，所以就抛弃了父子、君臣、父母、兄弟的恩义，剃掉头发、换掉衣服，进入禅门，学习佛教色、空之道，从日常的苦恼中脱离出来。可是他却不知道自己身陷异邦的宗教，这不是很可悲吗？至于那些浅薄轻浮之人，则即使读了些书、知道些道理，也毫无去实践的打算，只是为了糊口而已。所以他们只是嘴上说亲民是错的、新民是对的，实际上心里并没有定见。总之就是不能免于辗转抄袭、毫无新意。还请亲自去实践看看，这样就会明白"亲"与"新"的是与非。所幸王阳明先生认为"亲"是正确的，还解释道，"亲"还兼有教养之意。于是那些高明君子，才第一次理解了五帝、三皇的学问传统。基于此来学习，即使不投入禅门，也绝不会感觉心累。所以，不放弃重大的人伦又能脱离辛苦，既脱离又不远离，从而能够在这之间实践人伦之道，这岂不是圣人学问的大功绩、人世间的大幸运么？

六五

【原文】

亲字，父母之双称，而义甚重矣。夫父母之于子也，唯其疾之

忧，心诚求之。虽不中不远矣。皆实心爱子之诚，而非假拟议安排
然也。然而子之养父母，臣之仕君，妇之顺夫，弟之敬兄，君之使
民，有欲则彼此相隔，不能如痛痒饥寒切乎身，皆是不仁，而无父
母之心者也。如真致良知，则亦惟其疾之忧，心诚求之之外，更无
道矣。而虽存厚薄轻重于亲疏远近之间，要天下皆归吾仁也。故阳
明子曰，亲民仁民也。人如能体贴之，则亲字决不可作新字，是乃
可默识矣，可心悟矣。

【今译】

"亲字"是父母双方的意思，含义很厚重。原本父母对孩子，只
担心他生病，诚心地祈祷孩子的平安。就算不是这样，也离得不远。
这些都是疼爱孩子的真情实感，而不是假装安排的虚假情绪。所以
孩子供养父母、臣下侍奉君主、妻子顺从丈夫、弟弟尊敬兄长，君
主驱使民众，如果有了私欲就会把彼此隔开，不能切身感受到对方
的痛痒饥寒，这都是不仁，就没有了父母之心。如果能够真正做到
致良知，就会担心孩子生病，诚心地为孩子的平安祈祷，除此之外
没有别的愿望。虽然因为亲疏远近的关系，多少会有厚薄轻重的区
别，但总之天下的人都要"归吾仁"。所以阳明先生说，所谓亲民就
是对民仁慈。人如果能够真正领会到这一点，内心就会懂得，亲字
绝不可以改成新字了。

六六

【原文】

韩昌黎曰："名之所存，谤之所归也。"夫有实德而有其誉，有
实行而有其声，则奚谤之招？如云尔，则无实德而有其誉，无实行而
有其声者也，谤之至，不亦宜乎？故许鲁斋曰："无实而得誉，可乎？
大誉则大毁至，小誉则小毁至，必然之理也，惟圣贤得誉，则无所
可毁。大名之下难处，在圣贤则异于是，无于难处者。无实而得名，
故难处。名，美器也，造物者忌多取。非忌多取，忌夫无实而得名
者。"韩子学文而窥道者，故其言如彼。许子理学名儒，故其言如此。
有虚名者，宜鉴韩子言以避之；无实名者，须愤许子言以立之。

【今译】

韩愈说："有名声的地方就有诽谤。"实际上如果有德行而获得
荣誉，真实践而获得名声，又怎么会招致诽谤呢？如果像他说的那
样没有实际的德行而得到荣誉，没有真正实践而获得名声，那么招
来诽谤不是很正常吗？所以许鲁斋说："怎么能够允许没有实际的德
行而获得荣誉呢？大的荣誉招致大的非难，小的荣誉招致小的非难，
这是必然的道理。只有圣贤获得荣誉的时候才不会被非难。有了大

的名声就难受，但是圣贤与一般人不一样，不会觉得难受。只有获得名声却没有实际德行才会觉得难受。所以名声是美丽的器具，制造者不能多取。不是不能多取，而是应该避免明明没有内涵，却获得名声。"韩愈通过学文懂得了道，才会那么说。许鲁斋是理学方面的著名儒者，才会这么说。有虚名的人应该以韩愈的话为鉴，无实名的人应该听许鲁斋的话发愤图强。

六七

【原文】

或问"女为君子儒"①之义。曰，《注》所引程子曰，君子儒为己，小人儒为人之说，既解得了。而为己者，即明明德也，明明德，即致良知而自慊者也。为人者，徒求人知而无实得，便是欺良知，又欺世者也，故虽儒要归乎小人矣。吾辈千岁下读此语，悚汗沾身因想象子夏听圣师此语时，其心何如？必如不能容于身者矣！

【注解】

①语出《论语·雍也》：子谓子夏曰："女为君子儒，毋为小人儒。"

【今译】

有人问"女为君子儒"的意思。我回答说，朱子的《论语集注》里引用了程伊川的话，说君子儒是为了陶冶自己的人格，小人儒是为了得到世俗的名声，这就说得很清楚了。君子儒追求明明德，明明德就是致良知、自足。小人儒只追求名声却不符实，就是既欺良知又欺世，所以即使是儒，也要归入小人儒。我们千年后读这话，还惶愧汗出，设想子夏听到孔子这话，心中怎样？一定是于己不安了！

六八

【原文】

阳明先生曰："呜呼！如致知，则存乎心悟，致知尽焉矣。"夫良知不可远，为道也屡迁，变动不居，周流六虚，上下无常，刚柔相易，不可为典要，唯变所适。故良知即易，易即良知。无一事不易，无一事不良知，故虽经《礼》三百《曲礼》三千之繁，只尽了致知二字。姑以《曲礼》中一事道之。仆御妇人，则进左手后右手。御国君，则进右手后左手而俯。一进左手，一进右手，其条理节文，孰令之活动哉。宜三思之。

【今译】

王阳明先生说："啊！所谓致良知，就是那个人自己感悟，致良知的全部意义就在于此。"原本所谓良知，不应该觉得它离自己很远，所谓道，会自由变化、运动，没有固定的形态，在天地四方流动，不断升降，刚柔并济，没有固定的法则，可以适应各种变化。所以良知就是变化，变化就是良知。没有一件事是不变的，没有一件事不是良知。所以《礼》的大纲有三百，《曲礼》的细节有三千，说的只是良知两个字。……需要好好地思考。

六九

【原文】

太虚即实理实气充塞满布。而有形之类，虽不虚乎中者，亦皆有至虚之存焉，见草木可知。

【今译】

所谓太虚，就是充满流布实理和实气。而有形的东西，即便是中间不虚空的，也都有着虚空的部分，看草木就能知道这个道理。

七〇

【原文】

水清则鱼乐，泥浊加焉则鱼病。气纯则人荣，逆沴加焉则人疫。因觉人在气中，犹鱼在水之说。

【今译】

水清澈了鱼就高兴，用泥弄混浊，鱼就会生病。气纯粹了人就会精神，气不调和人就会生病。所以我们就知道，人是存在于气之中，就像鱼存在于水中一样。

七一

【原文】

树生于平地者，易大而荣茂，生于石间者，难大而憔悴，此岂非命哉？自古士之有类此者。其人如君子，则虽知命以不愠，而傍观者不可不为之一悲一愤也。故孔子曰："臧文仲其窃位者欤！知柳下惠之贤，而不与立也。"

【今译】

长在平地的树容易长得高大繁茂，长在石头中间的树就难以长高，这难道不是命运吗？古来的士大夫中也有类似的人。如果那个人是君子，就算知道了自己的命运也不会生气，而旁观者却不能不为他悲伤或生气。所以孔子说："臧文仲大概是个窃据官位（而不称职）的人吧！他知道柳下惠贤良，却不给他官位。"

七二

【原文】

"语小天下莫能破焉"之义，善讲《易·说卦》，则甚分晓。而脱略颖异之人，以其"为木果、为吝啬、为蕃鲜、为多白眼、为盗、为科上槁、为狗、为鼠、为口舌、为毁折"之猥琐，不屑治之，而不知道之寓焉也。然若夫全泥象数，遗大以凿之者，则其去道甚远矣，何足论。

【今译】

"说小，天下没有比它更小的了"这句话的意思，了解了《易经·说卦》就会很明白。而那些为人不拘品质优秀的人，会认为这是"为木果、为吝啬、为蕃鲜、为多白眼、为盗、为科上槁、为狗、为鼠、为口舌、为毁折"的猥琐而细小的东西，不屑去理会，却不知道那里隐含着道。但是完全拘泥于象数，却忘了大的方面而穿凿附会的人，则已经远离了道，不值得讨论。

七三

【原文】

陆稼书以吕晚村驳王门之四言教，为功圣门。而又曰，以工夫言之，则无两种，以道理言之，则有高下矣。异端于工夫偏欲分两种，于道理却不分高下。此说非也。子路问："闻斯行诸？"子曰："有父兄在，如之何其闻斯行之？"冉求问："闻斯行诸？"子曰："闻斯行之。"子路虽闻，以不行为工夫，冉求以闻便行为工夫。圣门之工夫，明明有两种如此，而全属之异端可乎？程子曰："圣人之道，更无精粗，从洒扫应对，与精义入神①，贯通只一理。"圣门之道理，明明不有高下如此，而全属之异端可乎？夫吕陆二子，以明朱学为功，攻王氏为勉励，故不顾理之是非，不忌事之有无，强辨刚辞至此。固陋者信其说，而大人君子如孙汤，则皆慨叹而已矣。

【注解】

①《易经·系辞下》："精义入神，以致用也。"

【今译】

陆陇其因为吕晚村驳斥了王阳明一门提倡的四言教，认为他对圣学有功劳。他又说，工夫没有两样，道理却有高下之分。而异端之徒偏把工夫分两种，于道理却不分高下。这话说得不对。子路问道："听到一件合于义理的事，立刻就去做吗？"孔子说："父亲和兄长还活着，怎么可以（不先请教他们）听到了就去做呢？"冉求问道："听到一件合于义理的事，立刻就去做吗？"孔子说："听到了应该立刻就去做。"子路问的时候，（孔子）认为不马上执行是他努力的方法，冉求问的时候，（孔子）认为马上执行是他努力的方法。孔子的教导明明就有两种努力的方法，怎么能完全归于异端呢？程伊川先生说："圣人之道，全无精细、粗鄙的区别，从洒水扫地、应对客人，到详细研究义理，都是一以贯之的实践原理。"孔子的教导的道理，就是这样明白地不分高下，怎么能完全归于异端呢？吕晚村、陆陇其二人将发扬朱子学视为功绩，将攻击王阳明视为义务，所以才不顾道理的是非，不管事实是否存在，如此强词夺理。顽固粗鄙的人也许会相信这种说法，可正派君子如孙奇峰、汤斌这样的，则都只会感慨而已吧。

七四

【原文】

庄子曰："子之爱亲，命也，不可解于心。臣之事君，义也。无所逃于天地间。"此似儒者之语，而如非异端空寂者所言也。故昔人曰："庄子与老子同而异，孔子异而同。"然其不可解者，固不学不虑之良知，而无所逃之情，乃出乎勉强。其于君臣之义未分晓即可见矣。是所以其异端而非儒也矣。

【今译】

庄子说："孩子喜爱父母是天性，不能够从心中解除。臣下侍奉君主是道义，不能从天地之间逃脱。"这好像是儒者的话，而不像是主张空虚的异端之人的话。所以过去有人讲："庄子与老子相同而又不同，与孔子不同而又相同。"不能解除的天性，本是不用学习、不用思考就存在的良知，但不能逃脱的情感则是通过努力得到的东西。由此可知，庄子对于君臣之义还是不太明白。这就是庄子是异端而不是儒学者的理由。

七五

【原文】

明亡矣来，舶来《易经》注释之叙次，大率朱子《本义》先程子传，程子传后朱子本义，是即师弟逆坐、父子倒行者也。吁！清人贵数而不贵理之情可见矣。而贵数之弊，乃至于遗弃君父，而不趋忍遗弃。贵理则君臣之义、父子之恩，不可与解于心。是以不忍遗弃，而不食非类之腐败者，必出焉。故他贵数而不贵理，不亦宜乎？然学人要不背于羲、文、周、孔之圣旨，则宜贵理而不道数矣。贵理而不道数，则宜先治程《传》，然后读朱《义》也。此非特不背四圣人之旨，虽朱子亦必冀是者也矣。

【今译】

明朝灭亡以来，流传到日本的《易经》注释的次序，基本上是朱子的《周易本义》放在程伊川的《易传》前面，程伊川的《易传》放在朱子的《周易本义》后面，这就像师徒、父子坐反了位置。唉！由此可见，清代的人尊崇象数，而不尊崇义理。而尊崇象数，其弊端就在于会抛弃主君和父亲，而不替他抵挡危险。如果尊崇义理，则君臣之间的义、父子之间的恩，就不会在心里解开。因此，就会出现不忍放弃君父、不愿享受异族腐臭俸禄的人。所以他们尊崇象数而不尊崇义理，不是很正常？但是，学习之人如果不想违背伏羲、文王、周公、孔子的主旨，那就应该尊崇义理而不谈象数。要尊崇义理、不谈象数，则应该先读程伊川的《易传》，然后读朱子的《周易本义》。这不单单是不违背四位圣人的主旨，朱子本人也一定是这么希望的。

七六

【原文】

清朝之学者，多不贵良知，非他，是阿上之所恶而已矣。上之所恶，亦非他，良知即孝弟而已矣。士人如真尽孝弟之心，则其害乎己有不可胜言者，恶之以此也。吁！非势乎？

【今译】

清朝的学者很多并不尊重良知心学，不是因为别的，而是因为他们趋附统治者的好恶。统治者厌恶良知也不是因为别的，是因为良知就是孝悌。如果士人真能尽孝悌之心，不消说是有碍清朝统治的。所以才会这么讨厌良知。唉！这难道不就是时势吗？

七七

【原文】

教人者，不法于圣贤所教之规，而漫尔施之，则贤与不肖、才与不才，混杂而不能各自得也。不能各自得，则无益于身心矣。无益于身心，则不如不教之为愈也。故孟子曰："君子之所以教者五，有如时雨化之者，有成德者，有达材者，有答问者，有私淑艾者。

此五者，君子之所以教也。"教者以此为法，则庶几焉。而有斯德为教者天下鲜矣，故子弟之成德达材者，未之闻也。吁！悲夫！

【今译】

教育别人如果不依从圣贤教导的规则，而随便施加教育，就会把贤者和不肖、有才和无才混在一起，不能得到各自需要的教育。不能得到各自需要的教育，则于身心无益，还不如不去教育。所以孟子说："君子教育人的方式有五种，有像及时雨一样滋润化育的；有成全品德的；有培养才能的；有解答疑问的；有以学识风范感化他人使之成为私淑弟子的。这五种，就是君子教育人的方式。"教育者如果能依照这五种方法，就接近理想的状态了。但是拥有优秀品格而施教的人太少了，所以也没听说有子弟成就人格、达成才能。唉！真是可悲啊！

七八

【原文】

或问"知之者不如好之者"章之义。曰："人不失赤子之心，则良知纯粹清明。故知了孝弟仁义之道以好之，好之以行之，行之以乐之，总一齐了，非尝有等级也。譬之饮食，知之即食，食即嗜，嗜即饱，亦何等级之有。然而学者大抵失赤子之心，故虽如知之者，不能真致其知，故不好之，何况至于乐之乎？终与饮食不同也，故夫子分别知与好与乐言，是盖慨叹人不复知行合一之本体也。"

【今译】

有人问"知之者不如好之者"这一章的含义。我回答说："人如果不失去赤子之心，良知就会纯粹清明。所以明白了孝悌仁义之道后就喜欢它，喜欢它而实践它，实践它而乐在其中，把所有的一起实践，所以里面也没有等级。用饮食打比方的话，知道了就吃，吃完了就喜欢，喜欢上了就饱，这又有什么等级呢？可是学者们大抵都失去了赤子之心……所以虽然都是饮食也产生了区别。因此孔子才分别用知、好、乐来谈，这大概就是慨叹人们不再能够恢复到知行合一的本体上来了吧。"

七九

【原文】

或问"梁惠王曰寡人之于国也"章之义。曰，惠王之尽心，与后章"尽其心者，知其性也"之尽心，字同而旨异。如不先辨之，而解一章之义，则费无数之言语，而天理人欲，终不能分晓也。夫惠王之尽心，即尽人心者也。人心，便是人欲而不仁也。惠王好战之心，乃人欲中尤不仁者也。尽人欲中尤不仁之心，而转迁饥民，以计较其多少，要欲肥己一身，而极独乐者也，与盗贼之心奚以异哉？是故终糜烂其民，驱子弟以殉之，是皆自尽其人心上来。然则尽人心，不可不断绝也。圣贤之尽心，即尽道心者也。道心，便是天理而仁也。真率天理，则事父孝、事兄弟，推其孝弟之心于一国，则一国之人服其教化，而入孝出弟。卒至于"五十衣帛，七十食肉，颁白不负戴"之仁化。而又鱼鳖草木之微，莫不浴其恩波焉。是皆自尽道心上来。然则尽道心，不可不勉强也。而尽人心之验乃如彼，尽道心之效即如此。嗟夫！初才岐源于一心，而致治乱于国家，实如霄壤。孟子以王道谆谆告齐梁之君，不以此乎？后之人不慎独洗心，而徒尽心云，则大抵尽其人心危也者以为是，而道心之微，日沦胥以亡矣。而犹夸世曰我善尽吾心，不亦左乎？

【今译】

有人问"梁惠王曰寡人之于国也"这一章的含义。我回答说："梁惠王的尽心，跟后面章节的'尽其心者，知其性也'的尽心，字一样，而意思不一样。如果不分清这个的话，单看一章的含义，那么无论费多少言语，天理人欲依然不能够弄明白。梁惠王的尽心，尽的是人心，人心便是人欲，是不仁。梁惠王好战之心，是人欲中尤其不仁的。尽了人欲中尤其不仁的心，让饥饿的民众迁徙，比较人民的数目多少，总之是要肥了自己，让自己一个人快乐，这和盗贼的心又有什么不同呢？最终是人民惨死，驱赶子弟去殉节，都是因为他的尽人心。因此不能不断绝这样的'尽人心'。圣人贤者的尽心，就是尽'道心'。道心，就是天理、就是仁。如果真的依照天理，那么服侍父亲就是孝，服侍兄长就是悌，把孝悌之心推广到一国，那么一国之人就会服从他的教化，在家中实践孝，在外面实践悌。最终达到'五十岁的人穿帛，七十岁的人吃肉，头发斑白的人不用背重物'的仁德教化。乃至鱼鳖草木这些微贱之物，无不受到恩泽。这些都是因'尽道心'而来。既然如此，那么要'尽道心'就不能不努力。尽人心是那样一个结局，尽道心却是这样一个效果。啊！最开始不过是将心分成了人心和道心，却导致国家治乱的不同，实在是天差地别。孟子用王道谆谆教导齐国和梁国的君主，不就是这个理由吗？后世的人不慎独洗心，去只是说尽心，则大概是尽那变幻莫测的人心而自以为正确，而道心之微妙，则一日日沦丧。这还在世间夸耀说我尽心了，这不也是错误的么？"

八〇

【原文】

梁惠王曰："寡人之于国也，尽心焉耳矣。"观其"焉耳矣"三字，则惠王自以为十分尽其善心之意，了然可见矣。孔子曰："已矣乎！吾未见能见其过，而内自讼者也。"惠王之谓也。然人有胜心客气，各以意见功诈为道者，亦是后世之惠王也，岂可独笑他哉？思之则《书》之精一，《学》《庸》之慎独，不可须臾欠也。

【今译】

梁惠王说："我对于国家，很尽心竭力了吧！"看他"焉耳矣"三个字，就可以清楚明白，梁惠王自以为充分的尽了他的善心。孔子说："完了！我还没有看见过能够看到自己的错误，而又能从内心责备自己的人。"这说的就是梁惠王吧。然而人总有好胜心和偏激的情绪，这些把自作主张和巧言欺诈看作道的人，也是后世的梁惠王吧，怎么可以单独嘲笑他一个人呢？考虑到这一点，《尚书》中的精一，《大学》《中庸》中的慎独，一刻也不能放松啊！

八一

【原文】

读《大学》"恶于上"章曰，上下、前后、左右，姑就一身言之，则首者上，足者下，腹者前，背者后，左手者左，右手者右，心为中央矣，而心便是首足、腹背、手臂之为主也。故伤首则心诚恶之，然未尝欲移之于足。伤足则心诚恶之，然未尝欲移之于首。伤腹则心诚恶之，而未尝欲移之于背。伤背则心诚恶之，而未尝欲移之于腹。伤左手则心诚恶之，而未尝欲移之于右手。伤右手则心诚恶之，而未尝欲移之于左手①。是即吾心之仁也。圣人以天地万物为一体，其视人、物，犹如吾首足、腹背、手臂。故人、物之病痛，即我病痛也。是以吾心之所恶者，不肯一毫施乎人，是之谓以天地万物为一体也。后之学者，亦只学"复吾一体之仁"而已矣。如其工夫，致良知之外，更无学可讲也。阳明子曰，恶于上知，毋使于下，致知也②。岂不信然乎？

【注解】

①原句为：所恶于上，毋以使下；所恶于下，毋以事上；所恶于前，毋以先后；所恶于后，毋以从前；所恶于右，毋以交于左；所恶于左，毋以交于右。此之谓絜矩之道。

②语见《传习录》下卷，二百八十三条："'所恶于上'是良知，'毋以使下'即是致知。"

【今译】

读《大学》"恶于上"这一章说的，上下、前后、左右，用身体打比方的话就是，头是上，足是下，腹是前，背是后，左手是左，右手是右，心是中央，而心就是首足、腹背、手臂的主宰。所以伤了头，心虽然不喜欢，但也不会想要转移到足上。伤了足，心虽然不喜欢，但也不会想要转移到首。伤了腹，心也不喜欢，但也不会试图转移到背上。伤了背，心虽然不喜欢，但也不会想要转移到腹。伤了左手，心也不喜欢，但也不曾想转移到右手上。伤了右手，心也不喜欢，但也不曾想要转移到左手。这就是我的仁心。圣人把天地万物视为一体，他看人和物，就像自己的首足、腹背、手臂一样。人和物的病痛，就是自己的病痛。正因如此，自己内心所不喜欢的，一丝一毫都不会施于他人，这就是所谓的天地万物为一体。后世的学者，只是学了"恢复我所谓的一体之仁"。说到其努力的方法，除了致良知之外，更没有别的学问可以讲究。王阳明先生所说的，"所恶于上"（厌恶上级不合理对待我的地方）是认识良知，"毋以使下"（我就不可以如此指使我的下级）即是致良知。不就是这样的么？

八二

【原文】

董子曰："道之大原出于天。"此一语盖真儒之言也。故朱子取之，以入于《中庸》首章之注内。而其道也者，性命也，性命即存乎方寸之心，而其原则在于天之太虚。故学而归乎天之太虚，此是圣学之极功也。董子之学继思孟，以此也。呜呼！大哉！

【今译】

董仲舒说："道的根源由天而来。"这句话真是真正儒者的才能说出的话。所以朱子把这句话放到了《中庸章句》第一章的注里。董仲舒所谓的道，就是《中庸》里的性和命，这性、命存在于方寸心中，其根源就在天之太虚。所以努力学习归于天之太虚，是圣学最高的努力方法。我说董仲舒的学问，继承自子思和孟子，就是这个理由。啊！真是伟大啊！

八三

【原文】

董子曰："正其谊，不计其利，明其道，不计其功。"宋大儒范内翰祖禹[①]每庄诵之，谓人曰："君子行己立朝当如此，若夫成功则天也。"而朱子亦采之以书于其《小学》，以揭于白鹿洞学则，故脍炙人口几百年于兹。而其正谊明道之训，何口之者多，而躬行之者少也？究其所以然非他，以只有计功计利之欲也。而中人以下不能至无斯欲也。然真志于学者，则不可不先去斯欲也。去斯欲之功夫，亦只当其义也，不顾其身之祸福生死，而果敢行之。当其道也，不问其事之成败利钝，而公正履之。则其欲日薄，而道义终为家常茶饭矣。此非虚言，在汉诸葛武侯，在唐二颜，在宋文、谢，在明刘、黄，是皆以道义为茶饭者也。学者如亦至此，则庶几酬江都、紫阳二子所贻于后人之意焉。

【注解】

①范内翰祖禹：即范祖禹（1041—1098），字淳甫，一字梦得，成都华阳人。北宋著名史学家、文学家、诗人，"三范修史"之一。

【今译】

董仲舒说："端正道德，而不去计算得失，阐明道义，而不去计较功名。"宋代的大儒范祖禹，经常庄重地诵读这句话，还对别人说："君子自身实践而立于朝廷的时候，就应该是这个样子，有没有功名全是天命。"朱子也采用了这句话，写入了《小学》之中。还作为学则贴在白鹿洞书院前，所以几百年来一直脍炙人口。但为什么把他正谊明道的教导挂在嘴边的人多，实际执行的人少呢？如果要探究为什么会这样，并没有别的原因，只是计较功名利禄罢了。而中人以下的，无法达到这种无私的境界。可是真正有志于学问的人，就不能不先去除这种私欲了。去除私欲的努力方法，也只是在"义"这上面，要做到置自己的祸福生死于度外，果敢地去实践正义。而在"道"这上面，要做到不问成功或失败、顺利或困难，用公正的态度地去实践道。那么这种私欲就会一天天变少，而道义的实践也成了日常吃饭饮茶一般的事。这不是虚言，汉代的诸葛武侯、唐代的颜真卿和颜果卿二人、宋代的文天祥和谢枋得、明代的刘念台和黄石斋，都是将实践道义视为饮茶吃饭的。学者也能做到这一点的话，大概就是对董仲舒和朱子二人赠予后人之物的酬谢了。

八四

【原文】

诸葛武侯《诫子书》曰："夫君子之行，静以修身，俭以养德，非澹薄无以明志，非宁静无以致远。夫学欲静也，才欲学也，非学无以广才，非静无以成学。慆慢则不能研精，险噪则不能理性。年与时驰，意与日去，遂成枯落。多不接世，悲守穷庐，将复何及。"窃即公此书，与公行事以考之，则当知公之学直从《大学》上来，而孔、曾、思、孟之血脉也。其曰修身，曰养德，曰明志，曰致远，曰广才，曰成学，曰研精，曰理性，皆是内求之功，而非外求也。
而以四个静字一贯之，则与《大学》定静之旨同一也。故公之修身、
养德、明志、致远、广才、成学、研精、理性，诸内求之功，不独
自静中得，虽如出草庐佐先主，讨巨贼与汉业，上《出师表》以泣
鬼神，以已死身而走司马之鸿勋异功，皆又这静之影焉耳。其王佐
之才而非霸者之徒，于是焉可见矣。然则静也者，岂非万事之大头
脑^①耶。故周子曰："圣人定之以中正仁义，而主静。"此必根《大学》
与公此书来。故昔儒谓先儒之言理学者，未有不取乎静者也。则武
侯所谓"静以修身，非静无以成学"，实发前圣之所未发，启后贤之
所欲启，岂非理学之正宗欤？吾亦以为然。呜呼！静之所以静，则
非言诠之所可及也，以周子所谓无欲体贴之，则庶乎见其仿佛欤。

【注解】

①语见《传习录》上卷，一百二十九条："所以举出个'诚意'
来说。正是学问的大头脑处。"

【今译】

诸葛武侯《诫子书》里说："有道德修养的人，他们以静思反省
来使自己尽善尽美，以俭朴节约财物来培养自己高尚的品德，不清
心寡欲就不能使自己的志向明确坚定，不安定清静就不能长期刻苦
努力而实现远大理想。要知真知必须使身心在宁静中研究探讨，才
能是从不断学习中积累起来的，不学习就难以增长才干，不立志就
难以学有所成。纵欲放荡，消极怠慢就不能勉励心志使精神振作；
冒险草率，急躁不安就不能陶冶性情使节操高尚。年华随着时间流
逝，意志随着时间消磨，最终就会像枯枝败叶般一天天衰老下去。
这样的人不会有益于社会而为社会所用，只有悲哀地困守在自己的
穷家破舍里，到那时再反悔也来不及了。"我从他这篇文章以及他
的事迹来看，觉得诸葛武侯的学问直接从《大学》而来，继承的是
孔子、曾子、子思、孟子学问的脉络。他所说的修身、养德、明志、
致远、广才、成学、研精、理性，都是向自身寻求的努力，而不是
向外界寻求。而文章用四个静字一以贯之，就与《大学》"定静"的
主旨一致了。所以诸葛武侯的修身、养德、明志、致远、广才、成
学、研精、理性，这些向内寻求的努力，不单是在平静的状态中实
践。比如他离开茅庐辅佐刘备、征讨巨贼再兴汉朝基业、奉上《出
师表》令鬼神感动、死后还能用雕像吓走司马懿，这些丰功伟绩，
都是沉静状态下努力的成果。从这里也可以看出，诸葛武侯是拥有
辅佐王者才能的人，而不是霸者的随从。正因为如此，无论做什么
事，"静"都是最关键的所在。所以周濂溪先生说："圣人确定了中
正仁义的道德规范，着眼在于'静'。"这一主张必然是根源于《大
学》和诸葛武侯的《诫子书》。所以以前的儒者说，先儒那些主张理

学的，没有不从静中有所成就的。那么武侯所说的"静以修身，非静无以成学"，实在是讲出了以前圣人没有讲到的内容，阐明了后世贤者想要阐明的道理，这岂不就是理学的正宗吗？我也是这么认为的。啊！"静"是怎样的静，无法用言语表达清楚，用周濂溪先生所谓的"无欲"来去体会，是不是可以朦朦胧胧地理解了呢。

八五

【原文】

文中子曰："天地之中，非他也，人也。问仁，曰，五常之始也。问性，曰，五常之本也。问道，曰，五常一也。"吾惟天地之中，即太虚之德也。付之人方寸之心，而方寸之心含乎太虚之德焉。故曰："天地之中非他也，人也。"此乃实见之言。而仁也，性也，道也，虽异各，要皆其德已矣。故人欲全天地之中，则亦奚他求哉？只致其良知，率性以行道则仁熟，而心归乎太虚矣。学者至此亦圣乎。

【今译】

王通先生说："天地的中间不是别的，是人。问他仁，回答说是五常的第一位。问他性，回答说是五常的根本。问他道，回答说是五常的统一。"我考虑天地的中心就是太虚之德，而心归于太虚。人被赋予了方寸之心，而方寸之心里包含着太虚之德。所以说："天地的中间不是别的，是人。"这是真知灼见。而仁、性、道，说法虽然相同，总的来说都是太虚之德。所以人如果想要保全天地之中心，还能从什么其他地方去追求呢？只要发挥自己的良知，依照自己的本性去实践道，仁就会圆熟，心也就归于太虚。学者做到这一点也是圣人了吧。

八六

【原文】

韩子曰："博爱之谓仁，行而宜之之谓义，由是而之焉之谓道，得于己无待于外之谓德。仁与义为定名，道与德为虚位。"夫人心之仁，在天为春，礼该在其中，故不别谓礼。人心之义，在天为秋，智该在其中，故不别谓智。然则人心之仁、义、礼、智，即天之春、夏、秋、冬也。而人有意欲则仁义亡矣，而去意欲则仁义无羞，而存乎方寸心。其践之乎外也，则人道之常，故谓之道。蕴之乎内也，则天命之贵，故谓之德。要非归乎太虚者，安能得保其仁义道德之全美也哉？故韩子继此文曰，尧以是传之舜，舜以是传之禹，禹以是传之汤，汤以是传之文、武、周公，文、武、周公传之孔子，孔子传之孟轲云。夫八圣一贤，其气为浩然，则孟子既与太虚一也。天生德于予也，则孔子固太虚也。"狼跋其胡，载疐其尾。公孙硕肤，赤舄几几。"①虽遭流言之祸，尝不以此为心累，则周公亦固太虚也。文、武、禹、汤、尧、舜，不言而皆其为太虚可知矣。昔人谓韩子学文以见道，然其识既至此，则庶乎圣学之嫡传血脉者也欤。

【注解】

①此句见《诗经·国风·狼跋》，在当代解读说法不一。从《毛诗序》到清代学者，大多认定这首诗所说的"公孙"即"周公"。诗以"狼"之"进退有难"，喻周公摄政。朱熹《诗集传》中认为此诗赞美周公摄政，虽遭四方流言、幼主致疑，却处变不惊，王业终成，而又功成还政，圣德无瑕。大盐中斋应受此说。

【今译】

韩愈先生说："博爱叫做'仁'，恰当地去实现'仁'就是'义'，沿着'仁义'之路前进便为'道'，使自己具备完美的修养，而不去依靠外界的力量就是'德'。仁和义是意义确定的名词，道和德是含义自由的境界。"人心之仁在天就是春天，礼也应该在其中，所以不专门称之为礼。人心之义，在天就是秋天，智也该在其中，所以不专门称之为智。既然这样，那么人心的仁、义、礼、智，就是天的春、夏、秋、冬。人一旦有了意欲，仁义就会消失，而一旦抛弃意欲，仁义就会完好留存在方寸之心里。在外界实践仁、义、礼、智，是人应该遵循的恒常状态，所以才称之为道。把仁、义、礼、智留存在内心，人就是受天命的尊贵的存在，所以称之为德。如果不是归于太虚的人，怎么能保全仁义道德之美呢？所以韩愈先生接着这段文章说，这个道是从尧传给舜，舜传给禹，禹传给汤，汤传给文王、武王、周公，文王、武王，周公传给孔子，孔子传给孟轲。以上的八圣一贤，都是"浩然之气"，所以孟子就与太虚归一了。"天生德于予（上天赋予了我德）"，所以孔子就是太虚。"老狼前行踩到自己下巴的赘肉，后退踩到自己的尾巴；周公身体肥胖，穿着颜色鲜明的红色鞋子。"虽然四方遍布流言，却从没有因此感到心累，那么周公也是太虚。由此可知，文、武、禹、汤、尧、舜，不用说都是太虚。过去人们说韩愈先生通过学文而理解了道。可是他有如此见识，可以说是圣人之学的嫡传血脉了。

八七

【原文】

范文正公曰："《易》曰，闲邪存其诚。"孔子曰："思无邪。"则是人之治身，以诚为本，而所戒者，以邪为急。盖正心、诚意而

存乎正，则动作举错无非正也。充于四体，发于面目，可以望而知
其为正人也。苟不正心、诚意而存乎邪，则形容动作亦皆不正，充
于四体，发于面目，可以望而知其为邪人也。至于国之兴亡，亦以
正与不正，况于人乎。呜呼！公兼文武之材德，建出将入相之勋业，
此其炳耀乎史籍矣。朱子称之为第一流人物宜也。而其材、德、勋、
业，总之不外一诚也。而其诚也从《中庸》得来，又授之横渠先生，
横渠由是终开太虚之宗。则公之学，其所渊源，不亦深乎？

【今译】

范仲淹说："《易经》里讲，约束邪念，保持诚实。"孔子说："思
无邪。"所以人要修身，就要以诚为本，要小心的就是不要让邪念占
了上风。所以正心诚意就能保持正确，而动作举措也都会正确。"正"
充实于四体、显露于颜面，远远望去就能知道他是个正派的人。如
果做不到正心诚意、邪念尚存，那他的外形容貌和举动都不正派，
邪念充实于四体、显露于颜面，远远望去就能知道他是个奸邪的人。
国家的兴亡，都在于正与不正，更何况人了。啊！范文正公兼具文
武的才能与德行，建立了出将入相的伟大功绩，实在是彪炳史册。
朱熹先生称他为第一流的人物。而他的才能、德行、功绩，总的来
说无外乎一个诚字。而他的诚，也是从《中庸》体会而来，又传授
给了张横渠先生，张横渠先生由此终于开创了太虚的宗旨。张横渠
先生学问的渊源，不是很深远吗？

八八

【原文】

邵子①曰："天向一中分造化，人从心上起经纶。"一即心也，
心即一也。非外春、夏、秋、冬，别有所谓造化者也。非外仁、义、
礼、智，更有所谓经纶者也。由是观之，则天与人皆自内发出焉，
而非自外袭取来而后出者也。学者于是当知天人合一之道矣。

【注解】

①邵子：即邵雍（1012—1077），字尧夫，自号"安乐先生"，
人又称"百源先生"，谥康节，后世称"邵康节"，北宋五子之一。
著有《皇极经世》《伊川击壤集》《渔樵问对》《铁版神数》《梅花
易数》等。

【今译】

邵康节先生说："天从一里面分出造化，人在心上去治理世间。"
一就是心，心就是一。除去春、夏、秋、冬，更没有别的造化。除
去仁、义、礼、智，更没有别的治理世间的方法。考虑到这一点，
那么天和人都是从内向外发出的，而不是后天夺取来的。学者从这

里就应该知道天人合一的道理。

八九

【原文】

周子曰："孟子曰：'养心莫善于寡欲，其为人也寡欲，虽有不存焉者寡矣。其为人也多欲，虽有存焉者寡矣。'"予谓养心不止于寡焉而存耳，盖寡焉以至于无。无则诚立明通，诚立贤也，明通圣也。是圣贤非性生，必养心而至之。养心之善，有大焉如此，存乎其人而已。三复周子此语，则《太极图说》，定之以中正仁义而主静立人极之义，莫加此。何者？养心以至于无，即无欲也。无欲即静也，诚立明通，则仁义皆是其事实耳。是故非诚明之外，别有中正仁义也。而为圣贤，则其心既归乎太虚。太虚即无极之谓也，无极即亦人极也。是故非圣贤之外，别有人极也。由是观之，则《太极图说》，统括皆在此语中矣。故人志于圣学者，以至于无为的，而下实功，则虽不能为元公人品，又必立乎明道、伊川之下风矣，如得立乎明道、伊川之下风，则与龟山、上蔡等即为俦匹矣。

然则孰与彼欲路上之大英雄？欲路上大英雄，虽得志于一时，而流丑于千岁，毁父母之名，逾禽兽之为。虽三尺童子，切齿于其恶矣。而无欲上之人者，虽龟山、上蔡，或从祀庙庭，或祭飨乡贤。虽困身于一时，辉德于万世，而为扶植纲常之主焉，令名及其父母矣。而况明道伊川乎，而况元公乎。愚夫妇固无论矣，眼知一丁者，宜择焉立志，以为无欲上之人。而世目之为迂，然推诸古今，质之天地，则诚智而非迂矣。其为此言者，真愚而已矣，亦奚足比数也？呜呼！无欲，圣功矣哉！

【今译】

周濂溪先生说，孟子讲过："修养内心的方法，没有比减少欲望更好的了。一个人如果欲望很少，那么即使有无法保持内心的人，也是很少见的。一个人如果欲望很多，那么即使有能保持内心的人，也是很少的。"我认为在周濂溪先生的思考中，养心并不只限于减少欲望，而在于欲望减少到无。无欲就可以让"诚"确立、让"明"畅通。"诚"确定了就是贤人，"明"畅通了就是圣人。所以圣贤虽并不是完全由本性产生的，一定是要通过养心才能实现的。养心的善处就是如此重大，能否成功全看其人如何实践。反复玩味周濂溪先生这段话，那么《太极图说》里讲的，圣人确定了中正仁义的道德规范，着眼在于"静"而确立了人的最高规范，已经没有什么好补充的了。为什么呢？养心到无的境界，就是没有欲望。没有欲望就能平静，让"诚"确立、让"明"畅通，而仁义则都是在现实行为上的体现。所以诚与明之外，更没有别的中正仁义。而圣人贤者，其内心也归于太虚。太虚就是无极，无极也就是人极（人的最高规范）。所以圣贤之外，还另有人极。从这一点来看，那么《太极图说》的内容，都包含在这句话里了。所以，有志于圣人之学的人，只要将消除欲望作为目标而不懈努力，那么虽然不能达成周濂溪那样的人品，肯定也会逊于程明道、程伊川，但是如果能立于程明道、程伊川的下风，那就能与杨龟山、谢上蔡等人成为同伴。

那么与不停奔走于欲望之路上的大英雄相比，要选哪一种呢？欲望之路上的大英雄，虽然一时得志，却留丑恶于千年之后，毁掉父母的名声，更甚于禽兽的行径。就算是三尺孩童，对其丑恶也是切齿痛恨的。而从欲望中解脱的人们，即便是杨龟山、谢上蔡这样的人，也或在孔庙里被一起祭祀，或作为乡贤而被祭祀。虽然一时困顿，其德行却照耀万世，成为确立纲常的重要人物，其美名惠及父母。更何况程明道、程伊川，更何况周濂溪了。普通男女就不用说了，稍微认识几个字的，也该选择这条路，立志成为从欲望中解脱出来的人。世上的人可能认为这是迂腐，可是将它与古今的历史对照，与天地进行印证的话，实际上是智慧而非迂腐。而说这是迂腐的人，才是真的愚蠢，又何必跟他们计较呢？啊！无欲真是圣学之实践啊！

九〇

【原文】

周子曰："惟人也，得其秀而最灵。形既生矣，神发知矣，五性感动，而善恶分，万事出矣。"阳明先生所谓"良知之本体"，即此灵之谓也。其所谓致知之"知"，乃灵之用，而即此"神发知"之谓也。其所谓"众理具而万事出"[①]，即此"五性感动，而善恶分，万事出"之谓也。而阳明先生之学，总从心上流出来，而非从外来者也，即与周子之学同一宗也。故王弇州曰："阳明直指心诀，以上合周程之说。"黄石斋曰："阳明全是濂溪学问。"呜呼！二子之言，公正不易之确论也。

【注解】

①语王阳明《传习录》卷上三十二："虚灵不昧，众理具而万事出，心外无理，心外无事。"

【今译】

周濂溪先生说："只有人得到了秀逸的气，成为最高的神灵般的存在。外形出现后，神灵就使智慧产生，五性（仁、义、礼、智、信）感于外物而发动，然后就出现善恶，就出现了所有的事物。"王阳明先生所谓"良知的本体",就是周濂溪先生所说的灵的意思。王阳明先生所谓致知的"知",就是周濂溪先生所说的灵的功用,也就是"神灵使智慧产生"的意思。王阳明先生所说的"所有的理都具备后出现了所有的事物",也就是周濂溪先生所说的五性感于外物而发动,然后就出现善恶,就出现了所有的事物。王阳明先生的学问都是从内心上来,而不是从外在的东西借用而来,也就和周濂溪先生是同一宗旨。所以王弇州先生说:"王阳明先生直指心的要诀,这和周濂溪、程先生的学说一致。"黄石斋先生说:"王阳明先生的学问全都是周濂溪先生的学问。"两位先生的发言真是公正不变,无比正确啊!

九一

【原文】

周子曰:"诚者,圣人之本。'大哉乾元,万物资始',诚之源也。'乾道变化,各正性命',诚斯正焉,纯正至善者也。故曰:'一阴一阳之谓道,继之者善也,成之看性者也。'元亨,诚之通;利贞,诚之复,大哉《易》也,性命之源乎。"

又曰:"圣诚而已矣。诚五常之本,百行之源也。静无而动有,至正而明达也。五常百行,非诚非也,邪暗塞也。故诚则无事矣。至易而行难。果而确,无难焉。故曰,一日克己复礼,天下归仁焉。"又曰:"诚无为,几善恶。"又曰:"寂然不动者,诚也。感而通者,神也。动而未形,有无之间者,几也。诚精故明,神应故妙,几微故出焉。诚、神、几曰圣人。"

谨考之,周子虽天成,而其学合易与《学》《庸》,以至乎诚矣。故此诚字终为其本领。而此非独周子为然,古圣人皆亦然矣。故曰,诚者,圣人之本。又曰,圣诚而已矣。而此非独古圣人为然,天亦然矣。故曰,乾元,万物资始,诚之源也。呜呼!天也,古圣人也,周子也,以诚为体焉。故万物皆出乎太虚之诚也,五常百行,皆出乎圣贤太虚之诚也。是故无贤愚,志于学,则断以是为准的。则行于康庄大道上之人,而非踏于邪径曲路者也。而其成不成亦命也已矣。君子不云命,只以义为主,则以诚为准的,义莫大焉。阳明先生曰:"《大学》之要,诚意而已矣。"以此也。而程朱居敬穷理之工,要亦归乎诚而已矣,岂有他哉?而其学者静坐,其子隔壁读书,不知其勤惰。或放著册子上,不知治心之工,是皆其末学之弊也。程朱之学而安有之哉?故汤潜庵先生曰:"宋儒言主敬,阳明恐学者过于执着呆守一敬字,反是不敬,故教人只提醒良知。"吾谓不昏良知者,敬也。敬之所不执着者,良知也。要以归乎诚为准的而问学，则曰主敬亦可也，曰致良知亦可也。否则博学浩闻，即门外乞儿也。反观内省，即葱岭髡徒也。岂曰学于道哉？

【今译】

周濂溪先生说："诚就是圣人的根本。《易经》里的所谓'乾元伟大，万物都是因为有了乾元而诞生。'这就是诚的根源。《易经》里说的'乾道变化、各自端正性命'，是诚确立的原因，也就是纯粹的至善。所以阴阳交织的现象就是道，这个道保持下去就是善，成就这个善的就是本性。元亨，是诚的流通，利贞，是诚的复践。《易》真是伟大啊，可谓性命的本源了。"

周濂溪先生又说："圣人就是诚本身。诚是五常的根本，一切行为的根源。'静无'是最中正之道，'动有'体现为通达整理。五常和一切行为，如果人不诚则不可能正确，就会被邪恶昏暗阻塞。所以能够诚就能不被他者约束。原理非常好理解，但是实践起来却很困难。如果能够做到果断、笃定，就不困难了。所以说，每天克制自己，一切都照着礼的要求去做，天下的一切就都归于仁了。"又说："真诚发出来，是出于自然无为的天理。几微的萌动，产生出善恶的差别。"又说："寂然不动就是诚的状态，遇到有物来感化就能有所通达，就是神的状态。有所活动但又没有显现出来，善恶有无尚未清晰，就是几的状态。诚就能达到精，自然清明。神就会有所相应，作用绝妙，细微之兆就出现了。做到诚、神、几，就可以称其为圣人。"

谨慎地思考一下，周濂溪先生虽然是天纵之才，但也是学问统合《易经》《中庸》，而实现了诚的人。所以这个诚字是周濂溪先生的本领。然而这并非只有周濂溪先生如此，古时候的圣人也都如此。所以他说，诚是圣人的根本。又说，所谓圣就是诚本身。然而这并非只有古代圣人如此，天也是如此。所以说，有了乾元，万物就会产生，乾元是诚的根源。啊！无论是天，还是古代圣人，还是周濂溪先生，都是以诚为本体。所以万物都出自太虚之诚，五常及一切行为，都出自圣贤的太虚之诚。因此，无论贤明愚笨，只要是有志于学的人，就断然应该以太虚之诚为目标。那么就是住在宽敞房屋、行走在大道上的人，而不是踏上邪路、弯路的人。至于能不能成功则是天命了。君子不谈论命运，只把义当作中心，那么如果把诚作为目标，义也就成了最大的目标。王阳明先生说："《大学》的要点就在于诚意。"而二程和朱子"居敬穷理"的努力，总结起来也是要归在诚上而已，还有什么别的吗？可是，学习的人静坐，自己的孩子在隔壁读书，却不清楚他们在勤奋还是在懒惰。或者只是专心读书，不知道治心的努力，这些都是末流学者的弊害。程朱之学为什么会有这样的弊害呢？所以汤潜庵先生说："宋代儒者主张敬，王阳明担心学者过于执着地拘泥于这一个敬字，反而成了不敬，所以教人们只关注良知。"我觉得，不让良知昏暗，就是敬。不拘泥于敬，就是良知。总结来说，将归于诚为目标去做学问的话，说主敬也可以，说致良知也可以。否则的话就算是博学多闻，也如同门外的乞丐。即便是做到反观内省，也不过是佛教僧侣。怎么能说在学"道"呢？

九二

【原文】

周子曰："明不至则疑生，明无疑也。"又曰："圣人之道，至公而已矣。"或曰何谓也。曰："天地至公而已矣。"谨考之，无欲则明矣，明则公矣。周子实践之者也。分宁县疑狱，周子一讯立辨。又吐"杀人以媚人，吾不为之"之言，以忤长官，而活不当死之囚。此虽一官吏之事，其所出焉，则皆天地公而已矣。呜呼！无欲主静之功，岂浅小云乎哉？

【今译】

周濂溪先生说："如果不够明晰就会产生疑问，影响判断。如果明晰了就没有疑问，可以明确地判断。"还说："圣人之道就在公正。"有人问这是什么意思。我说："天地就是公正。"我仔细考虑一下，如果能从欲望中解脱出来，做到无欲，就可以明晰，明晰了也就公正了。周濂溪先生在实际中也实践了这一道理。在处理分宁县的疑案时，周濂溪先生稍作询问，就立刻作出了判决。还说："杀死无辜的人来谄媚上司，不是我的行径。"这句话忤逆了长官的意思，却让不该判死罪的犯人活了下去。这件事虽然不过是官吏的行为，其动机依然是出于天地的公正。啊！从欲望中解脱出来，做到无欲而保持宁静的努力，能说这种努力是浅薄而细小的吗？

九三

【原文】

二程子曰："见闻之知，乃物交而知，非德性所知，德性所知，不待于闻见。"又曰："闻见之知，非德性之知，德性所知，不假闻见。"又曰："良知良能，皆无所由，乃出于天，不系人。"又曰："'夜气之所存者'，良知也，良能也。苟扩而充之，化旦昼之所梏，为夜气之所存，然后有以至于圣人也。"程子所说四条之知，皆良知也。扩充之则至于圣人，非自阳明先生始，于此乎又可识矣。

【今译】

程明道、程伊川两位先生说："用眼看到、用耳听到的知识，是与客体交涉而得到的知识，不是先天具备的德性得到的知识。德性得到的知识，没必要用眼看用耳听。"又说："用耳听、用眼看而后天得到的知识，不是先天具备的德性取得的知识，德性取得的知识，不必通过耳朵听眼睛看。"还说："孟子所谓的良知、良能，都由无而来，都从天而来，与人为没有关系。"又说："所谓'夜气之所存'，指的就是良知、良能。良知良能扩充的话，就会变成约束白天的气，保存夜间的气的所在，只有这样才能成为圣人。"程子所说的这个"知"，都是良知。扩充这种良知，圣人才自我实现这个主张，我们由此就可以知道，并不是从王阳明先生开始的。

九四

【原文】

二程子曰："天下善恶皆天理，谓之恶者。非本恶，但或过或不及，便如此。"又曰："圣人即天地，天地中何物不有，天地岂尝有心拣别善恶。一切涵容覆载，但处之有道尔。"阳明子"善恶只一物"之说，根二程子此语来也。而以善恶皆天理之说语于儒者，儒者乃谓性即善也耳，以恶谓天理可乎？而必不信善恶皆天理之说。然悟天之太虚，则无可疑矣。如不悟太虚，则虽贤者犹骇而不信，故何足咎世儒哉？其"但处之有道尔"之六字，更有味。阳明子致良知，止在此处觑破了。

【今译】

程明道、程伊川两位先生说："天下的善恶都是天理，被称为恶的东西。原来并不是恶，只是过或者不及这种程度上问题，然后才被说成了恶。"又说："圣人就是天地本身，天地之中包含一切，天地何尝有专门选择善恶的意图。天地包容了万物，用地承载、用天覆盖，只不过在对处万物时有各自的办法。"王阳明先生所谓"善恶是一个东西"，这个说法也是基于两位程先生的主张。可是王阳明先生对儒者说善恶都是天理时，儒者们觉得性就是善，怎么能把恶说成是天理呢？所以并不相信善恶都是天理的说法。可是如果能感悟到天是太虚，就没有什么疑问了。如果感悟不到太虚，即便是贤者也会吃惊到无法相信，又何必去苛责世间的儒者呢？两位程先生所说的"对处万物时有各自的办法"这句话，回味无穷。王阳明先生致良知的主张，从这一点上也能够看明白了。

九五

【原文】

大程子曰："天人本无二，不必言合，只是一个诚。天地、万物、鬼神本无二。"谨按，程子之学，以诚为主，敬其功也。然则从濂溪先生诚字来，是其嫡血也。故朱子曰，程子之学，以诚为本，而其谓天人无二，则人固天也，而天之为德，一诚而已矣。故人归乎太虚，则亦只一诚而已矣。生天生地，成鬼成帝，皆是诚之德也。故程子又曰："天即性，性即心，所以生天、生地、化育万物。"阳明先生亦曰："良知是造化的精灵，这些精灵，生天、生地、成鬼、成帝，皆从此出。真是与物无对。"程王之说如合符，而阳明先生所云良知即天之虚灵，其万古不易而一者，即诚也，非有二也。

【今译】

程明道先生说："天和人本来就不是不同的东西，没有必要说'合'，只是一个'诚'而已。天地、万物、鬼神本来也不是不同的东西。"我仔细考虑，程子的学问，是以诚为主体，虔敬是为了诚做出的努力。所以这是从周濂溪有关诚的思考而来，程子的学问是周子学问的嫡传。因此朱子说，程子的学问是以诚为本，而他所说的天和人本来就别无二致，说的就是人本来就是天，而天道表现在道德上，就是诚。所以人归于太虚，就是诚本身。"生天生地、成鬼成帝"都是诚的功绩。因此，程子又说："天是性，性是天，因而生天、生地、化育万物。"阳明也说："良知是造化的精灵，这些精灵，生天、生地、成鬼、成帝，都由此产生。真是与物无对。"程子、阳明之说若合符契，阳明所谓良知就是天的虚灵，它万古不变、始终如一的就是诚，没有其他。

九六

【原文】

或问大程子："穷理智之事也，尽性仁之事也，至于命圣人之事也？"[①]曰："不然也。诚穷理，则性命皆在是。盖立言之势，不得不云尔也。"程子又曰："穷理、尽性，以至于命，三事一时并了，元无次序。不可将穷理作知之事，若实穷得理，则性命亦可了。"又曰："穷理、尽性，以至于命，一物也。"又曰："致知但知止于至善，为人子止于孝，为人父止于慈之类，不须外面只务观物理，泛然正如游骑无所归也。"又曰："知至则意诚，若有知而不诚者，皆知未至也。"或又问："尽心之道，岂谓有恻隐之心而尽乎恻隐，有羞恶之心而尽乎羞恶也哉？"程子曰："尽则无不尽，苟一一而尽之，乌乎而能尽?"程门之工夫,简易直截如此,而未尝有支离之弊也。学者平心易气见之,则与阳明子诸说如父子,有何血脉之异。

【注解】

①语见《易经·说卦》:"穷理、尽性,以至于命。"

【今译】

有人问程明道先生:"穷尽道理是发挥智的事情,发挥本性是磨炼仁的事情,实现天命是圣人的事情,对吧?"程明道先生说:"不是这样。如果真的能够做到穷理,那么本性也能得到发挥,天命也能实现。只是《易经》用语言表达的时候,不得不这么说罢了。"程明道先生又说:"穷尽道理,发挥本性,实现天命这三件事,应该同时去做,没有时间上的先后顺序。不可以把穷理只当作发挥智慧的事情,如果真的能够做到穷理,那么也就可以发挥本性、实现天命。"他又说:"穷尽道理、发挥本性、实现天命,是一件事情。"又说:"致知要明白止于至善,孩子要明白孝,父亲要明白慈,这些事如果放弃主体的实践,只以第三者的角度去观察事物道理的话,就如同没有归属地的骑兵一般无所适从吧。"程先生又说:"如果做到致知,那么就能做到意诚,如果已经有了知却还没做到意诚,那都是还没做到致知。"又有人问:"所谓'尽心',是不是就是有了恻隐之心就发挥恻隐,有了羞耻之心就发挥羞耻呢?"程先生说:"正因为是'尽',才没有不尽的地方,如果是一事一事地去尽心,又怎么能做到'尽'呢?"程氏一门的努力方法,就是这么简单直接,没有把知识和实践分开的缺点。学者如果平心静气地看一下程先生的言语,就会知道他与王阳明先生的主张如同父子,在根源上没有什么区别。

九七

【原文】

大程子曰:"尽心知性,知之至也。知之至,则心即性,性即天。天即性,性即心。所以生天、生地、化育万物。其次则存心、养性,以事天。"①谨按,程子此说,盖解《孟子·尽心》章也。夫尽心知性,而至于生天、生地、化育万物,则圣人之事,而决非学者分上之事,断可知矣。然《朱注》以《尽心》首章属下学。故阳明子《答顾东桥书》,辨之周悉矣,固与朱注抵牾。朱注又与程说龃龉。吾辈虽不能臆断其是非也,然以程说为主,则阳明子之说即本程说,而特敷衍焉耳,非其创说也。此等处,学问大紧要也。故吾党之学人,不可不知朱注之外,别有程说也,故举程说说之如此。

【注解】

①语出《孟子·尽心上》:"尽其心者,知其性也,知其性,则

知天矣。存其心，养其性，所以事天也。"

【今译】

程明道先生说："尽情发挥内心，理解本性，'知'就能够实现。'知'实现了，心就成为本性，本性就成为天。天就是本性，本性就是心。然后才能生出天地、化育万物。下一个层次才是孟子所说的，保持内心、修养本性、侍奉上天。仔细考虑，程明道先生的这一主张，是对《孟子·尽心》篇的解说。这就可以明白，尽情发挥内心、理解本性、生出天地、化育万物，本来是圣人的事情，而不是学者的本分。可是朱熹的《孟子集注》却将《尽心》篇定位为学习者初步的修行。所以王阳明先生在《答顾东桥书》里，彻底解明了尽心篇，自然这与朱子的注释相抵触。朱子的注释又与程明道先生的说法不一致。我们虽然不能臆断哪一种说法正确，可是如果将程明道先生的主张为主的话，就和容易敷衍成王阳明先生的说法是基于程明道先生的主张，并不是他的创见。这一点是学问最关键的地方，所以我们这一派学者，不能不知道朱子注释之外，还有程明道先生的主张。所以我才举出程明道先生的说法，进行了如此讲解。

九八

【原文】

大程子曰："知性即明生死之说。"又曰："说心有感通，更说甚生死古今之别？"又曰："死生存亡知所从来，胸中莹然无疑，止此理耳。死之事，即生是也，更无别理。"又曰："语默犹昼夜，昼夜犹生死，生死犹古今。"此皆程子尽心尽性，而所以理会生死处也。吾尝谓，未出息在内，即生也，既吹息出乎外，即死也。就身视之，则生死何难知之有？此悟本承领程子之教谕来以得焉者也。

【今译】

程明道先生说："知道本性就明白了生死之说。"又说，心有感应融通的作用，又何必说什么生和死、古和今的区别？又说，如果明白了生死存亡的由来，胸中就非常清楚，毫无疑问，就是这个道理。所谓死，也就是生，更没有别的道理。又说，沉默就像昼和夜的关系，昼和夜就像生和死的关系，生和死就像古和今的关系。以上都是程明道先生发挥内心本性、理解生死的结论。我曾经说过，气息如果不吐出来而保存在体内就是生，如果吐出体外就是死。在身体上去考察这件事，生和死又有什么难以理解的呢？我的这个感悟，也是充分明白了程明道先生的教诲而得到的。

九九

【原文】

小程子曰:"学者不可以不诚,不诚无以为善,不诚无以为君子。修学不以诚则学杂,为事不以诚则事败,自谋不以诚则是欺心而自弃其志,与人不以诚则是丧其德,而增人之怨。今小道①异端,亦必诚而后得,而况欲为君子者乎?"由是观之,则学问之道,一诚而已矣。

【注解】

①小道:即与大道相对而言,指实务的世界。语出《论语·为政》。

【今译】

程伊川先生说:"学者不可以不诚实,不诚实就不能为善,不诚实就不能够成为君子。修学如果不诚实,学问就会粗杂;成就事业如果不诚实,事业就会失败;人生设计如果不诚实,就会欺骗内心,放弃志向;与人交往如果不诚实,就会丧失德行,增加别人对自己的怨恨。哪怕是小道和异端,也只有诚实了才能够得到,更何况想要成为君子的人呢?"这么看,那么学问之道,就只有诚实这一件事了。

一〇〇

【原文】

小程子曰:"学也者,使人求于内也。不求于内,而求于外,非圣人之学也。何谓外?以文为主者,是也。学也者,使人求于本也,不求于本,而求于末,非圣人之学也。何谓末?考详略,采同异者,是也。是二者,皆无益于身,君子弗学也。"程子此等之说,与阳明先生"精一"之学无异矣,学者宜平心以见之也。

【今译】

程伊川先生说:"学习就是让人向内探求,而不是向外探究。不向内探究,而向外探究,就不是圣人的学问。什么是外?就是以文章为中心。学问这件事情,就是让人向根本探究,不向根本探究,而向末梢探究,就不是圣人的学问。什么是末?就是考察学说的详略,采择文字的异同。这两件事情都对身体无益,君子不应该去学。"程先生以上的主张,与王阳明先生的"精一"之学没有区别,学者应该平心静气地去看待它。

一〇一

【原文】

小程子曰："一人之心，即天地之心，一物之理，即万物之理，一日之运，即一岁之运。"吾虽奉姚江致良知之教，以二程子之说为征焉也。而于伊川先生此语，所赐甚不少矣。人如能了心性，则理与运亦心而已矣，非别物也。先生分别说之，为童蒙耳。

【今译】

程伊川先生说："一个人的心就是天地之心，一件事情的理就是万物的理，一天的运行就是一年的运行。"我虽然信奉姚江致良知的教诲，但是也以两位程先生的学说作为验证。从程伊川先生以上的话中也受益良多。人如果能了解了心性，那么就应该明白理和运其实也是心，不是其他的东西。程伊川先生分开来说，实际上不过为了童蒙理解方便。

一〇二

【原文】

小程子曰："学者识得仁体，实得诸己，只要义理栽培，如求经义，皆栽培之意。"又曰："学者全体此心，学虽未尽，若事物之来，不可不应，但随分限应之，虽不中不远矣。"又曰："以书传道，与口相传，煞不相干，相见而言，因事而发明，则并意志一时传了，书虽言多，其实不尽。"又曰："世有以读书为文为艺者，为文谓之艺犹之可也，读书谓之艺，则求诸书者浅矣。"此数语，自谓学程、朱，而求诸书策，不求吾心者之长针也。

【今译】

程伊川先生说："学者是要理解仁的本体、真正在自己身上去明白它，就得基于义理去栽培。比如研究经书的意义，都是为了栽培。"又说："学者如果能够完全理解自己的内心，就算学问不充分，在具体的事情来临不得不应对的时候，只要依照自己的本分进行应对，就算不中也不会差距太远。"……这几句话，对于那些自称学习程朱，但只是探究书籍，而不向自己内心探究的人，是非常痛切的警告。

一〇三

【原文】

伊川先生涪州之行，乃其厄也。其渡江，中流船几覆，舟中人皆号哭，先生独正襟安坐如常。已而及岸，同舟有老父，问曰："当危时，君独无怖色，何也？"曰："心存诚敬耳。"老父曰："心存诚敬，固善，然不若无心。"先生欲与之言，老父径去不顾。此事儒林文苑中旧说话，而在人口耳既已腐烂矣，似宜不语焉者。然人遭其境，则孰无心寒股栗不失其度者哉？故虽在口耳既已腐烂，又当温故而知新，是乃可谓"善学"也。

吾尝寻绎先生存诚敬之旨，颇有一得矣。常告子弟曰："彼老父必老、庄、释、列之徒，而精其道者也欤。虽如说无心挫先生之答，然渠似不识其诚之所以诚，敬之所以敬者也。夫吾儒之存诚敬者，则更无一点祸福生死之念黏着于方寸，故其方寸乃与太虚一焉。是即大无心也，而何无心及之。如非诚敬而徒无心，则虽人特枯木朽株焉耳，枯木朽株，亦能入水不沈，异端之不动心，大凡此类也。以之径与存诚敬之君子，同视抗衡可耶。故先生当危时无怖色，即心太虚，而与舜之'烈风雷雨弗迷'一般，俱从存诚敬上来。呜呼！诚敬之义大矣哉！老、庄、释、列之徒，何足知之欤？其后先生自涪还洛，容色髭发，皆胜乎平昔。非有佗术以致之，是亦诚敬之滋润耳。思之则勿以腐烂视之可也。你辈勉旃勉旃。此非特责子弟，子亦志于是者也。"

壬辰之夏六月，予以闲逸无事，发浪华至伏水，而之江州，泛湖以访中江藤树先生遗迹于小川村焉。小川村在西江比良岳北。先生我邦姚江开宗也，谒其墓，想像其容仪、道德，泪坠沾臆。其书院虽存，而今无讲先生之学者。其门人之苗裔业医者，乃监守之，如守祧然。予于是赋诗，诗曰：院畔古藤花尽时，泛湖来拜昔贤碑。余风有似比良雪，流灭无人致此知。

归时于大沟港口复买舟，予与所从之门生及家童四人耳，更无同舟人。再泛湖，南向坂本，将还吾乡。而自大沟至坂本，水程凡可八里。此即我邦里数，而非异朝之里数也。当异朝之里数，则六十八九里矣。解缆结绡，既未申际，而日晴浪静，柔风只飒飒而已。至小松近傍，北风勃起，围湖四山各飞声，而狂澜逆浪，或如百千怒马冲阵，或如数仞雪山崩前。他舟船皆既逃而无一有，其张帆至低三尺强。而乘其怒马，踏其雪山，以直前勇往，如箭驰者，只是吾一舟而已矣。忽到鳄津，尝闻鳄津虽平日无风时，回渊蓝染，而盘涡谷转，巨口大鳞之所游泳出没，乃湖中至险也，而况风波震激时乎？推蓬见水面，则为所谓地裂天开之势。奇哉！飓风忽南北两面吹而轧，故帆腹表里饥饱不定，是以舟进而又退，退而又进，右倾则左昂，左倾则右昂，如踊如舞。飞沫峻溅，入蓬侵床，实至危之秋也。舟子呼曰："他舟皆知几，故避之，如某独误不能前知焉，而乃至此。吁！命也哉？虽然无面目对客耳。"吾察其言意，似不免共葬鱼腹之患。因却慰喻舟子曰："尔误至此命也，则吾辈至此亦命矣，俱无如之何，只任天而已，何足患哉？"门生家僮，既如醉恶酒，头痛眼眩，其心如虑覆溺者。虽予实以为死矣，故不得不起忧悔危惧之念。

是时忽忆于藤树书院所作"无人致此知"之句，心口相语曰，此即责其不致良知之人也，而我则起忧悔危惧之念，若不自责之，则待躬薄，而责人却厚矣，非恕也。平生所学将何在？直呼起良知，则伊川先生存诚敬之言，亦一时并起来。因坚坐其飘动中，乃如对伊川阳明二先生，主一无适，忘我之为我，何况狂澜逆浪，不敢挂于心。故忧悔危惧之念，如汤之赴雪，立消灭无痕。自此凝然不动，而飓风亦自止，柔风依然送舟，终着坂本西岸。此岂非天乎？时夜既二更矣。门生家僮皆为回生之思，以互贺无恙。遂宿坂本，明早天晴，登天台山，尽四明之最高，而俯视东北，则乃湖也。畴昔所经历之至险，皆入眼中，风浪静而远迩朗，实一大圆镜也。渔舟点点如虱子，帆樯数千，东去西来，易乎平地，似无可危惧者焉。于是门生谓余曰："昨忧悔危惧抑梦乎？亦天谴吾师乎？"

余曰："否，非梦而真境也，非天谴而金玉我也。何者？非逢其变，则焉窥得真良知、真诚敬哉，又焉得真对伊川、阳明两先生哉？故曰，真境而非梦也，金玉我而非天谴也。然则福而非祸也。贤辈亦毋徒追思忧悔危惧之事而可也，无益于身心也。且贤辈盍复视夫城邑乎？其亦在杖履底，如蜂窝蚁垤者，富贵贫贱所同楼也。故我则却得小鲁之兴，心广而身裕，眼豁而脚轻，贤辈亦宜共同是兴味焉。"于是又赋诗，诗曰：四明不独尽湖东，西眺洛城眼界空。人家十万尘喧绝，只听一禽歌冷风。（最高虽夏气如秋末）胸中益洒洒然，觉无一点渣滓。因谓，吾辈才即其境，呼起良知，存诚敬，犹且忘了至险。而登岳虽再顾万死处，不心寒股栗，而湛湛悠悠，却心得圣人同焉之兴。而况如伊川先生，通昼夜，彻语默，存诚敬，则其谓虽尧、舜之事，只是如太虚中，一点浮云过日，实见而非虚论，断可知矣。因适记先生涪州之水厄，遂又及余湖上之事，此非比焉而夸言也，只欲俾人知致良知，即是为诚敬。存诚敬，则良知照照然如日月，初无二致也。故详述以告同志焉，所从之门人，白履、松诚之。

【今译】

程伊川先生去涪陵，遇到了一件祸事。渡过长江的时候，在江中船几乎沉没，船中的人都嚎叫哭泣，只有先生如平常一样正襟危坐。等船到了岸边，船上有一位老人家问道："遇到危难的时候，只有你脸无惧色，为什么呢？"先生说："因为我心中存着诚实和虔敬。"老人家说："心存诚实与虔敬自然好，但是不如无心。"先生想要和他辩论，老人家却不顾而去。这件事情是学者友人间的一个老故事，大家早已把它听腻了，好像不值得再说。可是如果有人遭遇这种情景，又有谁能不心惊胆颤、惊慌失措呢？所以虽然是大家都听腻了的事，也该温故而知新，这才是所谓的"善学"。

我曾经去探究先生存诚实虔敬的主旨，颇有一个心得。我经常跟学生说："那个老人家必然是老子、庄子、释迦、列子的门徒，而且非常精于此道。他虽然用无心来反驳先生的回答，但是却不明白先生保持诚实虔敬的原因。我们这些儒学之者，心存诚实虔敬，心中没有一点祸福生死的念头，所以心才与太虚相通。这是最大的无心，没有其他的无心能跟它相提并论。如果不心存诚实虔敬，而只是单单的无心，那么人也就是一棵干枯的树木，干枯的树木也能入水不沉，异端的不动心，基本上就是这个水平。怎么可以把它与心存诚敬的君子相提并论呢？所以先生遇见危难时面无惧色，就是因为心归太虚，和舜遇到狂风暴雨也不害怕是一样的，都是因为心存诚敬。唉！诚敬的意义重大，老子、庄子、释迦、列子的门人又怎么能知道呢？之后先生从涪陵返回洛阳，容貌须发都比以前多了神采。这并不是有什么特别的法术，而是诚实虔敬滋润肺腑。如此考虑的话，这段往事也就不要看作是什么听腻了的事情了。你们一定要在这事上努力。这并不是只是要鞭策学生，我自己也是有志于此。"

天保三年（1832）夏六月，我因为闲来无事，从浪华（大阪）经伏水（京都）去了江州（近江），坐船过琵琶湖去小川村探访中江藤树先生的遗迹。小川村在琵琶湖西岸比良岳的北边。先生是我国阳明学的开山鼻祖，拜谒他的陵墓，想象一下他的仪容、道德，不由泪水打湿胸口。他创立的书院虽然还在，如今却没有讲授先生学问的人。他的后人一边行医，一边守护着书院，如同守护祖庙一般。我于是作诗一首：院畔古藤花尽时，认湖来拜昔贤碑。余风有似比良雪，流灭无人致此知。返回途中，在大沟港口雇了船。船上除了我和随从的门生及家童四人一行以外，就没有其他同船之人了。再次泛舟琵琶湖，向南边坂本行去，就要回到故乡。从大沟到坂本，水路大约八里。这是我国的里数，而不是中国的里数。如果按中国的里数算，就有六十八九里了。解开缆绳扬起风帆时，已是未申之间，天空晴朗、风平浪静，微风吹动树叶沙沙作响。到了小松附近时，突然刮起北风，环湖四面的山岳都发出呼啸声，波涛翻滚，如同千百匹怒马冲杀而来，又像数仞雪山在眼前崩塌。其他船只都纷纷避难，把风帆降到三尺多一点。而骑着怒马、踏过雪山，如箭一般勇往直前的只有我们一条船。很快到达了鳄津，以前听说鳄津即使平时没有风的时候，也水流湍急、漩涡复杂，还有大鱼出没，是湖中最危险的地方，更何况风急浪高的时候呢？我推开船篷，观察水面，水势滔天，实在不可思议！大风突然从南北两面吹来，因此风帆表里两面时鼓时瘪，导致船时进时退、左倾右斜，如同跳舞一般。水沫飞溅，冲入船篷、打在甲板上，情形异常危险。船夫说："其他船都察觉了风暴的征兆，所以都避险去了，只有我这样的没有提前预知，才到了这个地步。唉！这就是命吗？可是却无颜面对客人啊！"我听他说的话，好像不免要一起葬身鱼腹了。于是我反而安慰船夫说："你因为判断失误遇到如此险境，是命。我们如今也是命。都没有什么办法，只能听天由命，有什么好担心的呢？"我的门生和家童，已经像喝醉了酒一样，头晕眼花，好像都在担心船翻淹死。即便是我，也以为自己必死无疑，所以也不由得生起担忧、悔恨、害怕的念头。

那时候，突然想起在藤树书院所写的"无人致此知"的句子，心内口中说道，这诗句就是责备那些不能致良知的人，可我却起了担忧、悔恨、害怕的念头，如果不去自责，那就太宽于律己、严于律人了，这可不能宽恕。我平生所学又到哪去了呢？唤醒了良知，程伊川先生心存诚实虔敬的话语，也同时想了起来。于是闷闷坐在飘摇的船里，就像面对着程伊川、王阳明二位先生一样，集中精神到内心，于是忘掉自我，更不把狂澜巨浪放在心上。于是担忧、悔恨、害怕的念头，就像把热水浇在雪上一样，消失得无影无踪。这以后内心不再动摇，大风也停了下来，轻风如往常一般推着船只，终于到达坂本西岸。这岂不就是天命？那时已是夜里二更了。门生家童都因为起死回生而相互祝贺安然无恙。那晚投宿坂本，第二天早上天气放晴，登天台山，到达四明岳的最高峰，向东北俯视，就看到琵琶湖。昨天经历过的危险所在，都看到眼中。风平浪静、远近晴朗，真像个大大的圆镜。渔舟点点仿佛皮肤上的黑点，数千风帆桅杆，东来西往，好像比平地上还要安稳，好像没有什么可害怕的。于是门生对我说："昨天担忧、悔恨、害怕的感觉是做梦吗？还是上天对老师的谴责？"

我说："不，那不是梦而是真实，不是天谴而是天启。为什么呢？如果没遭遇到这危险，那我怎能理解真正的良知、真正的诚敬呢？又怎么能真正面对程伊川、王阳明两位先生呢？所以说，这是真实而非梦境，是天启而非天谴。既然如此，那这就是福而不是祸。你们也不必回想之前担忧、悔恨、害怕的事了，多想无益于身心。而且你们何不再看看那些城市呢？在我们脚下遥远的地方，人群密集如同蜂巢蚁穴，富贵贫贱都住在一起。所以我有了（孔子）小鲁的心境，内心宽广、身体放松、眼界豁达、腿脚轻便，你们也一起体会一下这样的心境吧。"于是我又赋诗一首：四明不独尽湖东，西眺洛城眼界空。人家十万尘喧绝，只听一禽歌冷风。（站在山顶上，虽然还是夏天，冷风却像秋末的一样。）胸中清清爽爽、感觉没有一点挂碍。于是想到，我这样的人，在这种状况下，良知觉醒、把持诚敬，都能忘记险境。等到登上再次看那濒死之处，不再心惊腿颤，反而通透悠然，感受到了与圣人一样的心境。于是我们断然可知，如程伊川先生者，无论白天或黑夜，无论言语或沉默，只要心存诚敬，则即便是尧、舜的事迹，也只是如同天空中一小片浮云飘过太阳一般，这确实如此，绝不是虚言。于是我写了程伊川先生在涪陵的水难，又记下了我在琵琶湖上的遭遇，并不是要和先生对比而自夸，只是想让人知道，致良知就是做到诚敬。心存诚敬，那么良知就如同日月一般明朗，两者完全一致。所以详细记述下来告诉同志。同行门人是白履和松诚之。

一〇四

【原文】

张子曰："天地之塞，吾其体，天地之帅，吾其性。"①谨按，《西铭》②二百五十有三字之要，只在此二句。而此二句之要，亦止在"塞帅体性"之四字焉而已矣。塞充塞乎两间，而有形象者也，是即太虚之用。帅太虚之神，而无形象者也，是即有形之原也。故塞无帅，则庶乎息矣；帅无塞，则无所施焉。要二而一也，然则塞帅非天地之理气耶？夫人物之体性，皆从天地之理气生来，本无二矣，犹与子从父母出来一般。故曰，乾坤，人物之大父母也。崇伯子也，颖封人③也，舜也，申生也，参也，伯奇也，皆善事其君父，而尽吾体性之德，以全大父母所赐之理气者也。其所赐之理气，岂止昔人？虽今人及千万岁后之人皆具焉。学云者，学此而已矣。

【注解】

①语出《孟子·公孙丑上》第二章：夫志、气之帅也；气、体之充也。

②北宋张载著。原为《正蒙·乾称篇》的一部分。作者曾于学堂双牖各录《乾称篇》的一部分《砭愚》和《订顽》分别悬挂于书房的东、西两牖，作为自己的座右铭。程颐见后，将《砭愚》改称《东铭》，《订顽》改称《西铭》。

③封人：古官名，《周礼》谓地官司徒所属有封人，掌管修筑王畿、封国、都邑四周疆界上的封土堆和树木。春秋时各诸侯国都设有封人，典守封疆，同时掌管筑城之官亦称封人。

【今译】

张横渠先生说："充塞于天地之间的，就是我的形色之体；而引领统帅天地万物以成其变化的，就是我的天然本性。"我认为，《西铭》二百五十三个字，要点就在这两句。而这两句的要点，又在"塞帅体性"这四个字上。"塞"是充塞天地之间的有形之物，也就是太虚之用。"帅"是太虚之神，是无形之物，是有形万物的根源。所以如果"塞"（气）里没有"帅"（志），就无法发挥作用；"帅"中没有"塞"，就无处施展。总之两者是二而一的，如果是这样的话，那塞、帅岂不就是天地之理气了？原本人物的身体和本性，都是从天地之理气生成，本来就不是两样，就像孩子由父母生出来的一般。所以说，乾坤就是人的伟大父母。崇伯（即鲧）之子禹、颍的封人颍考叔、舜、申生、曾参、伯奇，这些人都很好地侍奉了君父，发挥了体内的本性之德，完全实现了伟大父母（天地）赋予的理与气。天地赋予的理气，岂止于古代的人？现在的人以及千万年后的人，也都具备。所谓学问，其实就是学习这个。

一〇五

【原文】

张子曰："太虚无形，气之本体，其聚其散，变化之客形尔。至静无感，性之渊源。有识有知，物交之客感尔，客感客形，与无感无形，惟尽性者一之。"谨案，张子《正蒙》道太虚自此始，"太虚无形至变化之客形尔"，论太虚体用也。"至静无感，至物交之客感尔"，论性情体用也。"客感客形"至终，论圣人合理气而一焉也。然则圣人之心即太虚也，是故吾辈真志圣功，则虽不及，非无其愿也。

【今译】

张横渠先生说："太虚是无形的，也是气的本体，它的聚散只不过是变化的（由外而来的）表象罢了。未与外界感应之时在至静之中，这是人之性的根源，与外界感应后有知识，这是与物相交得到的表面（由外而来的）感觉。"我觉得，张横渠的《正蒙》谈太虚是从这里出发，"太虚无形至变化之客形"，是说的太虚的体用。"至静无感，至物交之客感"，是说的性情的体用。"客感客形"到最后，说的是圣人理气合一。这么说来，圣人之心就是太虚。所以我们应该真正立志去实践圣人的学问，就算不能马上实现，也不能没有这样的心愿。

一〇六

【原文】

张子曰："太虚不能无气，气不能不聚而为万物，万物不能不散而为太虚。循是出入，是皆不得已而然也。然则圣人尽道其间，兼体而不累者，存神其至矣。彼语寂灭者，往而不反。徇生执有者，物而不化。二者虽有间矣，以言失道则均焉。聚亦吾体，散亦吾体。知死之不亡者，可与言性矣。"谨案，太虚也，气也，万物也，道也，神也，皆一物，而聚散之殊耳。要归乎太虚之变化也，故人存神以尽性，则虽散而死，其方寸之虚，与太虚混一而同流，不朽不亡矣。人如不失虚而至此，亦大矣盛矣。而老佛俱暗道，故佛知散而不知聚，是知阴而不知阳者也。老知聚而不知散，是知阳而不知阴者也。各陷于一偏矣，岂可与圣人知阴而知阳，知死而知生同日而语哉？

【今译】

张横渠先生说："太虚不能少了气，没有气的聚集就没有万物。万物发散就成为太虚。气在太虚之中就这样出入，是不得不如此。所以圣人在这种情况下发挥道，感受到作为本体的太虚而不被万物所阻碍，从而保持精神，这是至高的成就。那些主张死后就是寂灭的佛教徒，只会说气的发散，而不说凝聚。那些追求长生、执着于有的道教徒，就只能停留在物的层面，而不能化成本来的太虚。两者虽然有不同，但是看不见'道'这件事情是一样的。气体凝聚是我们的身体，气体发散后也是我们的身体。如果明白个体就算死了，作为气的存在也不会消亡的道理的话，就可以谈论性了。"仔细思考一下，太虚、气、万物、道、神，都是同一个事物，不过是气的聚散不同罢了。总之就是归于太虚的变化，所以人保持精神而后充分发挥本性，就算气散而死，内心中的虚，与太虚结合起来一起流动，就会不朽不亡。人如果能如此不丧失内心之虚，那就是盛而大了。而道教徒、佛教徒都不明白此道，所以佛教徒知道发散而不知聚集，知道阴而不知道阳。道教徒知道聚集而不知道发散，知道阳而不知道阴。两者都偏向一方，怎么能与知阴又知阳、知死又知生的圣人同日而语呢？

一〇七

【原文】

张子曰："知虚空即气，则有无、隐显，神化、性命，通一无二。顾聚散、出入、形不形，能推本所从来，则深于《易》者也。"又曰："懵者略知体虚空为性，不知本天道为用。"谨案，太虚之氤氲息吹者气也，此气为千变万化之根本也。然除太虚则无气，故外气则无太虚亦可知矣。要虚与气不二者也。真知其不二，则有非后，无非先，隐非体，显非用，神非幽，化非迹，性非人，命非天，是乃心解矣。然则聚散、出入、形不形，皆其事也，又奚疑？故曰，深于《易》者。如夫二氏，却不知斯义。故虽略知体虚空为性，未尝有率仁、义、礼、智之性以行焉者也。而其仁、义、礼、智，非他，即春夏秋冬也。春夏秋冬，即天道也。呜呼！圣人之道，明体适用，以此也。

【今译】

张横渠先生说："如果明白虚空就是气，那么有和无、（体的）隐藏与（用的）显现、（用的）神化与（体的）性命就没什么不同的。气凝聚发散，突出吸入，有形与无形，如果能可以探查到它的根源，那么就是深刻理解《易经》的人。"他又说："愚人能够体认虚空，大致明白这是人的本性，却不知道这也是依照天道的'用'。"我认为，太虚氤氲息吹就是气，这个气是千变万化的根源。但是如果排除太虚就没有气，排除气也就不存在太虚。总之太虚与气不能分割。如果知道两者不能分割的话，就可以从内心中理解，有、无不分先后，隐、现不分体用，神、化不分幽（无形的功用）迹（有形的结果），性、命不分人天。这样的话，凝聚与发散、呼出与吸入、有形与无形，都是不可分离的，又有什么可怀疑的余地呢？所以说，张横渠先生是深刻理解《易经》的人。而佛教徒、道教徒们，却不懂这个道理。所以他们虽然能够体认虚空，大致明白这是人的本性，却没有人能够基于仁、义、礼、智之天命本性去实践的。而这个仁、义、礼、智，不是别的，就是春夏秋冬。春夏秋冬就是天道。啊！圣人之道，明确本体，适应于作用，就是因为这个道理。

一〇八

【原文】

张子曰："气块然太虚，升降飞扬，未尝止息，《易》所谓'氤氲'，庄生所谓'生物以息相吹野马者'也，此虚实动静之机，阴阳刚柔之始。浮而上者，阳之清，降而下者，阴之浊。其感遇聚散，为风雨，为霜雪，万品之流形，山川之融结，糟粕煨烬，无非教也。"谨案，此章论太虚二气之变化，而不及人也。然人体此理，则吾方寸便是这太虚。而其虚实动静，阴阳刚柔，皆亦自此活出焉，其在天之风雨，在吾则号令恩泽也。在天之霜雪，在吾则不得已之刑戮也。"糟粕煨烬无非教"，则《曲礼》内则少仪之动作威仪，无一不仁。故张子以礼教人，有所从来矣。与佛老空虚所异，全在此也。

【今译】

张横渠先生说："气在太虚的空间里升降飞扬，一刻不停息的运作。《易经》里所谓的'氤氲'，庄子所谓的'生物以息相吹野马者'，都是气虚实动静的契机、阴阳刚柔的开始。飞扬向上的是阳的清，下降的是阴的浊。其感应聚散，成为风雨霜雪，形成万物的外形，变成山岳。糟粕灰烬，都是教给我们道理的东西。"我觉得这一章只讨论了太虚二气的变化，而没有讨论人。但是人如果能够理解这个道理，那么我们的内心也就是太虚。心的虚实动静，阴阳刚柔，都是从气的原理中来。在天空中表现为风雨的，对我们来讲就是号令恩泽。在天空中表现为霜雪的，对我们来讲就是不得已的刑罚。"糟粕灰烬都是对我们的教导"，那么《曲礼》内则少仪的动作威仪，则无一不是仁的实践。所以张横渠用礼来教育别人是有根据的。与佛教和道教的不同也在于此。

一〇九

【原文】

张子曰："由太虚有天之名，由气化有道之名，合虚与气有性之名，合性与知觉有心之名。"朱子曰："本只是一个太虚，渐细分得密尔。"故心性者，理气而已矣。虚灵不昧。众理具，万事出，与太虚一般。

【今译】

张横渠先生说："太虚叫做天，气化叫作道。虚与气结合叫作性，性与知觉结合叫做心。"朱子说："本来只有一个太虚，也可以把它分得细密进行分析。"所以所谓心性就只是理和气而已。心自由灵妙地发挥，创造出所有的道理，就跟太虚是一个状态了。

一一〇

【原文】

张子曰："太虚者，自然之道，行之要在思。故曰，思诚。"又曰："诚者则实也，太虚者，天之实也。万物取足于太虚，人亦出于太虚。太虚者，心之实也。"又曰："天地之道，无非以至虚为实，人须于虚中求出实。圣人虚之至，故择其善自精。心之不能虚者，有物榛碍。金铁有时而腐，山岳有时而摧，凡有形之物即易坏，惟太虚无动摇，故为至宝。"又曰："天地以虚为德，至善者虚也。虚者，天地之祖，天地从虚中来。"又曰："虚者，仁之原，忠恕者，与仁俱生，礼义者，仁之用。"又曰："敦厚虚静，仁之本，敬和接物，仁之用。"又曰："虚心，然后能尽心。"又曰："虚则生仁，仁在理以成之。"又曰："虚心则无外以为累。"又曰："当以心求天之虚，大人不失其赤子之心，赤子之心今可知也，以其虚也。"又曰："静者，善之本，虚者，静之本，静犹对动，虚则至一。"

右十有一条，张子教人归乎太虚之则也。而其静也，赤子之心也，无累也，仁也，尽心也，自然也，敬和也，礼义也，忠恕也，至善也，实也，诚也，非自太虚出焉，则虽善流于伪。故归乎太虚，则皆其德也。帝王之政、圣贤之学，不外乎此。吾党之学人，宜尽心焉者也。

【今译】

张横渠先生说："太虚是自然之道，是我们在实践的时候要仔细思索的要点。所以孟子说'思诚'。"又说："所谓诚就是真实，太虚就是天的真实。万物基于太虚而充足，人也是由太虚而来。太虚就是心的真实。"又说："天地之道以太虚为真实，人应该在太虚中寻找真实。圣人就是实现了太虚而出现的，所以圣人选择善的时候都自然而精致。无法实现心归于太虚，是因为受到外物的阻隔。金铁也会腐蚀，山岳也会崩塌，但凡有外形的东西都容易毁坏，只有太虚不会动摇，所以是至高无上的宝藏。"又说："天地把虚作为德，至善就是虚。虚是天地的元祖，天地都是从虚中产生出来的。"又说："虚是仁的本源，忠恕与人一起诞生，礼仪又是仁的功用。"又说："敦厚、虚静是仁的本姿，用敬和的心情应对他人，是仁的功用。"又说："做到虚心，然后才能实现尽心。"又说："心保持虚才能发现仁，仁则是基于道理才能成就。"又说："做到虚心就不会被外物所连累。"又说："应该把心当成天之虚空，大人如果不失去赤子之心，那么如今就能理解赤子之心，因为赤子之心就是虚。"又说："静是善的根本，虚是静的根本，静还是相对于动的概念，而虚则是超越相对的概念。"

以上十一句言语，是张横渠先生教导人们要归于太虚的原则。而张横渠先生所说的静、赤子之心、无累、仁、尽心、自然、敬和、礼义、忠恕、至善、实、诚，如果不是从心处太虚而来，那么就算是善事，也不过是做作的伪善。所以如果能心归于太虚，这些就都是德了。帝王的政治、圣贤的学问，无非如此。我们这一派的学者，也该做到尽心。

————

【原文】

张子曰："为学大益，在自求变化气质，不尔则皆为人之弊。卒无所发明，不得见圣人之奥。"张子独能了悟太虚，亦只自变化其气质之验实也已矣。比见二程，即撤虎皮①辍讲，此有客气、胜心者，而孰能之哉？其变化气质之功夫，于是可推矣。故吾辈要见心之本体，所谓至善，所谓中，所谓太极者，则所障翳之气质，宜先变化之。不然则徒学空谈，焉窥得其一斑也？而吕东莱先生诵《论语》"躬自厚"章，忽觉平时忿懥涣然冰释。元杨武子幼读《论语》，至

"宰予昼寝"章，慨然有立志，由是终身非疾病未尝偃卧之类，可谓皆能变化气质矣。

【注解】

①语出《宋史·道学传一》："（张载）尝坐虎皮讲《易》京师，听从者甚众。"指铺设虎皮的讲席。

【今译】

张横渠先生说："做学问的最大好处，就是能够自我实现气质变化，不然就会产生想被他人赞扬的弊害。结果就不能明白事理，也不能明白圣人的深奥之处。"张横渠先生能够独自领悟太虚的本意，正是因为能够自己实现气质变化。比如他拜见二程，就退下讲席、终止讲义，那些性格偏激、好胜心强的人，谁能够做到呢？他在气质变化上的努力，由此可见。所谓我们如果想要理解心的本体，是至善、是中、是太极，就要将被遮挡住的气质，恢复到最初的状态。不然就是无意义的学习和空洞的谈论，怎么能窥见圣人深奥之一斑呢？而吕东莱先生读《论语·卫灵公》"躬自厚"那一章，忽然觉得平时的愤怒情绪一下子消失。元代的杨武子幼年时读《论语·公冶长》，读到"宰予昼寝"一章，反省既往而立下志向，从此一生除非生病就再也没卧过床。这些都是能变化气质的范例。

一一二

【原文】

司马温公曰："或问迁叟，事神乎。曰，事神。或曰，何神之事？曰，事其心。或曰，其事之何如？曰，至简矣，不黍稷，不牺牲，惟不欺之为用。君子上戴天，下履地，中函心，虽欲欺之其得乎。"又曰："迁叟事亲，无以逾人，能不欺而已矣。其事君亦然。"以此观之，则公之学术，亦从《大学》慎独上来可知矣。而"中函心"之三字，诚有味哉。夫心之神，非他，太虚一团灵气入人方寸者，孟子所谓良知也。其函者，盖指之、事之之实，只不欺其知而已矣。不欺其知，便是事天也。天即人，人即天，通一无二之义。公暗与关闽诸贤共看破之。故积不欺独知之实功，以至无妄诚一之地。事君父于是，接僚属教弟子于是。虽著书如《通鉴》如《书仪》，皆从这一诚流出来。故后之看公书者，不知公之心学，而漫尔读之，则好《通鉴》者，流荡而不返，治《书仪》者，踽踽而不大，至此则公之意荒矣。吾人宜谨学之。其余公之格物论，三复之可也。后儒驳论者虽多，然初学读之而获其意，则大益于不欺慎独之学。

【今译】

司马温公说："有人问我是不是侍奉神明。我回答说，侍奉神明。

又问，侍奉什么神明？我回答，侍奉心神。又问，怎么去侍奉？我回答，非常简单，不供奉粮食，不供奉牲口，只要不欺骗内心，努力实践即可。君子头顶苍天、脚踩大地，在中间包含着自己的内心，就算想欺骗内心也做不到。"又说："我孝敬双亲，也没有超过别人，只是不欺骗自己而已。侍奉君主也是如此。"从这一点看，那么可知司马公的学术也是从《大学》里的"慎独"而来。而"中函心"三个字，也实在是很值得玩味。所谓心之神，不是别的，就是太虚的一团灵气进入到人心，是孟子所谓的良知。这个"函"，也指的是良知，是侍奉良知的实质，就是不欺骗良知而已。不欺骗良知，就是侍奉上天。天就是人、人就是天，天与人是一般无二的。司马公不知不觉中，与关（张横渠）、闽（朱熹）诸位贤人同样看透了这一层。最终通过不断努力，做到不欺骗自我，达到无妄诚一的境界。侍奉君父是这样，与同僚交际、教育弟子也是这样。写成《资治通鉴》和《书仪》等著作时，也都是保持诚心而完成的。所以后人读司马温公的书时，如果不理解他的心学，只是随便读读的话，那么喜欢《资治通鉴》的人就会随波逐流忘记根本，研究《书仪》的人也会变得狭隘而无法成长，这样一来司马温公的本意就会被忽视。我们应该认真学习这个道理。除此之外他的格物论，也要反复诵读才能理解。后世儒者虽然有很多人批驳他的学问，但是作为初学者读他的文章、理解他的用意，对"不欺""慎独"还是很有益处的。

一一三

【原文】

司马温公曰："学者，所以治心也。学虽多，而心不治，则安以学为。"又曰："小人治迹：'君子治心。'夫治心之义，亦《大学》之第一义也。"程夫子有云："本朝醇而不杂者，以公为首。"朱子曰："温公可谓知、仁、勇。"二大儒品评公如此，亦只不出于其治心二字焉耳。而公能治心故慎独，慎独故不欺而意诚也？以此内齐家，外治国天下，乃有实功矣。岂如夫遗体事用之比哉？且后儒动以心学为禅，然则公亦禅乎？朱子《小学》载公辟佛教之说，垂教万世。则非禅坐可知矣。吾推究之，以心学为禅者，公所谓治迹者之所发也，公早既察之，故有斯说。非耶？

【今译】

司马温公说："学问是为了陶冶内心，学得再多，如果不能陶冶内心，学来又有什么用呢？"又说："小人追求事迹，君子追求内心。而陶冶内心的含义，就是《大学》的第一要义。"程先生说过："本朝精纯不杂的，司马温公是第一人。"朱熹先生说："司马温公可说是知、仁、勇兼备的人。"两位大儒如此评价他，也不过是因为他"治心"二字。而他能陶冶内心才能做到慎独，做到慎独才能不欺骗良知而保持诚意。并就此对内做到齐家、对外做到治国、平天下，建立了实际的功绩。这岂是放弃本体、只关注事迹所能比的？而且，后世的儒者动辄就把心学当成禅，果真如此的话，司马温公也是禅学吗？朱熹先生编辑《小学》，把司马温公排斥佛教的言语记录其中，让万世学习。由此可知，司马温公并不是禅学。我推测，司马温公早就明察到，把心学当成禅学的，都是所谓"追求事迹"的小人所说，所以才说了以上的话语。不是这样吗？

一一四

【原文】

谢上蔡先生曰："他人安能陶铸我？我自有命，若信不及，风吹草动，便生恐惧忧喜。"又曰："生本无可好，人之所以欲生者，以欲也。死本无可恶，人之所以恶死者，亦以其欲也。生求称其欲，死惧失其欲，憧憧天地之间，无不以欲为事，而心学不传矣。"先生程门之高第，而与龟山先生伯仲之间也，自静坐之工，心得一死生之超脱焉，可谓豪杰之士矣。

【今译】

谢上蔡先生说："别人又怎么能够陶冶我呢？我自有我自己的使命，但是如果不相信自己的使命，那么风吹草动心里便会生出恐惧忧喜。"又说："生本没有什么好贪，人之所以贪生是因为欲望。死本没有什么可怕，人之所以怕死也是因为欲望。贪生是因为欲望，怕死也是因为欲望，天地之间充满欲望，所以心学才得不到流传。"谢上蔡先生是程门高弟，与杨龟山先生伯仲之间，他通过静坐悟出了超越生死的含义，可以说是豪杰之士。

一一五

【原文】

游定夫①先生曰："仁人心也，则仁之为仁，得其本心而已。且心之本体一而已矣。非事事而为之，物物而爱之，又非积日累月而后可至也。一日反本复常，则万物一体，无适而非仁矣。故曰：'一日克己复礼，天下归仁焉。'天下归仁，取足于己，而非有籍于外。故曰：'为仁由己，而由人乎哉？'""一日克己天下归仁焉"之解，先生及龟山先生迄姚江只一辙，当知姚江之源，由伊洛以发洙泗矣。

【注解】

①游定夫：名酢，又称"廌山先生"，建阳长坪人。北宋理学家、教育家、书法家。

【今译】

游定夫先生说："所谓仁就是人心，而仁之所以为仁，就是因为领会到了本心。而且心的本体在所有实践上都一以贯之。不是一事一事去做，也不是一物一物去爱，也不是非要日积月累才能达到的。只要一天返回根本、恢复恒常，那么万物都归为一体了，哪里都是实现仁的地方。所以（孔子）说：'只要一天做到克制自己而言行符合礼的规范，天下的一切就都归于仁了。'天下归仁，就能实现自我，而不依赖于外界。所以（孔子）说：'实行仁德，完全在于自己，难道还在于别人吗？'"所以对"一日克己天下归仁焉"的解释，游定夫先生和杨龟山先生一直到王阳明先生都如出一辙，我们该知道，王阳明先生思想的源流，自二程一直上溯到孔子。

一一六

【原文】

杨龟山先生曰："知'万物皆备于我'，则数数虽多，反而求之于吾身可也。故曰：'尽己之性，则能尽人物之性。'以己与人物无二故也。"先生谓求之于吾身，则道非外求可知矣。程门心传之工夫，本简易皆如此，而后人以为类佛，却为门外之工夫，非惑乎？

【今译】

杨龟山先生说："'万物皆备于我'（针对所有事情的适应能力，我们都固有），如果明白这个道理，那么不管事项再多，我们都可以在自己内心去寻找适应它的能力，进而实践。所以古人说：'尽可能发挥自己的潜在能力，就可以尽可能发挥他人的潜在能力。'这是因为我们和他人（的本性）没什么不同的。"先生所谓在自身寻找适应能力，就是说这不是可以从外界寻找到的。程门心传的努力，本来就是这么浅显易懂。而后人觉得程氏一门类似佛教，是儒学以外的努力方法，不是糊涂吗？

一一七

【原文】

杨龟山先生曰："通天下一气耳，合而生，尽而死。凡有心知血气之类，无物不然也，知合之非来、尽之非往，则其生也浮沤①，其死也冰释，如昼夜之常，无足悦戚者。"先生此悟，全从《正蒙》"太虚一气聚散"之说来,《易》所谓"原始反终,故知死生"之说者也。故其终身论道,无畏避因循之态。程门上足高第,非斯人而谁欤。

【注解】

①浮沤:水面上的泡沫。因其易生易灭,常比喻变化无常的世事和短暂的生命。

【今译】

杨龟山先生说:"世界中充满一气。气聚合就是生命,气消散就是死亡。但凡有知觉的血肉之躯,莫不如此。如果我们能够明白,气聚合没有什么由来,消散也不会有什么变化的话,我们就能够懂得生命就像泡沫,死亡就像冰块融化,跟昼夜变化恒长一样,没有什么可喜悦和悲伤的。"杨龟山先生这一感悟,源自张横渠先生《正蒙》中"太虚一气聚散"的说法、《易经》中所谓"原始反终,故知死生"说的也是这个事情。所以杨龟山先生终生论道,从来不畏避、不守旧。程门里说到高足弟子,非他莫属了。

一一八

【原文】

杨龟山先生曰:"学者读书之法,以身体之,以心验之,从容默会于燕间静一之中,超然自得于书言象意之外。"又曰:"自尧、舜已前,载籍未具,世所有者,独宓牺①所画八卦耳。当是之时,圣贤如彼其多也。自孔子删定系作之后,更秦历汉,以迄于今,其书至不可胜记。人之所资以为学者,宜易于古。然其间千数百年,求一人如古之圣贤,卒不易得,何哉?岂道所传,固不在于文字之多寡乎?夫尧、舜、禹、皋陶,皆称若稽古,非无待于学也。其学果何以乎?由是观之,则圣贤之所以为圣贤,其用心必有在矣。学者不可不察之也。"

右二条,程门相传读书之诀也。前一条,乃陆象山先生所谓,"六经皆我注脚"之意,而龟山先生之言则温润矣。后一条,亦象山先生所辨,尧、舜之前,何书可读之旨,而龟山先生之语则优婉矣。要之读书则贵心得躬行,乐则伊傅,忧则颜闵,无其志,则龟山、象山二先生之言,皆不入耳,反以仇之。世道之衰,岂非可悲乎?

【注解】

①宓牺氏亦作"宓戏氏"。即伏羲氏。宓,通"伏"。

【今译】

杨龟山先生说:"学者读书的方法,就是用身体去体验,用心去验证,在从容镇定的状态下超越语言去领会,在超然自由的立场上去理解语言表现出来的象征意义。"又说:"尧、舜之前尚没有书籍,世上只有伏羲氏所画的八卦。那个时代却有那么多的圣贤。自从孔子删定《系辞》（即《周易》）之后，经历秦汉，到现如今，出现的书籍数不胜数。人们阅读这些书籍做学问，比古代容易得多。可是这之间一千几百年里，想要找一个像古代圣贤一样的人，却很不容易，这是为什么呢？不是因为道所传达的内容，本就不在于文字的多寡吗？原本《尧典》《舜典》《大禹谟》《皋陶谟》这些文章，都是以'若稽古'（顺考古代之道理）开头，而不是依存于学问之上。那么这些学问又该怎么办呢？从这一点看，那么圣贤之所以为圣贤，必有其用心所在之处。学者不可不明察此节。"

以上两条，是程门学者传承下来的读书要诀。前一条，就是陆象山先生所谓"六经皆我注脚"的意思，而杨龟山先生说得温和一些罢了。后一条，也是陆象山先生所辩论的"尧、舜之前，何书可读"的主旨，而杨龟山先生说得委婉一些罢了。总之，读书重在用心体会、亲身实践，欢乐的时候就作伊尹、傅说，忧伤的时候就作颜回、闵子骞。如果没有做学问的志向，那么杨龟山、陆象山两位先生说的话，就听不进去，反而视其为仇。世道如此衰败，难道不可悲吗？

一一九

【原文】

罗予章先生曰："周、孔之心，使人明道，学者果能明道，则周、孔之心深自得之。三代人才，得周、孔之心而明道者多，故视死生去就，如寒暑昼夜之移，而忠义行之者易。至汉唐以经术古文相尚，而失周、孔之心。于是明道者寡，故视死生去就，如万钧九鼎之重，而忠义行之者难。呜呼！学者所见自汉唐衰矣。"先生所谓周、孔之心者，即太虚也。比屋及弟子，因其教亦得其心，故其视死生去就如彼。汉唐已来名贤之外，大抵己私塞乎心，而心失虚矣，故其视死生去就如此。此而治经为文，自圣贤视之则谓何？必为能言之鹦鹉矣。故圣学得周、孔之心之外，别无尽力者。而周、孔之心，即与人无二，然吾亦已私塞乎心了。读先生言，汗湿背，赤发颊。尝问于同志，子等如何？

【今译】

罗豫章先生说："周公和孔子的心，让人明白道。学者如果能够真正明白道，就可以深刻理解周公和孔子的心。夏、商、周三代的人才，因为明白周公、孔子的心，而明白道的人很多，所以看生死去就，就像寒暑昼夜一样，可以很容易地实行忠义。而到了汉唐，尊崇经书的解释和文章的写作，周公和孔子的心不再被人认识。于是很少有人能够明白道，所以看生死去就，就像万钧九鼎一样重，而很难实行忠义。唉！所能看到的学者，从汉唐以后就没有（明道的）了。"先生所谓周公、孔子的心，就是太虚。身边的弟子因得到教导，也得到了他的内心，所以才能如此看待生死去就。而汉唐以来除了名人贤者，大抵因私欲塞满内心，而失去虚空，所以才如此看待生死去就。这些人写出来的文章、标注的经书，圣贤会怎么评价呢？肯定说他们只是会说话的鹦鹉罢了。所以说到圣学，除了要学得周公、孔子的内心之外，没有其他可以努力的方向。而周公、孔子的内心与人没有什么不同，但是我们这些人用私欲塞满本心。读了先生的话，我汗流浃背，面红耳赤，也曾经问身边的同志，你们觉得如何？

一二〇

【原文】

李延平先生始以书谒罗予章先生略曰："侗闻之，天下有三本焉，父生之，师教之，君治之，阙其一则本不立。古之圣贤莫不有师，七十二子之徒，得孔子而益明。孟氏之后，道失所传。其聚徒相传授者，句读文义而已。谓之熄焉可也①。惟先生服膺龟山之讲席有年，况尝及伊川之门，得不传之道于千五百岁之后。侗之愚鄙，欲操被彗以供扫除，几年于兹矣。徒以习举子业，不得复役于门下。而今日拳拳欲求教者，以谓所求有大于利禄也。道可以治心，犹食之充饱，衣之御寒也。人有迫于饿寒之患者，皇皇焉为衣食之谋，造次颠沛未始忘也。至于心之不治，有没世不知虑。岂爱心不若口体哉。弗思甚矣云云。"

玩味先生此书，与龟山尝见明道先生书同一意，而先生之学之纯粹、正大可见矣。非其"聚徒相传授者，句读文义而已"，与"所求有大于利禄"之卓见，焉能足得伊洛渊源之味也哉？然人遽读之，则骇而以为狂矣。何者？周亡至汉，名儒硕学，林立于其朝，沨沨彬彬。姑就汉言之，则儒林自申公至瑕丘江凡七人，而刘、叔、贾、马亦儒也。自杨何至房凤凡二十有七人，而匡衡、杨雄等亦儒也。自刘昆至蔡玄凡四十有一人，而马融、郑玄等亦儒也。而又更三国，历六朝隋唐，迄于宋，儒学不可胜记也。而先生抹杀之以"句读文义"。故曰，人遽读之，骇而以为狂矣。然其中除董仲舒、王仲淹、韩退之数公之外，实不有见得其所道者也，终身放着册子文字上焉耳。先生岂欺我哉。而不能见得道，无他，利禄之念惟是蔽也。故虽胸富万卷，而口吐锦绣，其志在此不在彼。则其所求，与颜、闵背驰。总之以志在利禄，故从事"句读文义"也。从事"句读文义"，则求利禄也，相为首尾，而道之不传在此矣。先生本毫爽而改辕，求道于罗门，以历龟山，溯伊洛，得千载不传之道，而又授之紫阳，终为天下道统之梁脊，岂不亦伟乎。而后进以何窥得其道味，亦无他，只从先生之教则必得焉。教者何，以治心之功易衣食之谋，则庶几焉。

【注解】

①语出《论语·里仁》："君子无终食之间违仁，造次必于是，颠沛必于是。"

【今译】

李延平先生第一次写信向罗予章先生请教，信的内容大略是这样："我听说天下有三个根本，父亲生养，老师教导，君主治理，少一个要素，根本就不能成立。古代圣贤都有老师，七十二门徒，因为尊孔子为师，才能进一步明白了道。孟子死后道就失去了传承的人。之后学生聚集在一起所传授的，不过是朗读文章理解字面的意思而已。真正的道可以说已经消失了。而只有罗予章先生在杨龟山先生讲席上花数年研习学问，后来又入程伊川先生门下，得到了一千五百年来的不传之道。我虽然愚笨，这些年来也想拿着箒子扫帚在您这里打扫。以前白白为了科举而学习，没能在您门下作为弟子侍奉老师。而今天又努力想向您求教，是因为我觉得向您求教，比利禄更为重要。道可以陶冶内心，就像食物可以充饥、衣物可以御寒一样。有人因饥寒所迫，慌慌张张为求衣食而算计，流离失所、生活困顿时，也绝不会忘记。可也有人内心得不到陶冶，至死也没有想过此事。那么爱自己的内心，还不如爱自己的嘴巴、身体呢？这不是太缺乏思索了吗？"

我玩味李延平先生的这封信，与杨龟山先生拜见程明道先生时的那封信是同一主旨，可见先生的学问纯粹而正大。如果不是有"之后学生聚集在一起所传授的，不过是朗读文章理解字面的意思而已"和"向您求教的，比利禄更为重要"这样的卓越见识，又怎能足以玩味出与二程先生学问的渊源呢？可是人猛地一读，可能会吃一惊，以为他是狂人。为什么呢？周朝灭亡后，一直到汉代，朝廷里名儒硕学林立，景象盛大。但就汉代来说，儒学者里，就有自申公至瑕丘江等七人。刘向、叔孙通、贾谊、司马迁也都是儒者。自杨何至房凤等有二十七人。而匡衡、扬雄等人也是儒者。自刘琨至蔡玄又有四十一人。而马融、郑玄等人也是儒者。之后又经三国，历六朝隋唐，一直到宋，儒学者不可胜数。而李延平先生视他们为"朗读文章理解字面的意思"，一笔抹杀了。所以我才说，人猛地一读，可能会吃一惊，以为他是狂人。然而其中除了董仲舒、王仲淹、韩退之几位之外，实在是没有谁体会到了圣人之道，不过是终身黏在书卷文字上罢了。先生岂是骗我的。而体会不到圣人之道，不是因为别的，只是因为利禄之念遮蔽了本心。所以虽然背诵了万卷书籍，能说出美词丽句，他的志向也是在功名利禄，而不在圣人之道。而他所追求的，与颜回、闵子骞完全背道而驰。总而言之是志在功名利禄，所以才从事"朗读文章理解字面的意思"。从事"朗读文章理解字面的意思"就会追求功名利禄，因果互为首尾。圣人之道不传，原因就在于此。李延平先生本来性格豪爽，后来改变志向，在罗豫章先生门下求道，后来通过杨龟山先生、二程先生，得到了千年不传的道，然后将它传给朱子，成为天下道统的脊梁，这不是很伟大吗？后来的学生应该怎样才能窥得圣道的真谛呢？没有别的，跟从李延平先生的教诲就好。李延平先生的教诲是什么呢？就是用陶冶内心的努力替代获得衣食的谋划，就差不多了。

一二一

【原文】

李延平先生论性曰："动静、真伪、善恶，皆对而言之。是世之所谓动静、真伪、善恶，非性之所谓动静、真伪、善恶也。惟求静于未始有动之先，而性之静可见矣。求真于未始有伪之先，而性之真可见矣。求善于未始有恶之先，而性之善可见矣。"谨按，性之静，性之真，性之善，非在未发而静观之，则决不可见矣。

若见得焉，则先生常所云道也者乎。先生静坐，验夫喜怒哀乐未发以前气象，以求所谓中，以此也。而先生因之终知"天下之大本"①真在乎是，触处洞然，泛应曲当，发必中节，事亲孝，左右无违。其事见于诸书，则静观之效，非盛且大矣乎？且其教人亦曰，学问之道，不在多言，但默坐澄心、体认天理。若是虽一毫私欲之发亦退听矣。学者虽固不可不读有用之书，而一向放奔，不知反求，则失了龟山门下相传指诀，则于道也益远，何得归乎太虚之本体也哉？尔则非独浮屠氏笑，虽流俗人指议以为扮戏子，宜。故吾辈以所读之经义，求诸身心可也。如静坐之说，则在《刮目》中，斯不赘。

【注解】

①语出《中庸》第一章："中也者，天下之大本也。"

【今译】

李延平先生讨论"性"说："动静、真伪、善恶，都是相对而言的东西。世间所谓的动静、真伪、善恶，并不是真正的动静、真伪、善恶。只有在没有动之前追求静才能看见本性之静，只有在没有伪之前寻求真，才能看见本性之真。只有在没有恶之前去寻求善，才能看见本性之善。"我认为，本性之动静、真伪、善恶，如果不是在发生之前冷静打量，就不可能真正理解。

如果能都真正理解到，那就是先生常说的道了吗？先生静坐，体验喜怒哀乐之感情发生以前的气象，来寻求所谓的"中"，也是因为以上的原因。而先生经过这番努力，终于明白了"天下之大本"就在于未发之"中"，所有状况都能清晰看透，所有事情都能细致应对，表现出来就必然符合节度。孝敬双亲，就陪在身边不违背他们的意愿。这些事例在书上都能看到，静观的效果，岂不是很盛大？而且教育别人的时候也说，做学问的方法，不在话多，只要默默静坐、清澄内心、体味天理。如果做到这一点，即使生出一丝一毫的私欲，也会立即消失。学者当然要读一些有用的书，可是如果只是一味读书，不知道自己体会，就失去了杨龟山门下传承的主旨要诀，离道也就越来越远了，又如何能归于太虚之本体呢？这样的话，不单是佛教徒会嘲笑，世俗之人也会指着我们说是在演戏，诚然如此。所以我们诵读理解经书的意思，只有在自身上去追求才是最正确的。而关于静坐方面的讨论，编在《古本大学刮目》，这里就不赘言。

一二二

【原文】

李延平先生曰："读书者，知其所言莫非吾事，而即吾身以求之，则凡圣贤所至，而吾所未至者，皆可知矣。若直以文字求之，悦其词义，以资诵说，其不为玩物丧志者几希。"夫读书则即吾身以求之，所以求之者，以吾心理载于经籍故也。此是程门读书之诀，先生每每为学者言，而末学只忽之，流荡忘反，不玩物丧志者几希，吾人须承其诚而奉其教矣。

【今译】

李延平先生说："读书人如果知道，书上所写的东西，都是与自己有关的事情，应该把它当作自己的事情去追求，我们就能够明白圣贤能够做到的，和自己还做不到的都是什么。如果简单追求字面意思，满足于字面意思，以帮助背诵，就很容易玩物丧志了。"读书就是贴近自身去追求，因为我心、理存在于经书的原因，所以如此。这是程门读书的要诀，老师屡次对学生解说，但浅薄的后学一直忽视它，无所依托、忘记返朴，太少不玩物丧志的，我们一定要承诚奉教。

一二三

【原文】

朱子曰："太极只是一个理字。"谨按，朱子以理字训太极，吾人易甚解。是阳明先生所谓"文义解得明当处，如何动得一字"者也。夫理，形而上、无声臭者，而所谓太虚也。太虚非空，是乃所以合元亨利贞、春秋冬夏而一焉者，即是太极也。末学若只读"理实也"之说，误以理为有实形者则大惑也，非但误己，大误人，不可不知也。

【今译】

朱子说，"太极只是一个理字"。我觉得朱子用理来解释太极的话，我们容易错误解读。就是王阳明先生所谓的"朱子把文字的意思解释得明晰的地方，一个字也改不得"。所谓理，是形而上、无声无味的东西，也就是太虚。太虚不是虚空，是整合"元亨利贞、春夏秋冬"的原理，也就是太极。而末流的学者如果只去读"理是实在的"主张，以为理是形而下的实形，就实在太糊涂了，不但耽误自己，还会大大耽误别人，这件事情不可不知。

一二四

【原文】

朱子曰："只是一气，阳消处便是阴，不是阳退了，又别有个阴生。"朱子此阴阳消息之说，从程、张来。而天地一气而已矣。虽太极而驾之以运行、赋与焉，即是二而一。知之则生死特其聚散、进退耳。

【今译】

朱子说："这个世界只是一气存在，阳消失之处就是阴，而不是阳消退了又另生出一个阴来。"朱子这个阴阳转变之说，是从程子和张横渠先生那里来的。这个天地一起存在，太极也是乘着这个气流通运行、赋予万物的，两者是二而一的。知道这个道理，就知道生和死也是一气聚散、进退而来。

一二五

【原文】

朱子曰："宇宙之间，一理而已。天得之而为天，地得之而为地，而凡生于天地之间者，又各得之以为性。其张之为三纲，其纪之为五常，盖皆此理之流行，无所适而不在。若其消息、盈虚、循环不已，则自未始有物之前，以至人消物尽之后，终则复始，始复有终。又未尝有顷刻之或停也。"谨案，先儒说天地人物之终始，莫明晰于朱子此章，而又可见有人物消尽之期，而太虚之灵气未尝有一息也。张子曰："鬼神常不死。"亦是意也。程子曰："尧、舜知他几千年，其心至今在。"亦只是意也。

【今译】

朱子说："宇宙之间只一个理字而已。天得到它就成为天，地得到它就成为地。而生于天地之间的，又各自得到它成了性。它展开就是三纲，收紧就是五常，都是因为这个理流转，无处不在。消失了又出现，充满了又变成空，循环不已。从有物出现之前，一直到人和物都消失之后，都没有一刻停止过。"我感觉，先儒说到天地人物始终的。没有一篇比朱子这一章说得更清晰的了，而且还明白了直到有人和物都消失的时候，太虚的灵气都不曾有过一刻中断。张横渠说"鬼神常不死"就是这个意思。程先生也说尧、舜的精神传承几千年，其心至今都还在。也是这个主旨。

一二六

【原文】

朱子曰："语斯道之本体，则谓之太极。语太极之流行，则谓之道。虽有二名，初无两体。那个满山青黄碧绿，无非是这太极。"是何等快活之谈也耶。人若知那个满山青黄碧绿为太极之旨，则出门放观亦道也。何但闭户周旋蠹鱼之间，而学道云乎哉？

【今译】

朱子说："说到道的本体，其实就是太极。而太极的流转就是道。虽然有太极和道两个名字，实体却没有两个。看那满山青黄碧绿，无非就是这个太极。"这真是令人愉快的话。人们如果能够明白满山青黄碧绿的树木，就是太极这个意思，那么出门眺望，也就是道。为什么整日闷在屋里死读书，还说这是在学道呢？

一二七

【原文】

朱子曰："《中庸》说，天命之谓性，即此心也。率性之谓道，亦此心也。修道之谓教，亦此心也。以至于致中和，赞化育，亦只此心也。致知，即心知也，格物，即心格也，克己，即心克也。"又曰："一心具万理，能存心而后可以穷理。"又曰："人心至灵，千万里之远，千百世之上，一才发念，便到那里，神妙如此。自旦至暮，只管展转处于利欲之中，都不知觉。"此三条，初一条，《中庸》《大学》与《论语》之总解也。中一条，解孟子所谓君子所以异于人者，以其存心也之义。终一条，说沦溺利欲者，不能知觉心之灵妙也。

能观之则事事言言，都归乎心矣，而不与陆子说分毫异也。然陆子则其言常峻而已，如朱子则温而严。是性之所使然，而非人力所及也。而朱、陆异同之争，起乎其门人之胜心。斯义也，徐存斋、黄石斋、周巢轩、施愚山诸先生辨白而尽矣，吾亦何赘。只吾辈不治旦暮展转利欲中，不知觉之瞽聋。而虽自谓学朱子，朱子之灵，亦决不受焉。虽自谓学陆子，陆子之灵，亦决不受焉。然则目之谓俗学之外无名号。吁！可愧，又可悲。

【今译】

朱子说，《中庸》里讲，上天赋予人的品德叫做本性，说的就是此心。顺着本性去做事叫做道，说的也是此心。人们培养并遵守道叫做教化，说的也是此心。以至于发挥中的作用而实现中正平和，协助天地变化发育，都是说的此心。致知，就是知心；格物，就是格心；克己，就是克心。又说，内心里包含完理，只要能保持内心，就可以穷尽道理。又说，人心极其灵妙，以千万里之远、千万世之久，念头一生，便可以到达，这就这般神妙。从早到晚，只是辗转于利益欲望的世界之中，完全不知不觉。这三条，第一条是《中庸》《大学》《论语》的总括解释。中间一条揭示了孟子所谓"君子之所以不同于一般人，是因为他保存在心里的思想不同"。最后一条说的是沉迷利益欲望的人，不能感知到内心的灵妙。

从以上能看出，一切行为、言谈，都归在心上，这与陆象山先生的言语一点区别都没有。只不过陆象山先生说话冷峻，而朱子温和严谨。这是他们两个的性格使然，不是人力所能达到的。而朱、陆异同之争，实际上是因为他们门人有了好胜心。这些道理，徐存斋、黄石斋、周巢轩、施愚山等先生都已经说清楚了，我不再赘言。只是我们这些人从早到晚被利益欲望的世界所包围，不知不觉耳聋眼瞎。虽然自称学朱子，朱子在天之灵也绝不接受。虽然自称学陆象山，陆象山在天之灵也绝不接受。这种学问除了叫它"俗学"，实在是找不到别的名字。唉！真是惭愧又可悲。

一二八

【原文】

朱子曰："学之一字，实兼致知、力行而言。"又曰："博学、审问、慎思、明辨、笃行，皆学之事。"又曰："学者工夫，惟在居敬穷理二事，能穷理则居敬工夫日益进，能居敬则穷理工夫日益密。"

又曰："涵养中自有穷理工夫，穷其所养之理。穷理中自有涵养工夫，养其所穷之理。两项都不相离，才见成两处便不得。"又曰："既涵养，又须致知，既致知，又须力行，亦须一时并了，非谓今日涵养，明日致知，后日力行也。"又曰："穷理且令有切己工夫，若只泛穷天下万物之理，不务切己，即遗书所谓游骑无归。"

就右六条中，观朱子所云之学也，居敬也，穷理也，涵养也，致知也，则皆合一内外之道，而未尝见有其末学一偏之弊也。且如其曰"两项不相离，才见成两处便不得之"，与"非谓今日涵养，明日致知，后日力行"，及《遗书》所谓"游骑无归"，诚亲切叮咛，为后人虑之也深矣。学者宜免两项相离成两处，徒托穷物理，而如游骑无归之罪，以报朱子之赐，是"善学"也。

【今译】

朱子说："学问这个事，本来就兼具着'致知'和'力行'两个方面。"又说："博学、审问、慎思、明辨、笃行，都是学问的事。"又说："学者努力就在居敬、穷理两件事上，能够穷理，那么居敬的努力就会日益精进，能够居敬，那么穷理的努力就会日益绵密。"又说："涵养中自然就包含着穷理的努力，穷究所涵养的道理。穷理中自然就包含着涵养的努力，涵养所穷究的道理。两项不能分离，不可以把它们看成两件事。"又说："既然要涵养，就必须致知，既然要致知，就必须力行，而且要同时进行，不能说我今天涵养、明天致知、后天力行。"又说："要穷理就要同时切身努力，如果只是关注穷究天下万物的道理，而不切身努力，就成了《程氏遗书》里说的'游骑无处可归'了。"

看这六条里，朱子所谓的学、居敬、穷理、涵养、致知，都是内外结合的方法，完全看不到末流学者偏于一面的弊害。而且就像他所说的"两项不能分离，不可以把它们看成两件事"，与"不能说我今天涵养、明天致知、后天力行"，以及《程氏遗书》里说的"游骑无处可归"这些话，实在是亲切细致，对后人的关照实在是深切。学者应该尽量避免把两项分离，徒然追寻事物的道理，和像游骑一样无处可归的错误，以此报答朱子的恩赐，这才是"善于学习"。

一二九

【原文】

朱子曰："以我观书，处处得益。以书博我，释卷而茫然。"又曰："读圣贤之言，而不通于心，不有于身，犹不免为书肆。况其所读，又非圣贤之书哉。以此道人，乃欲望其教化行而风俗美，其亦难矣。"又曰："解释文义，使各有指归，正欲以语道耳，不然则解释文义何为。"又曰:"读书为学,本以治心,今乃不唯不能治之,而乃使向外奔驰,不得休息,以至于反为之害,是岂不为迷惑之甚乎?"又曰:"圣贤心事,今只于纸上看,如何见得?"又曰:"须反来就自家身上推究。"又曰:"读一句书,须体察这一句,我将来甚处用得。"又曰:"读《大学》,岂在他言语,正欲试验之于心如何。如'好好色、恶恶臭',验之吾心,果能如此乎?'间居为不善',是果有此乎?一有不至,则猛勇奋跃,不已必有长进。今不知如此,书自书,我自我,何益之有?"又曰:"自圣学不传,为士者,不知学之有本,而所以求于书,不越乎记诵、训诂、文词之间,是以天下之愈多,而理愈昧;学者之事愈勤,而心愈放;词章愈丽,议论愈高,而其德业事功之实,愈无以逮乎古人。"又曰:"观书但当虚心平气,以徐观义理之所在,如其可取,虽世俗庸人之言,有所不废,如其可疑,虽我传以为圣贤之言,亦须更加审择。"又曰:"秦汉以来,道学不传,儒者不知反己潜心,而一以记、览、诵、说为事,是以有道君子深以为忧。然亦未尝遂以束书不读,坐谈空妙,为可以缴幸于有闻也。"又曰:"为学而不观书,此固一偏之论,然近日又有一般学问,废经而治史,略王道而尊霸术,极论古今兴亡之变,而不察此心存亡之端。若只如此读书,则又不若不读之为愈也。况又中年精力有限,与其泛观而博取,不若熟读而精思。得尺(吾尺),得寸(吾寸),始为不枉用功力耳。"

右十有二条,乃朱子读书为学之矩矱也,而可谓深切丁宁矣。故人解之似甚易,而行之益难矣。朱子没后,其学者果以我观书乎,抑以书博我乎?恐以书博我者多矣。然则虽口倡朱学,而实则非其门外汉而何?读圣贤之言,求之身心,而有意于教化风俗乎?恐虽读之,不通于心,不有于身,而外视教化风俗者亦多矣。以此类比书肆之诫,朱子既已言之,则非待薛文清、胡敬斋而始贬也。解释文义,茧丝牛毛,而语道以履之乎?恐语道以履之者不多矣。"解释文义何为"之呵责,既起乎朱子,而不起乎陆、王明明焉。读书以治心乎,恐读书不治心者十九。然则向外奔驰必矣,此亦不能弛于朱子"反为之害",与"迷惑之甚"之忧患也。于纸上寻行数墨而已乎?亦能见得圣贤心事乎?如不能见得圣贤心事,则非无面目对于朱子乎?就身上推究乎,不就身上推究,则谓朱学可乎?读一句书体察之,以要显诸用乎?非显诸用,则与朱子生前之实功为胡越矣。

读《大学》,好善如好好色,恶恶如恶恶臭,验之吾心乎?"间居不善"之有无,亦内省乎。工夫不到焉,则非朱子所谓书自书,我自我者乎。犹以是谓学道乎。不知学之有本,而只求于书乎。只求于书,则"记诵、训诂、文词"而已。而其"德业、事功无逮乎古人"之叹，非外人之叹，乃朱子长大息也。观书果虚心平气乎。
虽庸人之言，协义者则果容之乎。虽所传，有疑则加审择乎。夫末
学之弊，虽大人、君子之言，如弃而土苴，则何敢容庸人之言，何
敢审择其所传之疑者哉？然则与朱子公正宽弘之胸臆，如冰炭、黑
白然。此而立门户，非客气胜心之崇乎。遗心以从事记、览、诵、
说乎。束书不读，坐谈空妙乎。前焉则流于卑陋，后焉则堕于释老。
朱学之弊似彼，陆学之弊似此，俱非圣学矣。是乃朱子之所恐，而
陆子亦所虑也，废经而治史乎？略王道而尊霸术乎？极论古今而不
察心乎？泛观博取乎？若有此数之病，则陈同甫者流，而非程、朱
之子弟也。然借程、朱之名，而阴袭同甫之学者比比有焉，此非朱
门之罪人而何？

呜呼！吾引朱子之言，历数末学之弊，岂有他哉，只恐后进终
不能知朱学之本色，而善人之不殖于世焉。故云云，非诚意为学之
人，孰能察识某心乎哉？

【今译】

朱子说："带着主体性去读书，则无论读什么都能获益。如果
是用读书来拓展知识，那么合上书就一片茫然。"还说："读圣贤的
言语如果不能用心去理解，不成为自己的东西，那人也不过是一个
（人形）书店罢了。更何况读的未必都是圣贤之书。用这种方法教导
人，就算想要自己的教化得到实践，让风俗变好，实现起来恐怕也
难。"朱子还说："解释文字的意思，明白文章的主旨，是为了让它
有所指，用它来说明道理，不然解释文字意思又有什么用呢？"朱
子还说："读书做学问，本来是陶冶内心，结果现在不但不能陶冶内
心，心反而向外奔驰，没有一刻休息，以至于反过来影响内心的陶
冶，这样不是很迷惑内心的吗？"又说："圣贤的心事，现在如果只
看纸面上写的那些，又怎么能明白呢？"又说："必须要返回自身去
推演探究。"又说："读一句书，必须要思考一下，这句话今后对自
己有什么用处。"又说："读《大学》，意义岂在言语的层面，而恰
恰在于验证（《大学》里所述的）于自己内心是如何的。比如'喜欢
美色、讨厌恶臭'，检验自己的内心，真的能做到吗？'闲着没事就
要做坏事'，自己是不是也有这种情况呢？一旦发现自己有做不到的
地方，那就会猛然奋起不断努力，必然会获得进步。如今如果不能
明白这个道理，那书是书、我是我，读书又有什么益处呢？"又说：
"自从圣人之学不再被传承，士大夫们不知道学问有其根本，于是
探究书籍的目的，无非背诵、训诂、和写文章。因此天下书籍越多，
真理却越被蒙昧；学者越努力，却越失去本心；词句文章越华丽、
议论越气势豪迈，他们的品德和功绩，却越赶不上古人。"又说：
"看书时要虚心静气，缓缓观察义理的所在。如果有可取之处，即使

是世俗平庸之人的话，也不会不理。如果感觉可疑，就算是我们认为是圣贤的话，也需要慎重地加以选择。"又说："秦汉以来，道学不传，儒学者不懂得反省自身、深入内心，而一味地把记忆、阅览、朗读、解说当成功课，所以那些有道的君子深深为之担忧。但是他们也并没有把书收起来再阅读，坐而进行空洞的议论，以期侥幸能听到些真理。"又说："做学问而不看书，这固然是偏颇的。可是近来又有一种学问，废弃经书而钻研史学，不理王道而尊崇霸道，讨论透了古今兴亡的变化，却不去体察内心存亡的端绪。如果只是这么读书，那真是还不如不读为妙了。况且人到中年精力有限，与其泛泛阅读、到处搜取，不如熟读后再精细思索。得到一尺就成为我的一尺，得到一寸就成为我的一寸，这才算不枉费了努力用功。"

以上十二条，是朱子读书做学问时的规矩，实在说得上是深切叮嘱。所以人们好像理解起来很容易，实行起来却很难。朱子去世后，学习朱子学的人，果真是带着主体性去读书呢，还是用书来拓展知识呢？恐怕用书来拓展知识的居多吧。如果是这样，那么这些人虽然嘴上说倡导朱子学，而实际上他们不是门外汉又是什么？是想要读圣贤的言语，追求在自身上实践，进而用以教化风俗吗？恐怕更多人就算读了圣贤书，也无法在内心中领会，而无视教化风俗吧。把这比喻成书店的训诫，朱子已经说过了，可不是等到薛文清、胡敬斋才开始贬斥的。细致入微地解释文字意思的人，会谈及道并且实践道吗？恐怕谈及道并且实践道的人不多吧。"解释文字意思要干什么"这种苛责，明明是始于朱子，而不是起于陆象山、王阳明。读书是为了陶冶内心吗？恐怕十有八九的人读书而并不陶冶内心。这样的话内心必然会向外散漫，所以也不能轻视了朱子"反过来影响内心的陶冶""很迷惑内心"的忧虑。只是在纸上数一下行数、字数吗？这就能体会到圣贤的心事吗？如果体会不到圣贤的心事，岂不是没有面目去见朱子？在自身上推演探究了吗？如果不在自身上推演探究，那还能说自己学的是朱子学吗？做到了读一句书？就把它在实践中显现出来了吗？如果没在实践中显现出来，那就与朱子生前实践的内容完全相反了。

读《大学》，所谓喜好善行如喜欢美色、厌恶丑恶如讨厌恶臭，在自己内心中检验了吗？反省自己是否"闲着无事就做坏事"了吗？如果这般努力不够，不就成了朱子所谓的书是书、我是我了吗？这还能说自己是学习道的吗？是不是不懂得学问有其根本、而只是在书本上寻求了？只在书本上寻求，就只是"背诵、训诂、写文章"了。那么"品德和功绩，越赶不上古人"的感叹，不是别人的感叹，而恰恰是朱子自身发出的深深感叹。看书的时候果真做到了平心静气吗？就算是平庸之人的话，如果符合道义的话，果真能接受吗？即便是传承下来的内容，如果有疑问的话，能够加以审慎选择吗？那些末学的弊害，就是即使是大人、君子的话，他们都弃之如草芥，又怎么会接受平庸之人的话，又怎么会审慎选择古来传承内容中存疑的部分呢？这么一来，就与朱子公正宽广的胸怀，如同冰火、黑白般判然不同了。这样还立起门户相互争执，不就是因为争强好胜吗？是不是放弃内心而一味地把记忆、阅览、朗读、解说当成功课了？是不是收起书来不读，坐而空谈玄妙了？前者流于狭隘，后者则堕如佛教、道教了。朱子学的弊害类似前者，陆象山学问的弊害类似后者，两者都不是圣人的学问。这是朱子所担心的，也是陆象山所忧虑的，是不是废弃经书而钻研史学了？是不是忽略了王道而尊崇霸道了？是不是讨论透了古今兴亡的变化，却不去体察内心了？是不是读书泛泛、四处寻取了？如果有这些弊病，那么就是因袭陈同甫的学问，而不是程、朱的子弟了。然而借程、朱之名，暗自因袭陈同甫的学者比比皆是，这些人不是朱门的罪人还能是什么呢？

唉！我引朱子的话，历数末学的弊害，不是为了别的，只是怕后进不能了解朱子学问的本色，而善人不能在世间立足，所以才一说再说。不是诚意为学的人，又有谁能体察这个用心呢？

一三〇

【原文】

朱子曰："臣子无爱身自佚之理。"又曰："论事，只当言其理之是非，不当计其事之利害。"又曰："学者当常以志士不忘在沟壑为念，则道义重，而计较死生之念轻矣。"又曰："今人遇小小之利害，便生趋避计较之心，古人刀锯在前，鼎镬在后，视之如无物者，只缘见得这道理，不见那刀锯、鼎镬。"谨案，右四条所云，是即文公自实践白鹿洞揭示"明其道、正其义"之训之事。而自其筮仕，以至属纩，五十年间，历仕四朝，仕于外者，仅九考，立于朝者四十日而已。此岂非"臣子无爱身自佚之理"之实践乎？提点江西刑狱，促奏事。有要之于路，以正心诚意，为上所厌闻，戒以勿言者。文公答曰："吾平生所学，止此四字，敢回互而欺吾君乎。"此岂非"言其理而不计其利害"之真修乎？文公家贫，故诸生自远至者，豆饭藜羹，率与之共。往往称贷于人，以给用，非其道义，一介不取，是非以"不忘在沟壑"为念，孰晏如能之哉？奸人胡纮、陈贾等希时相旨，纷起群攻，诬道学以伪学。又以为逆党，诏谕之天下。故攻道学者日急，选人余某者，上书乞斩文公。而文公讲学不休，是非"见得道理，不见那刀锯、鼎镬"者，孰裕如处之哉。由是观之，则可谓文公之志气振乎百世之上，而兴起于百世之下矣。如又读其书而学其道,不能堪斯苦节者,岂师尊私淑焉云乎哉,宜乎。薛文清公曰:"自朱子没,而道之所寄,不越乎言语文辞之间。"能因文辞而得朱子之心学者,许鲁斋一人而已。是知言也。

【今译】

朱子说:"臣下和孩子绝无爱惜自己、置身安乐的道理。"又说:"讨论事情的时候,应该只讨论道理的是非,而不应该计算事情的利益和损害。"还说:"学者应该常常谨记,有志之士经常被抛弃在偏远的地方,应以道义为重,计较死生为轻。还说,现在的人遇到一点点利害,就会产生趋利避害的计较心,而古人刀锯在前,鼎镬在后,却视而不见,就是因为看到了这道理,而无视那刀锯、鼎镬。"我仔细考虑以上四条,就是朱子自己实践,在白鹿洞开示的"明其道、正其义"的教导。朱子从开始供职一直到生涯结束,五十年之间,侍奉四代君主,作为地方官供职只有九年,而在朝廷则只有四十天。这不就是对"臣下和孩子绝无爱惜自己、置身安乐的道理"的实践吗?先生在江西调查刑事诉讼案件的时候,都是迅速上奏报告。一次,有人在公所等待先生,告诫说:"'正心诚意'是皇帝不爱听的,还是不要上报了。"文公回答说:"我平生所学只有这个四个字,怎么敢犹豫而欺骗自己的君主呢?这不就是'只讲道理,而不计算事情的利益和损害'的真正修养吗?"文公家境贫寒,所以学生们从远处赶来时,虽是粗茶淡饭,也大抵和学生一起食用。还时不时找人借钱款待学生。而不懂道义的,则一分钱也不收取。如果没有"不忘沟渠"之念,谁能安然做到这一点呢?奸人胡纮、陈贾等人受到当时宰相韩侂胄的赏识,对先生群起攻之,攻击道学是伪学、是逆党,并昭于天下。结果攻击道学的人越来越不留情,当时待任的余某,上书请求斩杀文公。而文公却讲学不休,这不就是"看到了这道理,而无视刀锯、鼎镬"吗?谁又能如此从容对处呢?从这一点看,那真可以说文公的志向、勇气逞于百世之上,又振奋了百世之下。那些如果读了他的书、学了他的道,却不能在苦难中坚守节操的人,怎么能说把文公尊为师匠,而内心仰慕呢?诚然如此。薛文清公说:"自从朱子去世,道只在言语文辞中传递。"能够从文辞中领会朱子本心的学者只有许鲁斋一人而已。这是有见识的话语。

一三一

【原文】

陆子曰:"古人皆是明实理,做实事。"又曰:"人无不知爱亲敬兄,及为利欲所昏便不然。欲发明其事,止被彼利欲昏处指出,便爱敬自在,此是唐虞三代实学,与后世异处在此。"谨按,陆子此二条之说，至易至平，而如无见吴草庐先生所称叹，陆子壁立千仞之势也。然子细玩味，则壁立千仞之势隐然乎其中矣。何则明实理，做实事，虽至易至平，而愚夫妇之所易知能。及其至也，圣人亦有所难焉。又其拈出爱敬之良于利欲昏处，以唤醒愚夫妇手段，虽亦如至易至平，然遵斯道，将与唐虞三代之圣人同神化，则非壁立千仞人所难企及矣耶。若只采其语气之峻逸奋迅者，以谓之壁立千仞，则皮肤之论，而非真知陆子者也。

其因读《书》至宇宙二字，解曰："四方上下曰宇，往古来今曰宙。忽大省曰，元来无穷，人与天地万物，皆在无穷中者也。宇宙内事，乃己分内事，己分内事，乃宇宙内事。东海有圣人出焉，此心同也；此理同也。西海有圣人出焉，此心同也，此理同也；南海、北海有圣人出焉，此心同也，此理同也。千万世之上，至千百世之下，有圣人出焉，则此心同也，此理同也。道外无事，事外无道，道理只是眼前道理。虽见到圣人田地，亦只是眼前道理。"等之诸说，虽前古未发之言，既脍炙人口，而人今为厌闻。是非言之罪也，人之罪也。然要见陆子之学之纯，则只在于"明实理、做实事"，与"拈出爱敬之良于人欲昏处"而已矣。自余诸说，概其注脚也夫。

【今译】

陆象山先生说："古代的人都明白实在的道理，做实在的事情。"又说："人都知道爱父母，敬兄长，可是一旦被利益和欲望蒙蔽，就做不到了。如果想弄清楚事情的实际状态，只要指出他被利益欲望所蒙蔽这一点，就证明爱父母，敬兄长本来就存在。这才是夏、商、周三代圣人的真正学问，也是与后世的差异所在。"我仔细思考，感到陆象山先生这两点主张极其平实易懂，好像感受不到元代的吴草庐先生曾称叹的，先生就好像站在千仞高的岩壁上。但是仔细玩味一下，站在千仞高的岩壁上的样子，不就渗透在这其中吗？为什么这么说呢？因为先生明白实在的道理，做实在的事情，虽然极其平实易懂，连一般庶民也能很容易明白，但它的最高深境界，即便是圣人也有做不到的地方。而且，他将爱亲敬兄的良知从利益欲望的遮蔽中解脱出来，以唤醒一般庶民的手段，虽然也极其平实易懂，但是他尊奉这个道，要做出与唐虞三代圣人一样的教化，那就是站在千仞高的岩壁上，不是他人能够企及的。如果只是觉得先生言语激烈严峻，说这就是站在千仞高的岩壁上的话，则就是肤浅之论，不是真懂得陆象山先生的人。

陆象山先生读《书经》读到宇宙二字时，解释说："四方上下（东、南、西、北、天、地）就是宇，古往今来就是宙。先生突然大彻大悟说，原本就是无穷，人和天地万物都在无穷之中。宇宙之内的事，就是我分内的事；我分内的事，就是宇宙之内的事。东海出了圣人，他的心与本心相同，道理也与此理相同；西海出了圣人，他的心与本心相同，道理也与此理相同；南海、北海出了圣人，他的心与本心相同，道理也与此理相同。千万世以前，直到千万世以后，出了圣人，他的心与本心相同，道理也与此理相同。这个道理之外没有事，事之外没有道理，道理只是眼前的道理。就算体会到圣人的境界，也只是眼前的道理。"这样的话是前人从来没有说过的话，可是脍炙人口，如今人们却觉得已经听腻了。这不是先生言语的问题，是人的问题。然而如果想要理解陆象山先生学问的精纯，那就在于"明白实在的道理，做实在的事情""将爱亲敬兄的良知从利益欲望的遮蔽中解脱出来"。其他的诸般主张，大致都是这一主旨的解说。

一三二

【原文】

陆子曰："学者须是打叠田地净洁，然后令他奋发植立。若田地不净洁，则奋发植立不得。古人为学即读书，然后为学。可见然田地不净洁，亦读书不得。若读书则是假寇兵、资盗粮。"又曰："读书固不可不晓文义，然只以晓文义为是，只是儿童之学。须看意旨所在。"又与黄元吉书曰："道广大，学之无穷。古人亲师求友之心，亦无有穷已。以夫子之圣，犹曰学不厌，况在常人。其求师友之心，岂可不汲汲也。然师友会聚，不可必得。有如未得会聚，则随己智识，随己力量，亲书册、就事物，岂皆蒙然懵然，略无毫发开明处。曾子曰：'尊其所闻则高明，行其所知则光大。非欺人也。'今元吉纵未有闻所未闻，见所未见处，且随前日所已闻、已知者，尊之、行之，亦当随分有日新处，莫未至全然为冥行也。学者未得亲师友时，要当随分用力。随分用力，随分考察，使与汲汲求师友之心不相妨害，乃为善也。"此二者，一有偏胜，便入私小，即是不得其正，非徒无益，而害之也。而有一后生，欲处郡庠。陆子又训之曰："一择交，二随身规矩，三读古书《论语》之属。"又曰："束书不观，游谈无根。"又曰："后生看经书，须着看注疏，及先儒解释，不然执己见议论，恐入自是之域，便轻视古人。至汉唐间名臣议论，反之吾心，有甚悖道处，亦须自家有征诸庶民而不缪底道理，然后别白言之。"

又与朱道济书云："读书且精文义，分明事节易晓者，优游讽咏，使之浃洽，与日用相协。非但空言虚说，则向者疑惑处，自当涣然冰释。"与邵中孚书亦云："读书，训诂既通，但平心读之，或有未通晓处，姑欠之无害。且以其明白昭晰者，日加涵泳，自然日充日明，后日本原深厚，则向来未晓者，将亦涣然冰释。"与曾宅之书亦云："读古书，且当于文义分明处，诵习观省。毋忽其为易晓，毋恃其为已晓，则久久当有实得实益。至于可疑者，且当优游厌饫①以俟之，不可强探力索。后日于文义易晓处有进，则所谓疑惑难晓者，往往涣然而自释。"

今就右数条观之，则陆子读书之法亦可见矣。其尊德性云，而何废读书之有。然止偏于书策，而不知心之正不正者，不为少矣。陆子之所恐在此，而朱子之所患亦在此矣。是故朱子虽以读书讲学为首功，又安不以尊德性为教哉。吴草庐辨朱、陆之学曰：朱子之教人也，必先之读书讲学。陆子之教人也，必使真知实践。读书讲学者，固以为真知实践之地，真知实践者，亦必自读书讲学而入。二师之为教一也，而二家庸劣之门人，各立标榜，互相诋訾，至于今学者犹惑。甚矣道之无传，而人人易惑难晓也。吴子此辨乃破的之论，而决非调停之谓也。然推陆子之意，以德性为主本，而问学则特为栽培灌溉之意，亦不可掩也。一条曰："田地净洁。"又曰："假寇兵，资盗粮。"二条曰："只是儿童之学。"三条曰："求师友之心，岂可不汲汲也。"四条曰："一择交，二随身规矩。"此皆冠乎读书。然而五条曰："束书不观，游谈无根。"及尔后四条，看经看注，与看古书之云，其未尝空读书之功，于是又可见矣。然而教人之道，专主朱子亦不可，专主陆子亦不可，只主孔子然后"尽善矣、尽美矣"。何则？人资质有聪明与质朴矣。聪与明必自悟而入焉，质与朴必自修而入焉。故颜子闻一知十，是非悟而何。子夏之笃信，非修而何。颜子虽自悟入焉，而修之功夫，终身不废，故亚圣矣。子夏虽自修入焉，而入室则必悟圣人之道，故贤人矣。因思后之教者，不法孔子，则必误人矣。今使自悟而入焉者，必修而后学道，则自生不屑之心。使自修而入焉者，必悟而后学道，则亦起不及之叹。是非误人乎？虽然平准聪明之与质朴，则彼少而此多矣。然则流于读书一偏者十之七。宜哉，朱子之教满布乎天下，而陆子之教有隐见焉。然后之豪杰节义之士，多出于阳明子之门，则此岂非陆子之余泽乎？且明亡清兴，出群之才而倡朱学者，皆多启发于阳明子者也。然阿时之好恶，攻王而击陆，终成一代风，如陆清献者其撰也。然其《太极论》，是全袭良知之说以制者也，故谓之阳朱阴王可也。

【注解】

①优柔厌饫：比喻为学之从容求索，深入体味。语出宋濂《故东吴先生吴公墓碣铭》："退尔学徒，争奔走其门，先生随其资器，孳孳训迪，必使优柔厌饫而后已。"

【今译】

陆象山先生教诲说："学者一定要让内心洁净，才能发奋独立。如果内心不洁净，就不能发奋独立。古人做学问的时候，也是先读书再做学问。可见内心不洁净，连书也读不好。如果读了，也是把兵器交给敌人，把粮食交给盗贼。"又说："读书固然不能不知晓文义，但是觉得只要知晓文义就可以了，那就只是小孩子的学习方法了。必须理解文章的主旨所在。"他在写给黄元吉的信里又说："道是广大的，而学问没有穷尽。古人亲近老师、求助于朋友的心情也没有穷尽。就算如孔子这样的圣人，还说学而不厌，更何况普通人了。求教师友的心情怎么会不急迫呢？但是与师友相会，不是随时能够实现的。如果不能相会，就要依靠自己的知识、依靠自己的力量，读书籍、干实事，就不会一概懵懂，什么事都无法弄明白了。曾子说：'尊重所听到的道理，他就算是高明的了；实践所掌握的知识，他就算是光大的了。'这不是骗人的话。如今，黄元吉就算有闻所未闻、见所未见的事，如果根据以前听过、见过的，尊重它、实践它，也会依照自己的实力，每天有所新，不至于全都是盲目施行。学习者还没得到亲近师友的机会前，要依照自己的实力去努力。依照自己的实力去努力，依照自己的实力去考察，不让与急切寻求师友的心情相妨害，就是为善了。"这两件，一旦偏向一方，就会陷入狭隘，也就无法走上正途，不但无益，反而有害。有个年轻人，想要在郡的学校里学习。陆象山先生教育他说："第一要选择朋友，第二要遵循规则，第三要读古典《论语》之类的。"又说："把书收起来不读而随意谈论，就会失去根基。"又说："年轻人读经书，必须读注疏和先儒的解释，不然执着于一己之见去议论的话，恐怕就容易陷入自以为是的境界，而轻视古人。至于汉唐间那些名臣的议论，要用自己的内心反省考察，如果存在有悖于道的地方，也须自己有从老百姓那里得到验证无误的道理，才能明确说出来。"

陆象山先生在给朱道济的信里又说："读书的时候，先要精读文义清楚、内容易懂的部分，然后慢慢背诵，使其通汇贯通，并与日常生活相适应。不但不会空谈虚论，以往有疑惑的地方，也自然像冰块融化一样完全消散。"先生写给邵中孚的信中也说："读书时如果已经会了训诂，就平心去读，如果有不明白的地方，姑且放在那里也无妨。每天温习那些明明白白的部分，自然就会一天天扩充、明白起来。等以后基础根源深厚了，以前不明白的地方，也会像冰块融化一样消融。"先生写给曾宅之的信里也说："读古书，就是要朗读文义明白的部分，并且认真思考。不能认为容易懂而忽视，不能自负已经懂了，久而久之，就会有实际的收获和益处。至于那些存疑的地方，也应该从容求索，深入体味，不可以勉强用力探寻。等以后在文义容易理解的地方有所进步时，那些所谓疑惑难懂的地方，往往像冰块融化一样完全消散。"

现在从以上数条来看，就可以明白陆象山先生的读书之法。他即便是"尊德性"（尊重固有的能力），也不认为要废掉读书。可是只注重读书，而不知道内心正与不正的人也不在少数。陆象山先生所担心的就在此，而朱子所忧虑的也在此。所以朱子虽然把读书讲学当作首要的工作，同时也教育大家要"尊德性"。吴草庐先生分析朱、陆的学问说，朱子教育人，必然把读书讲学放在第一位。陆象山先生教育人，必然让其去真知实践。读书讲学，原本就是真知实践的地方；真知实践，也必然要从读书讲学入手。两位老师的教育方法是一样的，而两家平庸低劣的门人，各立门户、相互非难，直到如今学者们还依然困惑。道是如此没有传承之人，以致人人容易困惑、难以理解。吴先生这个分析一语中的，而绝不是调停的话语。当然，推测陆象山先生的本意，还是以德性为主要中心、而对学问的追求则只是辅助性的手段，这也是不可否认的。第一条说："要让内心洁净。"又说："就是把兵器交给敌人，把粮食交给盗贼。"第二条说："小孩子的学习方法。"第三条说："求教师友的心情，怎么可以不急切。"第四条说："一要选择朋友，而要遵守规矩。"这些都优先于读书。然而第五条说："书收起来不读而随意谈论，就会失去根基。"以及后面四条的读经书看注疏，与读古典这些话，也可以明白，陆象山先生也并没有无视读书之努力。然而教育人的方法，只采用朱子的也不行，只采用陆象山的也不行，只有采用了孔子的教育方法，才能"尽善尽美"。为什么呢？人的资质有聪明与质朴。聪明的人从"悟"开始，而质朴的人从"修"开始。所以颜回听了一就能知道十，是悟的类型。子夏的笃信，是修的类型。颜回虽然从悟开始，但是他在修上的努力，坚持终身，才成为了亚圣。子夏虽然从修开始，等到登堂入室后必然能够悟得圣人之道，才成为了贤人。所以我想到，后世的教育者，如果不采取孔子的方法，必然会误人子弟。如果让自己开悟的人从"修"入手，就自然产生不屑的心态。如果让那些自己修习的人，必须从"悟"开始学道，也会产生力有不及的哀叹。这不是误人子弟吗？即使如此，平均来看，还是聪明的人少，质朴的人多。所以偏于读书的人十之有七。朱子的教导遍布天下，陆象山先生的教导却不大得见，也是理当如此啊。然而后世的豪杰义士，多出自王阳明先生的门下，这岂不是陆象山先生的余泽吗？而且明亡清兴后，那些倡导朱子学的拔群人物，也多受到过王阳明先生的启发。可是迎合当时权贵的好恶，攻击王阳明和陆象山，终于酿成一代风气，比如陆陇其就是其中代表。可是他的《太极论》，完全是基于良知之说创造出来的，所以可以说他是表面上的朱子学者、实际上的阳明学者。

一三三

【原文】

陆子曰:"后世言宽仁者,类出于姑息。殊不知苟不出于文致,而当其情,是乃实仁也。"故吾尝曰,虞舜、孔子之宽仁,吾于四裔两观之间见之。又曰:"临安四圣观,六月间倾城,士女咸出祷祠。或问何以致人归乡如此。答曰,只是赏罚不明。"陆子经世之才,见于此二条。昔人比陆子于伊尹在莘时,而阳明子大功业,做出子静事功来云,是非无谓也。学者宜留心焉。

【今译】

陆象山先生说:"后世的人们说到宽仁,都觉得类似出于姑息。却并不知道,即使不严格执行法律,只要符合实情才是真正的宽仁。"所以我曾经说虞舜、孔子的宽仁,我在四裔两观之间也能看得到。陆先生又说:"临安的四圣观,在六月的时候,城中的男女都去参拜。有人问到为什么有这么多人。回答道,只是因为赏罚不明。"陆象山先生作为政治家的才能,在以上两条就表现了出来。过去有人用伊尹在莘来比陆象山先生,而王阳明先生能获得巨大功绩,也是实践了陆象山先生的事功,这话不是没有根据的。学者应该留心。

一三四

【原文】

阳明先生《语录》曰:"或问异端。先生曰,与愚夫愚妇同的,是谓同德,与愚夫愚妇异的,是谓异端。"谨按,世以先生学为高妙,故谓之禅甚误也。能观此语,以学其道,则至浅至近,而何高妙之与禅之有。所谓与愚夫妇同的何,是就其夜气、爱亲、敬兄、知善、知恶之良心言也。其良心,即与赤子一般。赤子之心,乃圣人之心也,圣人特扩充焉耳。若夫囿于气习、物欲,而不能扩充者,是乃愚夫妇之所以终乎愚夫妇也。然良心以愚夫妇皆有,故听伯夷之饿,则心皆是之。听盗跖之侈,则口尽非之。故同的者,只是此良心而已矣。良心者,良知也,故外良知学则异端矣,圣人复起不必易斯言矣。

【今译】

王阳明先生《传习录》里说:"有人问我关于异端的问题。先生说与市井百姓相通的,就是同德,与市井百姓不一样的,就是异端。"我认真思考,世间觉得先生的学问高深微妙,所以说这是禅,真是大错特错。仔细看一下这句话,从而学到先生开示的道,是如此浅显亲近，哪有什么高深微妙、哪是什么禅学。所谓与市井百姓相通的，是什么呢？就是夜气、爱亲、敬兄、知善知恶的良心之语。这个良心，与赤子之心相同。赤子之心，就是圣人之心，圣人只是把它扩充成为良心而已。如果被习惯和物欲所束缚，而不能扩充成为良心，那就终究只能是个市井百姓了。然而市井百姓也都有良心，所以听到伯夷饿死于首阳山，大家内心都觉得他做得对。而听到盗跖的奢靡，大家都七嘴八舌批判他。所以相通的地方，就是这个良心而已。良心就是良知，所以除了良知之学都是异端，圣人复生也必然不会改动这句话。

一三五

【原文】

阳明语录曰："一日市中哄而诟。甲曰：'尔无天理。'乙曰：'尔无天理。'甲曰：'尔欺心。'乙曰：'尔欺心。'先生闻之，呼弟子曰：'听之，夫夫哼哼讲学也。'弟子曰：'诟也，焉学？'曰：'汝不闻乎，曰天理，曰心，非讲学而何？'曰：'既学矣，焉诟？'曰：'夫夫也惟知责诸人，不知反诸己故也。'"又论泰和杨茂（其人聋哑，自候门求见，先生以字问，茂以字答）曰："你口不能言是非，你耳不能听是非，你心还能知是非否？"（答曰："知是非。"）"如此你口虽不如人，你耳虽不如人，你心还与人一般（茂时赏肯拱谢）。大凡人只是此心，此心若能存天理，是个圣贤的心。口虽不能言，耳虽不能听，也是个不能言不能听的圣贤，心若不存天理，是个禽兽的心，口虽能言，耳虽能听，也只是个能言能听的禽兽（茂时扣胸指天）。你如今于父母，但尽你心的孝，于兄长，但尽你心的敬，于乡党邻里宗族亲戚，但尽你心的谦和恭顺。见人怠慢，不要嗔怪。见人财利，不要贪图。但在里面行你那是的心，莫行你那非的心，纵使外面人说你是，也不须听，说你不是，也不须听（茂时首肯拜谢），你口不能言是非，省了多少闲是非，你耳不能听是非，省了多少闲是非。凡说是非，便生是非，生烦恼。听是非，便添是非，添烦恼。你口不能说，你耳不能听，省了多少闲是非，省了多少闲烦恼，你比别人，到快活自在了许多（茂时扣胸，指天蹙地）。我如今教你，但终日行你的心，不消口里说；但终日听你的心，不消耳里听（茂时稽首再拜而已）。"

先生三十一岁尝移居西湖，往来南屏虎跑间，有僧禅坐三年，不语不视。先生喝曰，这和尚终日口巴巴说甚么？终日眼睁睁看甚么？僧惊起，先生问其家，对曰，有母在。曰，起念否？对曰，不能不起念。先生即指爱亲本性论之，僧涕泣拜谢，挈钵而归。夫阳明先生之学，只止于《中庸》所谓"语大天下莫能载焉，语小天下莫能破焉"二义而已矣，故能一以贯之。岂如通于此而碍于彼，明于上而暗于下者也哉。而世以先生为庶乎禅，不独在语大天下莫能载焉上为然，以又其有疑于语小天下莫能破焉之或不管，故诬毁一至此。是故吾先略其生天、生地等之说，只提右三条，以告子弟曰：虽陷溺于欲海，顽劣不灵如市侩，当其争也，犹曰欺心，曰无天理，则良知照照然可见矣。其责人不责己，特利欲障焉耳。先生拈其斗争中之良心，以反唤醒讲学诸君子。而又以字喻乞教之聋哑，使其自识认其心之良，而稽首再拜以自得。而又问坐禅僧思母之念，使之涕泣拜谢挈钵而归矣。其余答属官之格物，听父子之讼，以令恸哭等之事义，既载于《传习录》，则阅焉者必知之。此皆岂非愚夫妇同的之学，而语小天下莫能破焉之真修实验矣乎。子弟辈致心之良知，不怠则终俱得乎大小莫载破之道矣。吁！区区浮论，何足辨哉？

【今译】

阳明语录里说，有一天闹市里在吵架。甲说："你没有天理。"乙说："你没有天理。"甲说："你欺心。"乙说："你欺心。"先生听到，招呼弟子说："听啊，这两人哼哼唧唧讲学呢。"弟子说："吵架而已，怎么是讲学？"先生说："你没听到吗？他们说天理，说心，不是讲学又是什么？"弟子说："既然是讲学，为什么在吵架？"先生说："普通人只知道责备别人，不知道责备自己而已。"又谈到泰和杨茂（这个人耳聋，在门口求见。先生用字问，杨茂用字答）说："你口不能说是非，你耳不能听是非，你心还能知道是非吗？"（杨茂说："知道是非。"）"既然这样，你口虽然不如人，你耳虽然不如人，你心还是跟人一样（杨茂当时点头称谢）。但凡人要有了这心，此心就能够存天理，是个圣贤的心。口虽然不能说，耳虽然不能听，也是个不能说不能听的圣贤。心如果不存天理，就是个禽兽的心，口虽然能说，耳虽然能听，也只是个能说能听的禽兽（杨茂当时拍着胸口指着天）。你如今于父母，但尽你心的孝，于兄长，但尽你心的敬，与同乡宗族亲戚，但尽你心的谦和恭顺。见人怠慢，不要生气。见人财利，不要贪图。只要在内心坚持你认为是对的，不要去行你认为是不对的。其实外面有人说你是，你也不必听说你不是也不必听（杨茂当时点头拜谢）。你口虽然不能说是非，省了多少无聊的是非，你耳不能听是非，省了多少无聊的是非。但凡说到是非，就会生是非，生烦恼。听到是非就会添是非、添烦恼。你口不能说耳不能听，省了多少无聊的是非，省了多少无聊的烦恼，你比别人却快活自在了很多（杨茂当时拍着胸脯，手指天，脚踩地）。我如今教给你，每天只要实践你的内心，不需要口里说。每天只要听从你的心，不需要耳朵听（杨茂当时再次垂头拜谢）。"

先生三十一岁时，曾经移居到西湖，在南平和虎跑之间往来，有一个禅僧坐禅，三年不说话不瞑眼。先生大喝，这和尚整天啰啰嗦嗦在说什么？整天睁睁地在看什么？和尚吃惊，站了起来。先生问他的家人，答道，我母亲还在。先生说，想念母亲吗？答道，不可能不想念。先生就告诉他爱自己的父母是本然天性，僧人哭着拜谢，托着钵离去。王阳明先生的学问就是《中庸》里所谓"语大天下莫能载焉，语小天下莫能破焉"的两个含义而已，所以能一以贯之。不像那些这边通那边不通，上面明下面暗的那些人。……所以我才概括讲王阳明先生的良知生天、生地的学说时，只提以下三条告诉自己的学生：即便是沉溺于欲海顽冥不灵的市侩，他们争执的时候也说欺心，也说无天理，可见良知是明明白白存在的。但是他们责备别人，不责备自己，是因为利欲遮蔽了内心。先生挑出他们争斗中的良心反过来唤醒正在讲学的学生诸君。又用笔谈教导来请教的聋哑人杨茂，让他自己认识到自己心中的善良，在不断认可感谢的同时，自己领会到了要点。然后又问坐禅僧人思念母亲的念头，让他流涕拜谢托钵而走。其他回答下属请教有关格物的问题，听取父子诉讼，令父子感动而哭的事情，都在《传习录》里记载，看过的人自然都知道。（王阳明先生的学问）都是与普通的庶民共同的学问，是真正实践而有真正效果的学问，学生们发挥内心的良知，不敢怠慢，终于得到了致良知的真谛。唉！像我这样的肤浅的话语，哪里值得说道？

一三六

【原文】

阳明语录曰，一友侍，眉间有忧思。先生顾谓他友曰："良知固彻天彻地，近彻一身。人一身不爽，不须许大事，第头上一发下垂，浑身即为不快，此中那容得一物耶。"先生又曰："某于良知之说，从百死千难中得来，非是容易见得到此。此本是学者究竟话头，不得已与人一口说尽。但恐学者得之容易，只把做一种光景玩弄，孤负此知耳。"谨按，先生良知，如易而难矣，如难而亦易矣。以前一条见之，则庶乎光景，故如易。然至不存一点于心，则实难矣。王龙溪、王心斋及罗近溪三先生之学，盖自此而入焉。以后一条见之，则自实践来，故难，然甘难忘死，则事事无有妨碍，非易乎。钱绪山、南瑞泉及罗念庵三先生之学，盖自此而入焉。其末学虽各不无弊，要自其性近入，而握学脉，而立教立功，岂非先生之余泽也哉？

【今译】

王阳明先生的语录里记载，有一个朋友眉头紧锁，好像有什么担心的事情。先生对他朋友讲："良知贯彻在这个世界的天地，也贯彻在一个人的身体。人的身体感觉不舒服，不需要有什么大事，头上垂下一根头发，浑身都会觉得不舒服，这中间哪还容得下任何杂物。"先生又说："我的良知之说是从百死千难中体会出来，不是很容易能够悟到的。良知之说本来是学者最终极的主题，不得已才用一句话讲出来。但是怕学者们觉得太简单，只是把它当作一种具象性的理念去把握，反而忘掉了本来的良知。"我仔细考虑王阳明先生所开陈的良知之说，看似容易实践起来却很难，看似很难，又很容易。按前一条语录看可以说是比较具象的内容，所以良知看上去容易实现。但是排除一切不必要的东西，保持本心却非常困难。王龙溪、王心斋及罗近溪三位先生的学问就是以保持本心为基础的。从后面的语录来看，王阳明先生是在实践之中获得的致良知之说，所以非常困难。但是接受困难，舍弃生命，做到事事圆通无碍，不简单吗？钱绪山、南瑞泉及罗念庵三位先生的学问，应该就是以接受困难进行实践为基础的。两派继承者中虽然并非没有问题，但总的来说王阳明先生都是发挥了他们各自的个性，让他们去实践的。他们把握了学问的核心，立教立功，这不都是王阳明先生的恩惠吗？

一三七

【原文】

阳明先生曰："唐虞以上之治，后世不可复也，略之可也。三代以下之治，后世不可法也，削之可也。惟三代之治可行。然而世之论三代者，不明其本，而徒事其末，则亦不可复矣。"谨按，先生明体适用之《大学问》，于此又可知矣。何者？先生略三代上下之治，而取三代之治，则其志在周官，断可识矣。其曰三代之治，而不曰周官，然予何以识其志在周官？周公思兼三王，夜以继日，幸而得之云。则三代之礼乐刑政，统括皆在周官矣。故其指周官，益可信矣。其曰"不明其本，而徒事其末"，则亦不可复矣。则诚意慎独，岂不为其本矣乎？故外诚意慎独以行之。如苏令绰，未能令其民骅骝如，何况于螒輠如乎。而如王荆公，则特以富国之利心，假以行之，则其陷网民浚下之苛刻，宜矣。要皆"不明其本，而徒事其末"之咎也耳，而如荆公欲免周官之罪人，得乎？故凡欲起善政者，先宜慎独、诚意以明明德，而其本立于此，则亲民之治功逐段举矣。此非独《大学》之工夫，虽周官之总要，亦只此而已矣。

横渠先生所谓"使民相趋如骨肉，上之人如保赤子，谋人如己，谋众如家，则民自信"。是赞周官田制之言，而究竟归乎《大学》"诚意慎独"矣。因可知《大学》《周官》其归为一也。《周官》尊于昔大儒，以此也。我故每言《大学》之"慎独者"，即《周官》之昆仑、岷山也。《周官》者，乃《大学》慎独之江河也，无论昆仑、岷山，则焉有江、河有用之水哉。无江、河，则昆仑、岷山郁塞泉源，终为无用之污也。是故慎独，以明明德，以亲民，则《周官》之良法善政，皆明德中之事，而无别有《周官》之法度者也。若别有之云，则虽《周官》之良法善政，亦是霸者之伪而已。阳明先生不取三代以后之治，盖以与《周官》以慎独为本相反故也欤。而先生每称文中子以贤儒，其意将何在焉？不在其续经，而在其尊《周官》矣。文中子称《周官》以为王道极是，梦寐欲行之。又其言曰，吾视千载而上，圣人在上者，未有若周公焉。其道则一，而经制大备。后之为政者有持循矣。文中子所云，其道则一者，先生所云"不明本"之本，而即亦"慎独"之独也。经制出乎慎独，便是王道，而文中子所愿矣，先生亦所愿也。故吾谓先生指文中子以贤儒，必在其尊《周官》矣。而先生《象祠记》曰，诸侯之卿，命于天子，盖《周官》之制，其殆仿于舜之封象欤。以是观之，则一部《周官》融化于先生之胸中。而其保甲之制，大抵损益《司徒》《之》比闾族党"。如练士行军，征剿苗夷，平治宸濠，则人皆以为出于孙、吴之余智，而不知其握《夏官·大司马》之法，参伍错综以变化之，而出于慎独也。嗟乎！真致良知之大学问者，非偏滞拘迂者之所能窥也。

【今译】

王阳明先生说："尧舜以前的政治，后世不可能再重新实现，忽略就好了。夏、商、周三代以后的政治，不足以成为后世的模范，删掉就好了。只有三代的政治才是应该去实现的。然而世上的人讨论三代的政治，抓不到根本，只拘泥于细枝末节，所以也不可能实行。"仔细考虑一下，王阳明先生明确主体，应用于实践的《大学问》，在这里又得以体现。为什么这么说呢？先生把三代以前、三代以后的政治都省略掉，而三代的统治，他关注的就在周代官制，这一点非常清楚。他说三代的政治而不说周代官制，而我又怎么知道他关注的是周代官制呢？据说周公想要学禹、汤、文武三王，夜以继日，很幸运地实现了。而三代的礼、乐、刑、政都包含在都在周代官制里。所以可以确信，先生所谓"三代之治"，指的就是周代官制。（世人）说"抓不到根本，只拘泥于细枝末节，所以也不可能实行"。那"诚意慎独"岂不就是这个根本？如果无视"诚意慎独"而行政治，比如苏令绰，连让百姓欢乐都做不到，更何况广大自得的状态呢。而像王安石那些，则是以富国这种追求利益之心来行政治，严刑峻法、夺富于民，结果自然无比苛酷。总的来说，都是因为"抓不到根本，只拘泥于细枝末节"的错误。怎么能免去王安石误用周代官制的罪行？所以但凡想要实行善政，首先就该"慎独诚意"以发挥明德。如果将根本定在这里，那么"亲民"的统治效果，就每次实施时都能实现了。这不只是实践《大学》的努力，周代官制的全体纲要，也都是如此。

张横渠先生说："让人民像解救血亲一样奔赴危险，上位者像保护赤子一样保护人民，为别人谋划时就像为自己谋划，为众人谋划就像为自己家谋划一样，民众自然就会相信统治者。"这是赞扬周代政治里土地制度的话，而终归是《大学》里"诚意慎独"的主旨。所以我们可以知道，《大学》《周官》目的是一致的。《周官》被过去的大儒尊崇，就是这个原因。所以我每每说《大学》里的"慎独"，就是《周官》里的昆仑山和岷山。《周官》就是《大学》里所说"慎独"的黄河、长江，没有昆仑山、岷山，哪会有形成长江、黄河的水流。没有长江、黄河，昆仑山、岷山上的源泉就会阻塞，最终变成没有用的污水。所以通过慎独、明明德，进而亲民，那《周官》里记载的良法善政，都是明明德之事，除此之外再没有别的周官之法律制度。如果还有的话，那就算是周官的良法善政，也是霸道假装的而已。阳明先生不选三代以后的政治，也是因为它与《周官》把"慎独"为根本的主旨相悖吧。而先生每每称赞王通是贤儒，用意何在呢？不在于王通续作经书，而在于他尊崇《周官》。王通高度评价周官是王道的最高形式，做梦都想去实行《周官》。他还说过，我回顾一千年来被称为圣人的，没有人能比得上周公。周公的政治道路坚定，制度整备。后来的为政者有了保持、遵循的依据。王通所说的"政治道路坚定"，与先生所说"抓不到根本"的根本，也就是"慎独"的独。政治制度基于"慎独"，就是王道，就是王通的愿望，也是先生的愿望。所以我说，先生评价王通是贤儒，必然是因为他尊崇周官。先生《象祠记》里说，诸侯这些公卿，是被天子任命的。这样想来，周官的制度，就是模仿舜分封象的做法。从这一点看，那整部《周官》里记载的制度，早就融化在先生胸中。而他的保甲制度，大致是将《周官·地官·大司徒》的"比闾族党"制度斟酌施行的。比如练兵行军、征讨苗族、平定宸濠，人们都以为这是学孙子、吴起的兵法智慧，却不知道先生采用了《周官·夏官·大司马》的方法，错综复杂又加以变化，都是出于"慎独"。啊！真是致良知的大学问家，这不是偏执拘泥的人能够理解得到的。

一三八

【原文】

汤潜庵先生曰："圣贤义理，载于五经四书，而其要具于吾身。

若舍目前各人进修之实，不以改过迁善为务，纵将注疏大全，辨析毫厘，与己终无干涉。圣学首重诚意，自欺自慊，皆在隐微独知处勘证，若徒弥缝形迹，不实在心地打点，即外面毫无破绽，总是瞻前顾后、义袭而取，苦力一生，究竟成一乡愿。到对天质人处，心中多少愧怍。我辈着实用力，必期躬行心得，义利诚伪关头，不可一毫将就混过此日。勉强久之，必有纯熟景界。阳明先生致良知，为圣学真脉，各求所以致之之道勿忽也。"呜呼！汤先生理学之名儒矣，不信其言而谁之信？故口虽说良知，不致之则非但叛汤先生，获罪于王子矣。获罪于王子，则是亦孔孟之罪人也已矣。

凡百三十九条

守约书

洗心洞札记下　终

【今译】

汤潜庵先生说："圣贤的义理，写在五经四书里，其要点已经在我们身上具备了。可是如果舍弃目前每个人的修行实践，不以改过向善为自己的努力方向，就算把五经的注疏和《四书大全》所有细节全部分析清楚，也跟自己没有什么关系。圣学首先注重诚意，欺骗自己，自我满足，总会在一些别人注意不到的地方露出痕迹，如果徒然去弥补那些眼睛可见的痕迹，不再认真反省内心，那么就算外面毫无破绽，却也总是瞻前顾后、因循守旧，即便一生努力终究也只能成为乡愿。到时候面对上天和他人的质询时，心中又有多惭愧呢？我们这些人必须着实用力。等到面对正义和利益、诚实和虚伪的关头，不可以一刻将就含混度日。这样不断地努力，一定会有成熟的一天。王阳明先生的致良知，是圣学的真血脉路，每个人去寻找发挥良知的道路，不可忽略。"啊！汤先生是理学的著名儒者，不信他的话又信谁的话呢？所以如果只是嘴上说良知，不去切实实践，则非但背叛了汤先生，还会获罪于王阳明先生。获罪于王阳明先生，那么在孔孟那里也是罪人了。

凡百三十九条

守约书

洗心洞札记下　终

札记跋

跋一

【原文】

同门友尝刻吾师中斋先生《札记》二卷于家塾，而今也将传之于世。其义则在先生之《自述》。而复命诚之等跋之。诚之质钝材劣，加之以不文，何敢污先生之书哉。然亲炙师门凡十年矣，先生之出处、进退①，及其学术之变化纯熟，见而知之者，勿如诚之等者，故又不能让之余人也。是以遂拜手而跋曰：

呜呼！先生之尝在仕路也，勤慎廉洁，风节德威，质诸天地神明而不愧者也。佐其衙长以抑强救弱，挫邪扶正。虽人谓过激，然宿弊立祛，积蠹直灭。建功于明，而延化于幽；尽忠于国，而致孝于家，身名两全，不贪富贵荣宠而勇退矣。较诸若水钱公②诸先辈，何如哉。人皆以为是出乎其天资聪明果毅之决，而未尝知其在于学问之力也。

夫先生尝志学时，海内儒风乃委靡，非训诂即文诗，躬行孝、悌、忠、信，以导后进者，未之有也，故先生亦陷其窠臼久矣。一日读古本《大学》，而默识神了其"诚意致知"之旨矣。实与阳明王子，相契乎旷世之下异域之外者也。非欤？藤树、蕃山、执斋三子之后，其绪绝于本邦既百几十年矣。而先生独悟焉，则岂非亦继不传之学者矣乎。藤树之德行，蕃山之才学，执斋之笃信，虽皆具王子之一体，然阐明良知之奥，则三子必当逊我先生二三步矣。何者？先生虽向陷世儒之窠臼，然六经四子及史乘之类，靡不研究。如关、闽、濂、洛诸贤之源委，尤为淹贯。而后百虑千计以购姚江诸子之书，上自钱、王、黄、陈、欧、邹，下迄明季清初之大儒，皆以涉猎讲磨，非一朝一夕。故得其微旨奥义，固无论矣。又洞看其瑕瑜、病疵之所由在，必深乎夫三子者也欤。山阳赖翁寄先生诗曰："号君当呼小阳明。"翁自以史居者也，因知此非谀言矣。故吾曰，仕路之民功，勇退之隐操，皆是得于学问之力也。且先生常言曰，不用扫意见、情识之苦功，而徒指常凡之发见挽意欲者，而漫语良知者，盖泰州之王学，而非越中之王学也。故先生之学，慎独乎未发已前，以痛扫意见、情识之害良知者，故其极在归乎太虚矣。夫太虚则良知自然明也。此是妙处，非言语、见解之所能及也。

《札记》乃其致仕后所书，而五伦五常，迄经济、兵务、文学、技艺之紧要，莫尽不载焉。然皆括之太虚矣，括之太虚，而有五伦、五常、经济、兵务、文学、技艺如此，则岂佛也哉，岂老也哉。因诚之谨考之，太虚良知一而已矣。其公而无私处即太虚，其灵而不昧处即良知。而其所以不公不灵者，皆夫意见、情识之欲蔽之也。宜哉先生云云。

故吾人之于去其欲也，犹矿之在冶，璞之在攻也，有变化气质之义焉，有一死生之义焉，有去虚伪之义焉。而真反求，即去之、变化之、一之，而蔽之者尽散矣。于是其公与灵乃全现焉，犹金之出冶，玉之经攻，而其精采光色，固非外铄者也，断无疑矣。如不反求，而徒以笃信而已，则非善学也。如诚之等者，果能得去虚伪否乎，果能得变化气质否乎，果能得一死生否乎？虽口之，而不能躬之，实叛乎师教，而无益于师门矣。

呜呼！世之豪杰士，闻先生之声，而未知其面与心者，一阅是书，即必有不期而合，不约而契。如尤西川于王子者焉，是诚之等所梦想而不敢一日忘于怀者也。

于时天保乙未夏四月
门人松浦诚之　撰

【注解】

①出入进退：指出仕或隐退。语出王安石《祭欧阳文忠公文》："功名成就，不居而去，其出处进退，又庶乎英魄灵气，不随异物腐散，而长在乎箕山之侧与颍水之湄。"

②若水钱公：即钱若水（960—1003），字澹成，一字长卿，河南新安人，北宋大臣。幼聪悟，十岁能属文。雍熙年间登进士第，起家同州观察推官。累迁简易大夫，同知枢密院士。真宗时从幸大名，陈御敌安边之策。后拜并、代经略史知并州事。为人有器识，能断大事。事继母以孝闻。所至推诚待物，委任僚佐，总其纲领，无不称治。咸平六年去世，时年四十四岁。后追谥宣靖。有文集二十卷，今已佚。

【今译】

同门学友曾在家塾刊刻了先生的《洗心洞札记》二卷，现在也要公之于世了。其意义已经在先生《自述》里写明了。如今又命我们为此撰写跋文。我资质驽钝，文笔又差，怎么敢玷污了先生的著述。然而在先生门下受教已经十年，先生的仕途经历以及学术的变化成熟，再没有比我们这些弟子看得更清楚的人了。所以跋文不能让给别人撰写。所以叩首撰写跋文如下：

啊！先生以前担任公职的时候，谨慎廉洁、作风正派、品德服众，就算置于天地神明前也于心无愧。先生辅佐奉行、抑强扶弱，挫邪扶正。虽然有人说先生做法过激，可是固有弊端立刻被解决，积年的害虫也被消灭。在明处建立功勋，在人不知处施行教化，于国尽忠，于家尽孝，保身扬名两全，不贪图荣华富贵，急流勇退。堪比钱若水等诸位前辈。人都以为这是因为先生天资聪明、性格果断坚毅，却不知道这其实是因为学生在学问上的努力。

当年先生立志学问时，国内的儒学风气萎靡不振，不是训诂就是诗文，根本没有通过实践孝、悌、忠、信来指导后进的，所以先生也长期沾染了这种恶习。一天先生偶读（王阳明先生的）古本《大学》，深刻理解了里面"诚意致知"的主旨。这实在是与王阳明先生相契合于黑暗之中的异域。不是这样吗？自中江藤树、熊泽蕃山、三轮执斋三位先生之后，王阳明先生的学问在日本已经断绝了一百多年。而先生独自体悟出来，岂不就是继承了不传之学的学者。藤树的德行、蕃山的才学、执斋的笃信，虽然都体现了王阳明先生的一部分，但在阐明良知深奥含义这一层，三位先生必然还是要逊我先生二三步。为什么呢？先生虽然以前沾染了世间儒者的陋习，但是六经、四书、史籍之类的，无不研究。而如张横渠先生、朱子、周濂溪先生、二程先生的学问，尤为通晓。之后又千方百计购得王阳明先生一门的书籍，上自钱绪山、王龙溪、黄绾、陈明水、欧阳南野、邹东廓，下至明末清初的大儒，都有涉猎研究，用功不是一朝一夕了。所以不用说依然体会到了其中的微言大义。同时还能洞察其中的缺点、短处，这也比中江、熊泽、三轮三位先生深刻了。赖山阳翁寄给先生的诗里说："君号当呼小阳明。"赖翁一向自认是史学家，所以知道这句话不是阿谀之言了。所以我说，做官时惠泽民众的功绩，以及辞官后归隐的操守，都是致力于学问的结果。而且先生常说，不下苦功夫克服执念、情绪、知识之作用的片面，而徒然指着那些将日常中发现的意欲掺杂进来的、漫谈良知的人，就是王心斋的学问，而不是王阳明的学问。所以先生的学问，是在未发之前已经"慎独"，扫清了执念、情绪、知识对良知的阻害。所以实在是归于太虚了。而太虚就是良知自然之明。这是太虚绝妙之处，不是言语、见解能够表达的。

《札记》是先生辞官后所写，所以五伦、五常、经济、兵务、文学、技艺之类的重要内容，都没有载入。但是将这些都包含在太虚之中。既然五伦、五常、经济、兵务、文学、技艺都包含其中，那此书就不是佛教、道教书。我仔细思考，太虚良知为一体。它公而无私之处就是太虚，灵而不昧之处就是良知。而之所以有不灵不昧的，都是因为被执念、情绪、知识之类的私欲蒙蔽了。先生所说的确实很对。

所以我们要从欲望中解脱出来，就像矿石要冶炼，璞玉要琢磨，有变化气质之义，有视死生如一之义，有去虚伪之义。如果我们真的追求实现自我，做到去虚伪、视死生如一、变化气质，那蒙蔽太虚、良知的私欲就会全部消失。于是公与灵就会全部显现出来，就像金属得以冶炼、玉石得以琢磨，可以断定。原本的精彩光色，绝不是在外面涂上去的。如果没有这种追求，而是说突然笃信别人的言语，那就不是"善学"。比如像我这样的人，果真能去虚伪，果真能视死生如一，真能变化气质吗？虽然嘴上能说，却不能实践，那真是背叛了先生的教导，对师门也是无益的。

啊！世上豪杰之士听说过先生的名声，却不知道先生的颜面与内心，然一旦读了这本书，就会有意想不到的契合，就像尤西川读王阳明先生书那样。这是诚之等人梦想且一日不敢忘怀的。

于时天保乙未夏四月

门人松浦诚之 撰

跋二

【原文】

信疑毁誉仁人君子之所不免也。然而信疑有真有妄，故毁誉有公有私，明者必察焉，识者必辨焉。我中斋先生门人，尝刻先生之《札记》，先生藏之高岳，献诸势庙，以质其神。而所以质其神之意，与太史公藏名山亦不同矣。故上自高官，下至吏胥，苟与政教者，则必呈且赠焉。于是信先生者则誉曰："是为世也。"疑先生者则毁曰："是为名也。"然此则属既往，不辨而可。今兹乙未之夏，因书肆之请，以示海内之士，亦惟汲汲遑遑事于觉者也。于是信先生者复誉曰："是为道也。"疑先生者复毁曰："是为利也。"嗟乎！夫一信、一疑、一毁、一誉，幹未知其孰真、孰妄、孰公、孰私也。要之皆未必知先生者之言也。夫固不足轻重先生矣。先生之尝在仕途也，其清德廉行，鞭挞苞苴，家不纳鬻狱钱。海内之士，识与不识，皆能熟闻。然则至若夫俗论，不容喙乎其间，而清浊义利，居然可见矣。而今呶呶不已者何也？此特为目先生以利之毁者而发耳。

昔宋王元之①尝草李继迁②制，送马五十匹以备濡润，元之却之。及出守滁州，闽人郑褒徒步谒，元之爱其儒雅，乃别为买一马。或言买马价亏者。太宗曰："彼能却继迁五十匹，顾此肯亏价哉？"先生之鞭挞苞苴，不纳鬻狱钱如此。而今自售书而贪细利，则非却五十匹而亏价者乎？是理之所无也。幹在先生之门仅一年于兹矣，

虽未能窥其室家之好，然于其议先生者之言，则幹尝闻之久矣。随
闻随辨，未肯让他人焉。故今于斯书之出也，不得不复辨晰之也。
如夫论道之根柢与学之渊源，则升堂者之责耳，非幹之所敢当也。
然而于太虚良知之义，既彻耳而存乎心，哑子不能告苦李之味，而
独自知之焉耳。谨跋。

天保乙未夏四月
门人汤川幹　撰

【注解】

①王元之：即王禹偁（954—1001），字元之，济州巨野（今山
东菏泽市巨野县）人，北宋文学家。宋太宗太平兴国八年（983年）
中进士，最初担任成武县主簿。后来历任左司谏、知制诰、翰林学
士。为人刚直，敢直言进谏。

②李继迁：祖籍银州，北宋党项族平夏部人，西夏的奠基者，
为银州防御使李光俨之子，拓跋思忠后代。宋朝曾赐名赵保吉。990
年12月28日（辽统和八年、北宋淳化元年）即位为夏国王，1004
年1月26日（辽统和二十二年、北宋景德元年）去世。

【今译】

面对信疑毁誉，是仁人君子所不能避免的。然而信疑有真有假、
毁誉有公有私，高明的人必然能够看出，有见识的人必然能够分辨。
我们这些中斋先生的门人，曾经刊刻了先生的《洗心洞札记》，先
生将它藏于富士山、纳于伊势神宫，让神明去判别。而让神明判别
的本意，与太史公将《史记》藏于名山是不同的。所以，上自高官、
下至小吏，主要有意参与政治教化的，必然赠书。因此信赖先生的
人则称赞说："这是为了世间。"而怀疑先生的人则非难说："这是为
了名声。"但是这已经是过去的事了，不必分辨。今年乙未夏天，应
书店的请求，才呈示给国内的读书人，这也是想要急着为觉醒者做
些事情。于是，信赖先生的人又称赞说："这是为了道。"而怀疑先
生的人则非难说："这是为了利。"唉！这一信、一疑、一毁、一誉，
我不知道谁真、谁妄、谁公、谁私。总之，他们都未必明白了先生
的话语。原本就没资格评价先生。先生还在为官时，道德清明、行
为廉洁，拒绝礼品、不收一文贿赂。国内的人，无论认不认识先生
的，全都听说过。所以就算是庸俗之人的议论，不容别人插嘴，可
其中清浊义利，自然可见。而如今喋喋不休的，又是什么缘故呢？
以上话语，是专说给那些认为先生是为了追求利益而非难先生之人
听的。

以前宋代王元之曾为李继迁起草制书，李继迁准备了五十匹马
作为报酬，却被元之拒绝。等到他出京做滁州守，福州人郑褒徒步
前来拜会，元之爱他儒雅，离别时为他买了一匹马。有人告发说他

买马少付了钱。（宋）太宗说："他能拒绝李继迁五十匹马，怎么可能少付钱呢？"先生拒绝礼品、不收一文贿赂，也是如此一般。现在如果自己买书去贪图一点小利，那跟拒绝五十匹马却买马不付钱不就一样了吗？这根本不合道理。我在先生门下刚刚一年，虽然还没领会先生学问的精妙，但是很久以前就听到过议论先生的言语。每次听到又要反驳，从未输过。所以今天《洗心洞札记》刊行，不得不再次讲述清楚。说起论述道的根本和学术的渊源，那是学识已成者的责任，不是我敢承担的工作。然而关于太虚、良知的意义，早已经听到耳朵里、存在心内，哑巴不能说出苦李的滋味，我也只是自己明白而已。谨跋。

天保乙未夏四月

门人汤川幹　撰

跋三

【原文】

无吏治学术，俟人倡乎上而趋向者，乃庸常也。不俟人倡乎上而奋挺振励，尽忠乎职、传道乎世者，非豪杰不能也。吾师中斋先生，吏材额似赵广汉①，而知几爱物，有或过之焉。其理学乃源乎姚江。而忌姚江者，天下滔滔皆是矣。先生尝于人眠如羊时，立杀身成仁之志，以独振乎吏群，犯天下之至险，建天下之奇勋，而身退矣。身退而又将以斯文觉后觉也，是故以其所独得太虚、良知之义，乃著之书，或授生徒，或传同志。而今应书肆之请，以遂公示诸世也。世之孝子、忠臣、仁人、君子，观之以玩味，则虽本忌姚江者，当必有益立其志、明其德者焉。然则天下不可无之书也。呜呼！先生当无倡者时，进不独尽忠乎职，虽退志在于后觉，乃如此。然则斯人非豪杰而谁为豪杰。命乾知等跋其卷尾，乾知适婴病，不能深思而缀文，故才书是数字，以不逆命耳云。

于时天保六年乙未夏四月

门人松本乾知　撰

【注解】

①赵广汉：西汉中期官员，字子都，涿郡蠡吾（今河北博野西南）人。少为郡吏。后历任州从事、平准令、阳翟令、京辅都尉、守京兆尹等职。以参与立汉宣帝的讨论，赐爵关内侯。迁颍川太守。郡有豪强原氏、褚氏，宗族宾客横恣，之前的太守不能羁制。赵广

汉上任后，诛其首恶，郡中震栗。后为京兆尹，精明干练，严于吏治。霍光死后，摧辱霍氏及贵戚大臣，无所回避。因上书告发丞相魏相，为司直萧望之劾奏，下廷尉狱，腰斩。

【今译】

官吏不做学问，等上位者倡导后再服从，这就是庸常之人。而不等上位者倡导就发奋而励精，尽忠于职守、传导于世间，这就非豪杰而不能做到了。我老师中斋先生，为官的才能好像赵广汉，而在察知动向、爱护黎民上，还有过之。先生理学渊源于王阳明先生。而嫌忌王阳明先生的，天下比比皆是。先生在人人贪睡如羊时，就立下了杀身成仁的志向，独自在官吏群体中振奋努力，冒着天下的至险，建了天下的奇功，而后隐退。隐退之后又用儒学来启发后学。然后先生把自己体会到的太虚、良知的含义写成书，交给学生、传于同志。如今应书店的请求，要把这本书公开刊行。世上的孝子、忠臣、仁人、君子，读了这本书玩味一番，那么即使是原本嫌忌王阳明先生的人，对他立志、明德也有帮助。所以天下不能没有书。啊！如前所述，先生在没人倡导这学问时，做官时不只是尽忠职守，即使隐退后还立志启发后觉。先生不是豪杰，还有谁能称豪杰？先生命我在卷末写跋文，我不巧染病，不能深思写作，为了不违师命，所以才写了这几个字。

于时天保六年乙未夏四月

门人松本乾知　撰

［附录］寄一斋佐藤氏书

【原文】

摄州大阪城市吏致仕大盐后素，再拜白一斋佐藤老先生。

仆虽未获仰眉宇听謦咳，吾乡间某曾传先生《爱日楼集》，以投诸仆。仆庄读之，乃知先生学深乎渊水，先生文粲乎星辰，而不悖于素闻矣。既又读祭酒林公序，因复了先生之阅历，与先生之不遇也，慕而悲之，悲而慕之，孰知仆志在乎先生哉？然而不投足门下，负墙请教，何耶？是不惟山河相隔，尝缚吏役绊簿书，寸步尺行，不能恣致之也。故徒翘跂耳，而仆今乃辞职家居，如宜东行侍函丈自在然，然而不能遂其事，又何耶？以私雠充斥乎州内外，蠖屈乃俟时。俟时而终无其时，则闻先生年既逾六十，而仆虽四十又一，体屡病多，安知无失遭遇之期哉。然则憾无加焉，故略告仆志于未一面之先生，以乞教。

夫仆本遐方一小吏矣，只从令长之指挥，而抗颜于狱讼棰楚①间，以保禄终年，无他求可也。然而不从事于此，而独自尚志以学道，不容乎世，而不爱乎人，岂不左计②乎？吁！知仆者，悯其志；不知仆者，以左计罪之宜矣。而仆之志有三变焉，年十五，尝读家谱，祖先即今川氏臣而其族也。今川氏亡后，委贽于我神祖，小田原役，刺将于马前，而赏之以御弓，又锡采地于豆州家本邑焉。当大阪冬夏役，既耄矣，不能从军以伸其志，而徒戍越后柏崎堡而已。建囊后，终属尾藩，而嫡子继其家，以至于今。季子乃为大阪市吏，此即我祖也。仆于是慨然深以从事刀笔、伍狱卒市吏为耻矣。而其时之志，则如以功名、气节，欲继祖先之志者。而居恒郁郁不乐之情，实与刘仲晦未得志时之念，亦奚异？而非谓器比焉也。而父母，仆七岁时，俱没矣，故不得不早承祖父职也。日所接，非赭衣罪囚，必府史胥徒而已，故耳目闻见，莫不荣利钱谷之谈，与号泣愁冤之事。文法惟是熟，条例惟是谙，向者之志，欲立而不能立，依违因循，年逾二十。吏人未尝有学问者，故虽有过失，无益友诫之者，其势不得不发欺罔、非僻、骄谩、放肆之病也。而无是非之心非人。窃自问于心，则作止语默，获罪于理者盖伙矣。要与在答杖下赭衣，一间耳。而无羞恶之心亦非人。治彼罪也，则不可不治己病也。治病奈何？当从儒以读书穷理而后愈矣。故就儒问学焉，于是夫功名、气节之志乃自一变矣。

而其时之志，则犹以袭取外求之功，望病去而心正者，而不能

免轻俊之患也。乃与崔子钟③少年之态适相同，而非谓材及焉也。而
夫儒之所授，非训诂必诗章矣。仆偷暇以惯习之，故不觉陷于其窠
臼，而自与之化。是以闻见辞辩，掩非饰言之具，既在心、口，而
侈然无忌惮，似病却深乎前日矣。顾与其志径庭，能无悔乎。于此
退独学焉，困苦辛酸，殆不可名状也。因天祐，得购舶来宁陵《呻
吟语》，此亦吕子病中言也，熟读玩味，道其不在焉耶。恍然如有
觉，庶乎所谓长针去远痦。而虽未能全为正心之人，然自幸脱于赭
衣一间之罪矣。自是又究宁陵所渊源，乃知其亦从姚江来矣。而我
邦藤树、蕃山二子及三轮氏之后，关以西，良知学既绝矣，故无一
人讲之者焉。仆窃复出三轮氏所翻刻古本《大学》及《传习录》坊
本于芜废中，更稍知用功乎心性，且以喻诸人。于是夫袭取外求之
志又既一变矣。

而仆志遂在以诚意为的，以致良知为工焉。尔来不瞻前顾后、
直前勇往，只尽力于现在吏务而已矣，以是报君恩，报祖先。而报
古圣贤之教，不敢让于人也。不意虚名满州县。因思未有实得，而
虚名如此，是乃造物者之所忌，故决然致仕而归休矣，非徒恐人祸
然也。是时仆年三十又八矣。而今乃专养性于小窗底，反观内省，
改过迁善，惟是务，然而以无良师友故，恐弛其志于五十、六十矣。
是仆之日夜所忧也。自今如何下功夫，则其志益坚立，而心归乎太
虚矣。

先生亦服膺良知学者。仆因自知，如东行以其道愿相见，则不
以夫子之待孺悲④者待仆。故裁是书，以告志而乞教便如此。其简率
则请勿罪焉。且社弟辈，梓仆《札记》，以藏家塾，毕竟代其转写之
劳耳，不敢示大方也。然仆志亦在其中。幸以间某顷寓大府司天台，
托斯人以呈《札记》二册于左右，暇日赐览观，而彼此俱垂教喻，
则幸甚幸甚。祭酒林公亦爱仆人也，先生寓其邸，故当闻知焉。冀
先生览后，复转呈诸林公，林公亦赐一言教，以共陶铸仆，则其爱
仆之诚，敢不感，敢不感。而仆为求知于人，非云云也。伏惟先生
鉴其文，而原其志。谨再拜。

【注解】

①用以责打刑犯之木杖。语出司马迁《报任少卿书》："其次关
木索，被棰楚受辱。"

②左计：意思是与事实相悖的打算、不适当的策划。语出自宋
文天祥《保州道中》诗："厉阶起玉环，左计由石郎。"

③崔子钟：即崔铣（1478—1541），字子钟，又字仲凫，初号
后渠，又号洹野，改号少石，河南安阳县（今河南安阳市）人。明
朝理学家、政治人物。崔升之子。

④孺悲：鲁国人。鲁哀公曾派他向孔子学习士丧礼，因其不经人介绍而擅自来见孔子，不合于"士相见礼"，故孔子以生病为由拒绝接见。

【今译】

摄州大阪城退隐市吏大盐后素，再拜白一斋佐藤老先生。

我虽然没有机会直接拜会尊面、听您教训，我一个同乡曾给我带来先生的《爱日楼集》。我拜读之后，感到先生学问深如渊水，文章灿如星辰，与我一向听说的完全无二。之后又读了林祭酒的序，才知道先生的经历与不遇，既感到仰慕，又感到可悲，谁又能知道我祈愿能够拜见先生呢？可是为什么不登门拜访、肃立请教呢？这不单是因为相距甚远，还因为以前被官事案牍束缚，一寸一尺也不能自由行动。所以只能内心企盼，而我现在辞职在家，原本可以自由地东行到江户，侍奉在您左右，可是还是做不到，这又是为什么呢？因为州内外与我有私仇的人很多，只能保持低调等待时机。一直等待却没有等到机会，却听说先生已经年过六十，而我虽然才四十一，但是体弱多病，恐怕永远等不到拜见先生的机会。真是这样的话可是莫大遗憾，所以对尚未谋面的先生，讲述一下我的志向，向先生请教。

我本是远方的一个小吏，只是听从长官的命令，从事裁判、刑罚的工作，获得俸禄，维持每年的生计，别无他求。可是我不专念于这个工作，自己志高而想学道，不被周围人所容所爱，很不会与人相处。难道不是因为我的处理不当吗？唉！理解我的人，同情我的志向；不理解我的人，说我不会处事。而我的志向有三次变化，十五岁时，读了家谱，得知我祖先是今川氏的家臣，也是其族人。今川氏灭亡后，又侍奉祖神德川氏。小田原战役时，曾马前刺杀敌将，被赏赐了御弓，又赐予了伊豆家本村的封地。等到大阪冬夏两阵时，祖上已老，无法从军遂志，只好守卫了越后的柏崎城堡。开设幕府后，从属尾张藩，嫡子继承家系，直到今日。幼子是大阪市吏，即是我的祖父。我因此深深感慨，深以从事文书、与狱卒市吏为伍为耻。那时候的志向，就是立功名、重气节，想要继承祖先之志。每天郁郁不乐，与刘仲晦不得志时的心情没什么两样，但不是说我的才能能与之等同。而我七岁时父母双亡，所以不得不早早继承了祖父的职位。每天接触的人，不是穿红衣的囚犯，就是下层的官吏。所以耳闻目睹的，都是些名利钱粮的话题，或者是哭泣喊冤的声音。熟悉法规、背诵条例，以前的志向，也无从实现，不知何去何从，浑浑噩噩中年过二十。小吏中没有有学问的人，所以就算犯错了，也没有益友能够诚恳相告，这样下去肯定会变成欺罔、非难、骄谩、放肆之人。没有是非之心的人就不是人了。我暗自叩问自己的内心，我不该干的、不敢说的，按照道理算是罪的实在是太多了。跟被鞭打的红衣囚犯没有什么不同。而没有羞耻心的人也不是人。要想治他的罪，就不能不治他的病。如何治病呢？就要学习儒学，读书穷理，病就会好吧。所以我就开始学习儒学。从此立功名、重气节的志向改变了。

而那时候的志向，还努力想从外界寻求，期待疾病消除、内心端正，但是不能避免轻率的缺陷。这与崔子钟少年时期的状态相同。这并不是说我的才华能与之匹敌。但是儒学者所教授的，不是训诂就是诗文。我抽出时间去学习这些，所以也不觉得落于窠臼，自己也与之同化。结果见闻与辩说成了掩饰错误、修饰言辞的工具，作用于心与口，愈发肆无忌惮，弊病比以前更严重了。回头发现与当初的志向大相径庭，悔恨异常。于是退出，开始自己学习，其困苦心酸，无法用言语描述。上天保佑，买到了中国舶来的宁陵吕坤的《呻吟语》，这也是吕坤先生病中的话语，熟读玩味之下，发现道就在其中。我恍然大悟，就像长针能治长得偏的肿块。虽然还没能完全变成一个心正之人，可是很幸运摆脱与红衣囚犯一样的罪。之后我又探究吕坤先生学问的渊源，才知道也是从王阳明那里由来。而我国自中江藤树、熊泽蕃山二位先生以及三轮执斋之后，良知之学在关西一带已经断绝，所以没一个人讲述阳明心学。我从废纸堆中找出了三轮氏翻刻的古本《大学》和《传习录》坊刻本，越发知道了需要在心性上努力，并且用它来教导众人。于是向外寻求答案的志向又一次改变了。

我的志向终于成了以诚意为目标，以致良知为努力方法。之后不再瞻前顾后、勇往直前，在现在的吏务尽心尽力，用以报答君恩、祖先。而报答古代圣贤的教导，却不敢让给别人。不曾想虚名却传遍州县。我考虑到，明明没有真正体会，却得到如此的虚名，这是造物者所忌讳的。于是坚决辞官隐退，这并不只是害怕引来人祸而已。那时我三十八岁。如今专门在小窗下养性，反观内省，改过迁善。然而因为没有良师益友，担心五六十以后志向松弛。这是我日夜担心的事情。今后如何努力，才能让志向越发坚定，而心归于太虚呢？

先生也信服良知心学。我自己也知道，如果东行江户，先生不会像孔子拒绝儒悲那样对待我。所以写了这封信，向先生讲述我的志向，并向先生请教。如果言行草率，还请不要怪罪。并且，我那里的学生们，刊刻了我的《洗心洞札记》，收藏在家塾中。这不过是减少书写的辛劳，不敢公开。可是我的志向也在其中。恰好我朋友某人最近担任幕府的天文官，托他将《札记》二册谨呈于先生，闲暇时如果能看看，无论何处，要是能得您指点，那就无比荣幸了。祭酒林公也偏爱鄙人，先生住在林公宅邸，想必有所耳闻。希望先生看后，能再转交给林公，林公如果能赐教只言片语，指导我一下的话，那他对我的欣赏，就让我太感动了。我这番话，也不是为了想要广为人所知才说的。唯愿先生看了我的信，能理解我的想法。谨再拜。

第三部分

大盐中斋《洗心洞札记》思想评述

1837年2月19日，日本大阪的农民和城市贫民联合举行起义，这次起义的领导者就是日本近代史上有名的大盐中斋。他有着两个不同的身份，作为起义领袖的平八郎、和作为阳明学者的中斋。他是大阪町奉行所与力，也是私塾"洗心洞"主人。前者是世袭职务，后者是他自己的选择。对其思想及历史影响的评价，也往往与这两种身份联系在一起。

明治二十九年（1896）刊行的国府犀东著的《大盐平八郎》①将大盐中斋概括为"作为社会主义实行者的平八郎"，为其作序的三宅雪岭说：

> 他自然是主张社会主义，且因主义而亡的。故平八郎即便人品还在阳明之下，其知行一致这一点上，确更进一步。只是其时人文尚未发畅、民愚而无理解之力，社会主义虽不免遭到各种误解，此等主义百年后必大行其道。

上述序文执笔于中日甲午战争之后，其中对鸿池、住友、三井、岩崎等财阀豪商进行了批判。此等理解也被编纂《中斋大盐先生年谱》的石崎东国所继承。而幸田成友的《大盐平八郎》，也是在此等思潮中写就。开始写作历史小说的森鸥外，在大正三年（1914）开始执笔同名小说时，曾评价幸田成友的《大盐平八郎》为"现在公开的有关大盐书籍中，使用史料最多、写作最为精细的作品"。森鸥外对大盐的关注点，亦在"平八郎的思想，是尚未觉醒的社会主义"，即所谓反乱的经纬。这恐怕与刚刚发生"大逆事件"②有关。此后，中村吉藏的历史剧《大盐平八郎》[创作于大正十年（1921）的历史剧]于大正十五年（1926）在小山内薰的筑地小剧场上演，另有小塚空谷的《社会讲谈·大盐平八郎》、真山青果、直木三十五等的戏剧、讲谈、小说等，都是基于"不能坐视人民的疲敝与社会的不公愤起反乱"的社会主义实行者的理解。

于是乎，如上文中提到的，作为"社会主义实行者"的大盐中斋，同时也是阳明学者这种双重身份，长期以来都对理解大盐中斋及其倡导的阳明学产生着复杂的影响。更为有趣的是，无论是左翼还是右翼，都将大盐中斋称为己方的先驱。尊王攘夷者甚至因为大盐《檄文》中有"天照大御神"字样，认为大盐有着与本居宣长等国学者一脉相承的神道思想。虽然某种意义上来讲这也是个了不起

---

① 国府犀东：《大盐平八郎》，《伟人史郎》（第8卷），（东京）裳华书房1890年版。
② 又名幸德秋水事件、幸德大逆事件，指的是1910年日本社会主义者和无政府主义者计划暗杀明治天皇，后来被捕起诉的事件。

的评价，但终归偏离了作为叛乱领袖的大盐中斋和作为阳明学者的中斋的本来面貌。

笔者认为，要认识《洗心洞札记》中表达出的大盐中斋的立场与思想，既不能脱离文本恣意解释，也不能寻章摘句拘泥于个别的伦理德目，而应从其思想内涵及其思想渊源、以及生成的历史背景出发，并且抱有客观且包容的心态去观察和分析。

一、《洗心洞札记》主要构成内容和思想特色

（一）儒学语境下的"太虚"

思想史的考察，既需要后退一步，从思潮流变中打量对象的地位，也需要上前一步，"身处此山"，关照具体的思想内涵。而体现大盐中斋思想核心的著作——《洗心洞札记》的关键概念，就是"太虚"。

如前所述，自中江藤树、熊泽蕃山、三轮执斋之后，日本阳明学研究一度不振，大盐中斋的《洗心洞札记》再次宣扬阳明学，并开陈"良知、太虚"之哲学。

"太虚"这一概念，上可追溯至道家。自北宋张载以来，也为儒学者作为一个关键概念所使用。儒学语境下的"太虚"或"空、虚"，很难简单概括其意义。而从大盐中斋编纂的《儒门空虚聚语》可知，他所谓太虚，应是说明概念而非实体概念。犹如无云之晴空，除心之外再无他物。大盐应该是为了说明这个道理，才援引了"空"与"虚"。作为《札记》姊妹篇的《儒门空虚聚语》，正是将先儒所用的空、虚、太虚等词语用例收集编纂的一部编纂书，体例虽然为注疏，实际却是要为自说的真理性张目。如中斋在《儒门空虚聚语》上卷自记中开章名义说："空空，孔子自言心也。屡空，孔子独称颜子之心同乎太虚也。……故以空空、屡空及心归太虚之经语，至于上卷，诸儒之注疏解释各序列焉。"既明确了旗帜，也确定了方法。

《札记》第一条中就说：

> 天不特在上苍苍太虚已也。虽石间虚，竹中虚，亦天也。况老子所云谷神乎。谷神者，人心也。故人心之妙与天同，于圣人可验矣。常人则失虚，焉足语之哉。

这里的"天"不再是东亚普遍存在的拜天思想中的"天"，而有一种空间化的意味。宇宙一切的空间都是天，人体内部的空间自然也是天，故人心应与太虚相通。这个逻辑今天看来无论是物理上还是哲学上都未免有附会之嫌，不过如果把它当作一种象征说法，则

有着重要意义。这就如同新儒学对抗视山河大地如幻影的佛教，成功恢复了世界的实体性。"躯壳外之虚，便是天也。天者，吾心也。心葆含万有。"①

大盐中斋主张心之本体、太虚、空间三位一体，倡导理气合一说，认为心外无理，心外无事，明德之大不在心外；理是先天的，气在其中，气是后天的，理在其中，理与气是一而二、二而一。朱谦之曾评价大盐中斋的"太虚"概念是"虚无主义"②，但大盐中斋并不否认客观世界的存在，而认为宇宙万物是由气所凝结或生出来的。他在阐述太虚之理时，还流露出一些辩证思维的因素，他通过顺逆、安危、聚散、醒睡、生灭、善恶等比较概念，来阐明事物变化的原理。

他说："水，孰令流之哉。石，孰令坚之哉。山，孰令峙之哉。海，孰令潮之哉。云雨，孰令翕张之哉。日月，孰令往来之哉。视而不见，听而不闻，一言以蔽之，太虚之德。"③可知，在大盐中斋意识里，太虚不同于释道的观念，而是让万事万物活动变化成为可能的、具有现实作用的"实"。这是站在儒学立场上的阐释，即是对致良知论的新解释，也是将宇宙本体性质的太虚说，转换成了实践论、修养论的命题。于是，太虚说就与致良知论结合了起来。

（二）归太虚论与致良知论的结合

中斋在《儒门空虚聚语》上卷经语第一则"子曰：吾有知乎哉，无知也。有鄙夫问于我，空空如也。我叩其两端而竭焉"的注疏中，第一条就是用的张载之语："横渠张子曰，有不知则有知，无不知则无知。是以鄙夫有问，仲尼叩两端而空空，易无思无为，受命乃如响。"中斋对客观世界的认识继承了张载"太虚"的内涵——太虚是世界万有之本体的基础上，又作了进一步的扩大深化，认为身体所见皆虚，此虚大而为太虚，小而为方寸，彼此相通，太虚即存在于我方寸之中，我方寸即包太虚。而"身之所以为身，以有方寸之虚也，如无其虚，则不灵而死矣"①。身可灭而太虚万古不灭。太虚不仅是宇宙一切活动之根本原因，也是人的心灵精神和社会伦理道德规范的本体性存在。

大盐中斋承认自己的太虚说同张载的《正蒙》有关联，但与王守仁的"致良知"说关系更加密切，进而强调"致良知"是"抵达

---

① 《洗心洞札记》，《日本思想大系：佐藤一斋 大盐中斋》（第46册）第567页。

② 朱谦之编著：《日本的古学及阳明学》，人民出版社2000年版，第344页。

③ 《洗心洞札记》，《日本思想大系：佐藤一斋 大盐中斋》（第46册）第579页。

④ 《洗心洞札记》，《日本思想大系：佐藤一斋 大盐中斋》（第46册），第579页。

太虚之路"：

> 曰，吾太虚之说，自致良知来，而不自《正蒙》来矣。然不能逃于《正蒙》。学徒如信吾曰不能逃于《正蒙》，只读《正蒙》知太虚之说，则亦特解其言语而已，而必不能归乎太虚也。故致良知，其臻焉之道乎。[①]

可见，"醉翁之意"不在张载，而在王阳明——"阳明王子曰，夫子之知，不识不知。有鄙夫来问，其心之空空而已，未尝先有知识以应之……可见鄙夫之良知，即夫子之良知，非有二也"。这就回到了《洗心洞札记》的重要纲领上来，"人欲"会阻塞原本与天（太虚）相通的内心，需要去除它而归其本，是所谓"归太虚"。他举了一系列例子来阐释这个道理：一个壶中有空虚，但这只是有限的空虚。只有打破该壶，有限的空虚才能成为无限的空间，即连续到太虚上，"万古不灭"[②]。挡在唾壶空间与太虚之间的外皮，就是人的"私欲"，而想要去除"私欲"，就要"致良知"。

中斋相信实践主体存在良知，这种确信即所谓"悟"。只有在这个前提下，通过自主修行而不是借助他力（如净土念佛）完善自身才可能实现。他的伦理学说建筑在"道即太虚"的唯心主义论断之上，认为学而归乎太虚，也就尽了人事，强调良知是太虚之灵，因而想心归太虚就应当致良知。而当这个实践出现障碍，并不是内在的"良知"出现问题，其实就如同树叶遮挡月光但并不亏损月体一般，是"良知之障于气质"，因此必须"变化气质"，才能让良知"照彻于外"[③]。

在这里，整个逻辑确立起来，人通过变化气质，将良知照在外面（即致良知），从而归于太虚。尽管大盐中斋反复强调归太虚与致良知是二而一的，但依然有着原理与实践的层次之别。

毫无疑问，大盐中斋继承了王阳明将自己的致良知论与张载的太虚论相结合的基本立场，但是他进一步加深了对这一立场的理解，最终提出了归太虚论，并使其与致良知论完全结合了起来。毋庸置疑，这一过程中，也有着继承自中江藤树和熊泽蕃山的太虚论。太虚论发展到大盐中斋，已经不再是宇宙论的概念，而是通过与阳明学的接轨，成了有着很强实践论、修养论特点的概念。这一点也是日本阳明学同东亚阳明学所不同的特征。

---

① 《洗心洞札记》，《日本思想大系：佐藤一斋 大盐中斋》（第46册），第571页。
② 《洗心洞札记》，《日本思想大系：佐藤一斋 大盐中斋》（第46册），第578页。
③ 《洗心洞札记》，《日本思想大系：佐藤一斋 大盐中斋》（第46册），第576页。

二、《洗心洞札记》在东亚儒学中的定位

要更全面地理解大盐中斋思想，还要厘清一个问题，即在东亚汉文化圈的，儒学发展史上，《洗心洞札记》处于怎样的位置、应该如何定位。

儒学肇始于春秋时代。取代商朝的周朝，出现了普遍的理性态度倾向。商朝重鬼神，周朝重人道。周代以祭祖为核心的礼制，是孔子"孝"的伦理内涵的一个源泉。而且他更进一步，"子不语怪力乱神"，这种思想是革命性的，代表的是一种新兴的理性态度。先秦儒学在这样的理性态度的影响下，并没有试图用一个理论体系去解释宇宙万物的生成与运行原理的冲动。"修齐平治"的现世而理性的人生目标，奠定了儒学"修己·治人"两焦点的椭圆形思维构造。至董仲舒"罢黜百家"后，该理念成了国家意识形态。但随后，印度的佛教思想传入中原，并在几个世纪之内传遍东亚，其上自宇宙本体论和生成论、下至遁世苦修的生活伦理，都对既有的儒学思想产生了巨大冲击。与佛教思想的对抗，在唐朝有韩愈，在宋有周敦颐、张载、二程等的"理学"上承儒家经典，讲仁与心性，又讲格物穷理。后二程兄弟的"洛学"由朱熹发扬光大，在福建创出闽学，成为居正统之位的程朱理学。这时候的儒学已经与先秦儒学的理性主义精神有了极大差异，开始进行寻找普遍真理、绝对真理的尝试，即用所谓"理气"二元来解释物质和精神世界。陆九渊则受程颢影响，并引述孟子而开出心学一派，并与朱熹的理论产生了剧烈冲突，进行了多次辩论。朱熹理学的中心命题是"性即理"，陆九渊心学的中心命题是"心即理"，朱熹肯定事物不是在人的主观意识之中，而"理"是事物存在的根据，他断言"理"是第一性的，而心却是后有的。陆九渊则认为，事物的理本在人心之中，"万物森然于方寸之间"，因此心是第一性的，"理"离不开心的。明朝中叶，王阳明承陆九渊而阐发心学，创立致良知之"阳明学"，集心学之大成。可以说，阳明学是对抗朱子学背景下竖立的儒学思想。

阳明学传至日本，这一基本性格依然存在。最初的日本阳明学者，如中江藤树、熊泽蕃山等人，也都是最初研习朱子学，后逐渐对朱子学产生怀疑，进而将大陆的陆王心学介绍到日本。十七世纪朱子学派、阳明学派、古学派、古文辞学派并立，一定意义上来讲，就是针对朱陆之争不同立场的表现。至18世纪，荻生徂徕一派声名日盛，令奉"朱子学"为官学的幕府甚为忌惮。幕府老中松平定信于宽政二年（1790）发布"异学之禁"，将幕府文教中心的圣堂改为官学，规定在圣堂只讲授朱子学（正学），不得讲授其他学派（异学）之学说。幕府任官只采用接受朱子学教育者，同时任

命当时的朱子学者柴野栗山、冈田寒泉（后来由古贺精里取代）、尾藤二洲①为幕府儒官，这三人被称为"宽政三博士"。宽政九年（1797），又设幕府直属的昌平坂学问所（昌平黉），正式成为朱子学的正统教学中心。而异学之禁的思想背景，其实就是17世纪清朝初期大肆非难阳明学的陆陇其。而大盐中斋在《洗心洞札记》屡屡诘难的，正是陆陇其一派的修己论。《札记或问》中说："举尧、舜及伊洛诸君子等于首，置性理字义于腹，贬陆王于尾杜撰臆断之怪陋"，即可知，札记看似是没有统一性的读书志，其实用意周到。批判陆陇其，实质上是剑指酿成"宽政异学之禁"的宽政三博士。因此，《洗心洞札记》不单是大盐中斋个人开悟得道的表白，也是朱陆论争的延伸。

彼时阳明学式微已久，大盐中斋可谓日本阳明学再次继承和发扬的关键人物。长州藩士吉田松阴评价《洗心洞札记》"可取而观之"；萨摩藩的西乡隆盛也曾私藏被幕府定为禁书的《洗心洞札记》。其后倒幕维新派重新借大盐中斋张目，无论出于何种目的，阳明学最终能传至明治，虽与其作为下层武士挑战幕府权威的事迹关系密切，然而更为重要的是，无论他在学理上的传承，还是其对抗林家朱子学天命论、名分论的性格，都是《洗心洞札记》能够流传至近代的重要因素。

三、大盐中斋阳明学的学术特点与历史意义

大盐中斋著述的一个典型特征，与古学派做法一脉相通，即跳过朱子，而在孔孟先儒经典中寻找真理。中斋不像之前的阳明学者曾经有过"由朱入王"的精神斗争经历，他对朱子学并没有表现出特别的反感，只是不认同朱子末学者流"知而不行""以知代行"而已。不过，古学派的价值观和方法论，已经成了对抗朱子学的有效武器，中斋也受到其巨大的影响。这种方法，可说是日本阳明学的一大特征。

大盐著述的另外一个特点在于，无论是经语注疏，还是诸儒论说，乃至在《洗心洞札记》中更具主体性的阐发和批判，都限于中国，并没有援引日本学者的论述。这一特征在其他阳明学者的著作中也不罕见。即大家各自为政，彼此之间或有书信往来，学术思想上却无疏通勾连，更谈不上师承门序，自然也就不存在一

①尾藤二洲，名孝肇，字志伊，号二洲，宇摩郡川之江市人。日本江户时代著名学者，潜心于朱子学研究，著有《正学指导》《素餐录》等。与柴田栗山（1736—1807），古贺精里（1750—1817）并称"宽政三博士"。

个实体的流派和系谱。大家所共有的，无非是古学背景下的文本。阳明学派更像是一个后人想象出来的共同体——无论是出于学术研究分类的便宜，还是借用王阳明的名号而另有所图。这么说，并非要否认日本阳明学的存在与影响，我们应当明白，当那些在后人看来具有划时代意义的历史瞬间，或者思想史上具有里程碑意义的事件发生时，它的当事人未必有那么明晰的文化意识和历史使命感。

大盐中斋关于哲学思想的继承与发展，如《洗心洞札记》书名一般，属于读书笔记性质的作品。虽然大盐在其中有所安排，内容并没有因为"笔记"而琐碎，然而从内容上看，并没有开创与突破。其余几部，基本属于训诂注疏类型。苛刻点说，单纯从狭义的思想学术层面上来讲，是"有所继承、无甚发展"。

然而值得关注的是，如果将日本儒学者的书与中韩儒学相关的书籍作对比，会发现前者往往缺乏体系。但是，从善意的角度看待这一特征的话，这恰恰是先秦古典儒学的理性主义传统与朱子学"本体论"性质理论的矛盾。而日本的阳明学者，无论是大盐中斋，还是近江圣人中江藤树，他们著述的特点，都是对这一理性主义的继承与实践。他们无意去创造一个新的哲学原型，而是基于自己的理解去付诸行动。知行合一本身也是一种认识论，说"此花美丽"时，意识到"美丽"本身即是行动。而大盐中斋则在知行合一基础上，更进到"言行一致"的境界，为民请命乃至揭竿而起。王阳明虽然反对统治者所倡的程朱理学，但其并不认同底层民众的斗争，更无可能领袖起义。而大盐中斋却是平民起义的急先锋。这几乎是中国阳明学与日本阳明学之间最明显的分歧。在这一实践意义上来讲，大盐中斋对阳明学的"有所"继承，就具有了主体性和创造性，并非"无甚发展"。

对大盐之乱的评价，历来褒贬不一。江户幕府以及后人的评价，大多倾向于主张大盐之乱是反幕行为，甚至认为其与之后的倒幕维新运动一脉相承。比如，有动贤造认为大盐之乱具有反幕色彩，《檄文》中的尊王复古思想为幕末勤王倒幕运动提供了思想性刺激。堀江英一认为这是尊攘历史上维新主体势力最初的武装叛乱。高畑常信认为大盐之乱理论上的攻击目标是最高政治主体——德川幕府。远山茂树指出《檄文》中的王政复古思想值得注意。村上义光与中漱寿一认为《檄文》体现了对幕政的批判、尊王、社会变革的思想。而研究百姓起义的青木虹二则高度评价了举兵的进步性意义，认为大盐之乱具有推动幕藩体制崩溃的里程碑意义，是对权力的最初一击。

而另一方面，有不少学者认为大盐的举兵目的并非反抗幕府，而是改革陷入危机的幕藩体制。如冈本一良认为大盐举兵的目的虽然是拯救贫困民众，但是其真正的意图并非解放封建农民，更非对抗幕府。森田康夫认为大盐举兵是促使幕府以仁政为中心改革幕藩体制的试金石。森田健司认为大盐之乱是大盐向江户幕府谏言性质的叛乱。

另外，关于大盐举兵的思想性原因，在先行研究中，被关注最多的是大盐所信奉的阳明学中的"万物一体之仁"思想。例如井上哲次郎、高畑常信、崔在穆等学者都从这一视角，分析了大盐举兵的思想性原因。其次，有些学者认为大盐举兵的思想性原因可以追溯到阳明学与其他思想的融合。例如，冈本良一与大桥健二都认为阳明学中的"万物一体之仁"思想与天道思想、血统关系（即大盐先祖今川氏与德川家的因缘）是大盐举兵的思想性原因。小岛毅认为大盐举兵的两个思想性要素为：一、"义"；二、主张知行合一，事上磨炼的阳明学思想。荻生茂博认为大盐举兵的思想性原因可以追溯到其朱王折中的思想。森田健司则主张大盐举兵是阳明学与武士道产生化学反应的结果，具体为阳明学的知行合一思想与武士的荣誉感、自立心的结合。

如上所述，大部分先行研究从大盐举兵实际产生的历史影响这一角度出发，把大盐举兵定性为倒幕行动。诚然，从历史学角度出发，大盐举兵的确在事实上对其后的倒幕运动起到了推波助澜的作用，但若就此断定其本身就是一场倒幕运动未免过于片面。如永田广志就指出，大盐之乱的社会意义，与其儒学思想并没有特殊的内在联系，毋宁说"环境与性格"在其中造成的影响更大。而将一次"反贪官不反皇帝"的暴动，上升到"民权"层面，则无视了大盐的武士身份以及他举兵前的多次净谏举动。或者是为张目故，有意"扯虎皮做大旗"。"民权"概念，并非为民请命这么浅薄——尽管做到这一点已非不易——它涉及平等、契约、法治等多方面因素。从古人言行中寻找有益成分无可厚非，但是轻易将某种成分与近代意识画等号，则未免草率，也经不起推敲。但是，大盐中斋之乱打破了幕府统治的沉闷，让民众意识到挑战反动统治的可能，幕府权威自此一落千丈，微妙的统治平衡遭到破坏。这无疑是日本近世转入近代关键时期的一件影响深远的大事。

究竟将大盐中斋理解为反封建的革命家，还是尊王攘夷的先驱者，大盐平八郎之乱是为民请命的担当，还是虚妄的殉道，往往是后人的恣意。但这同时也侧面证明了大盐中斋自身具备着一种强烈的放射性，其"知行合一"的观念，与"言行一致"的举动，具有毋庸置疑的说服力和感染力，时隔多年依然能够给不同立场的人提供着精神动力。

四、小结

大盐中斋作为实践主体、通过对良知的确信，完成了"修己、治人"的儒学使命，最终归于"太虚"。不过，正如佐藤一斋指出的，如何避免错将"我"视为太虚，进而陷入自我中心式的英雄主义的危险，中斋在《洗心洞札记》里并没有明确的立场。例如西乡隆盛在"征韩论"矛盾上，确有其执着、勇猛和担当，但其却不合正义公理。其"随缘开示"般的打比方，很多内容在今天看来也粗鄙浅薄如"鸡汤文"。现代市民社会也是在法的前提下彼此确认基本人权、同时担负社会义务。作为大盐中斋人性观大前提的"性善说"，其实也是一种先验的本质论。从这一意义上讲，我们与大盐中斋的世界已经相去甚远。他所主张的伦理德目和社会立场，恐怕已经不合时宜。但是，如陈寅恪在冯友兰《中国哲学史》审查报告里说过的："其对于古人之学说，应具了解之同情，方可下笔。盖古人著书立说，皆有所为而发。故其所处之环境，所受之背景，非完全明了，则其学说不易评论。而古代哲学家去今数千年，其时代之真相，极难推知。吾人今日可依据之材料，仅为当时所遗存最小之一部，欲借此残余断片，以窥测其全部结构，必须具备艺术家欣赏古代绘画雕刻之眼光及精神，然后古人立说之用意与对象，始可以真了解。所谓真了解者，必神游冥想，与立说之古人，处于同一境界，而对于其持论所以不得不如是之苦心孤诣，表一种之同情，始能批评其学说之是非得失，而无隔阂肤廓之论。"因此，如何在当今社会里理解、评价大盐中斋彼时在《洗心洞札记》里开示的、以"太虚"为关键词的所谓阳明学的世界，如何做到既判明又包容，从人类固有的无限可能性的发挥的角度理解"性善论"和"太虚说"，则是留给我们的重要课题。

与其他日本阳明学者相比，大盐中斋算不得著作等身。大盐平八郎之乱也不具备法国市民革命的性质。然而，"纸上得来终觉浅"，"知"终归不可以代"行"，王阳明本人平乱、治边、救贫、扬善，用实际行动阐释着"知行合一"。当绝大多数日本儒学者甚至包括阳明学者只是沉浸在书本文章中时，只有大盐中斋贯彻了阳明学最根本的意义——也是相对于宋明理学最宝贵的意义，如前文中提到的那样，他以生命为代价，实践了自己主张的"知行合一"。大盐中斋极具现实意义的实践论思想，有着闪烁人道主义光辉的伟大人格，是日本乃至东亚历史上独树一帜的存在，直至今日依然不曾断绝。

大盐中斋生平年表

时间	年龄（岁）	经历及著述	相关事件
1793 年	1	生于大阪天满。父敬高，母某氏。	2 月，佐藤一斋入江户，投大学头林信敬门下，始以儒为业。时年 22。 司马江汉《地球全图略说》刊行。
1799 年	7	5 月，父敬高去世，葬于天满成正寺。	赖山阳随叔父杏坪东游，求学昌平黉。时年 18。
1800 年	8	7 月，弟忠之丞去世。9 月，母去世。之后仰赖祖父母抚养。	贺茂真渊《歌意考》刊行。
1805 年	14	任与力见习。	
1807 年	16	读家谱、立志赢取功名、光耀门楣。是所谓《寄一斋佐藤氏书》"志有三变"之一。	谕俄国使节、准许通商。始于对马受朝鲜使节。
1808 年	17	师从柴田勘兵卫学习佐分利流枪术，又学中岛流炮术。	沙俄犯虾夷。 上田秋成完成《胆大小心录》。
1811 年	20	于日常工作中感受到要治人之罪，需先治己病。其手段就是读书穷理，变功名气节之志为儒学经术。志再变。	关东大地震。 四月松平定信辞职。
1815 年	24	读吕坤《呻吟语》，感叹之余注意到其内涵源自姚江。变袭取外求之志为功乎心性，开始关注阳明心学，重续良知之学。志三变。	大槻玄泽完成《兰学凡论》。 杉田玄白完成《兰学事始》。 清船泊于下田。
1817 年	25	开洗心洞塾。	春三月光格天皇让位。太子受禅，为仁孝天皇。海保青陵去世。
1818 年	26	6 月，祖父政之丞去世。 纳般若寺庄屋桥本忠兵卫养女寻（ひろ）为妻、嫁后改名为夕（ゆう）。夕性情温良贞淑而有学艺，时人感叹先生事业一半仰赖其内助之力。	平田笃胤《古史成文》刊行。
1819 年	27	近藤重藏任大阪弓奉行，其后与大盐结为挚友。	畿内近国地震。

（接上表）

1820 年	28	得大阪东奉行高井山城守知遇之恩，目安役改吟味役。	山片蟠桃作《梦之代》。高桥作左卫门著《增订满文辑韵》。
1823 年	31	于篠崎小竹设宴上初遇赖山阳之母梅枝。梅枝听众人赞叹大盐廉能，席上做咏扇诗一首赠与大盐。	东本愿寺大火。
1824 年	32	3 月，因篠崎小竹介绍与赖山阳相识，后交往甚密。8 月赖山阳过大盐宅，访洗心洞。	英船寇萨摩。
1825 年	33	写就《洗心洞盟誓八条》《学堂东揭》《学堂西揭》。	幕府颁布《驱逐夷国船只令》。会泽正志斋作《新论》。平田笃胤作《古史传·神代部》。
1826 年	34	患肺炎，病甚重，请求辞职未被允许。将西田家的格之助收为养子。	
1827 年	35	受高井山城守之命，搜捕天主教邪宗门。被称为大盐中斋与力在职中的三大功绩之一。	赖山阳呈《日本外史》于松平定信。青地林宗刊行《气海观澜》。
1828 年	36	7 月，祖母西田氏去世。大盐先后任吟味役、盗贼役、唐物役。起草王阳明三百年祭《祭文》。	7 月，东海、北国、西国洪水。11 月，越后地震。赖山阳作《日本乐府》。
1829 年	37	查处弓削新右卫门案。创三大功绩之二。	江户大火。佐藤一斋《爱日楼文诗》刊行。
1830 年	38	查处破戒僧案。完成三大功绩。7 月，高井山城守称病辞职。大盐中斋与之共进退，亦辞职。号连斋。养子格之助继任与力。9 月，访尾张宗家大盐氏。赖山阳作《送序》为其壮行。写《招隐诗》。	水户藩主齐昭开始藩政改革。
1831 年	39	专于洗心洞讲学，定学则、学名、读书目录。是年接济林大学头家计，林氏厚谢之。	
1832 年	40	赖山阳来访，与大盐中斋把酒言欢。将《古本大学刮目》请赖山阳过目，并请作序。将连斋之号改为中斋。访近江国小川村之藤树书院遗迹。	9 月，赖山阳去世。

（接上表）

1833 年	41	7月，从门人建议，赴骏州将部分《札记》收于富士山石室，并赴伊势献书至宫崎、林崎两文库。 9月，于藤树书院讲学，听者甚众。 完成《寄一斋佐藤氏书》。 4月，于家塾刊刻《洗心洞札记》2册。 12月，于家塾刊刻《儒门空虚聚语》2册。（一说此书刊刻于次年初）	赖山阳《山阳诗钞》刊行。
1834 年	42	派门人白井茨田将《儒门空虚聚语》献于伊势两文库。 受宇治山田有志之邀，于林崎书院讲学，听者百余人。 11月，于家塾刊刻《洗心洞学名学则并答人论学书》。	
1835 年	43	是年小田原侯任幕阁首班，有志于新政。据传曾召大盐中斋问政事。 此前儒者古贺小次郎曾向请教对策，大盐作《真知圣道实践》寄之。 2月，刊刻《增补〈孝经〉汇注》。 4月，将《札记》《聚语》公之于世，并刊刻《札记附录抄》。	幕府鼓励诸大名向江户、大阪运米。
1836 年	44	因茶白山一心寺案，天满与力多被牵连，大盐出于谨慎，暂停文武修习。 9月，令门人于洗心洞研习武技、炮术，秘密准备火药、枪炮。 11月，大阪饥馑。大盐通过格之助建议奉行发动富商救济灾民，被拒。 12月，作《檄文》。一说《檄文》作于次年正月。	孙大盐弓太郎诞生。 全国饥馑。奥羽地区死者逾10万。
1837 年	45	1月，大盐与门人于洗心洞歃血为盟。 2月2日，将全部藏书卖于五书堂以为赈恤之资。 6、7、8三日间将钱财施于万人，却遭奉行干涉。 7日，与妻儿离别。 17日，夜将举兵之檄文散于摄津、河内、和泉、播磨一带。 19日，大盐率门人举兵，后军民从者八百余人。半日后被镇压。 3月27日，大盐于油挂町美吉屋五郎兵卫处自焚身亡。	德川家庆继将军位。

参考文献

杨光主编:《王阳明全集》(全十六册),北京燕山出版社2007年版。

朱谦之编著:《日本的古学及阳明学》,人民出版社2000年版。

邓红:《日本的阳明学与中国研究》,广西师范大学出版社2018年版。

崔在穆:《东亚阳明学的展开》,钱明译,台大出版中心2011年版。

戴瑞坤:《阳明学说对日本之影响》,(台北)中国文化大学出版部1981年版。

张崑将:《德川日本儒学思想的特质:神道、徂徕学与阳明学》,台大出版中心2007年版。

陈来、张昭炜主编:《阳明学文献与思想》,中国社会科学出版社2019年版。

井上哲次郎、蟹江義丸共編:《日本倫理彙編1—3》,東京育成會1901年版。

相良亨、溝口雄三、福永光司校注:《日本思想大系:佐藤一斎大塩中斎》(第46册),岩波書店1980年版。

石崎東国:《中斎大塩先生年譜》,大鐙閣1920年版。

幸田成友:《大塩中斎》,創元社1943年版。

中瀬寿一、村上義光編著:《民衆史料が語る大塩事件》,晃洋書房1990年版。

大塩中斎著,下中芳岳譯:《通俗洗心洞箚記》,東京內外出版协會1913年版。

大塩中斎著,吉川延太郎譯註:《洗心洞箚記》,三田村高治刊行1939年版。

总跋

2013年本人在日访学期间，为调研日本阳明学的生成轨迹，前往日本阳明学创始人中江藤树的家乡滋贺县高岛市，参访了"近江圣人中江藤树纪念馆"、挂有光格天皇1796年亲赐"德本堂"堂匾的藤树书院以及日本阳明园，真切感受到了阳明心学文化在日本经久不衰的影响力和日本阳明学的特色，萌生了将"原汁原味"的日本阳明学介绍到我国的想法。后与国际中江藤树思想学会合作在北京大学举办"阳明学与东亚文化"学术研讨会（2014年12月），又受邀参加贵州阳明文化研究院举办的"阳明文化与社会主义核心价值观"高端学术论坛（2015年1月），进一步认识到译注日本阳明学原著对于中国学界深化研究阳明学普世价值和时代意义的必要性，确立了进行"日本阳明学家经典著作译注与研究"课题的基本构想。随之在贵州师范大学的领导和该校社科处的支持下进行课题设计、论证和组建团队，申报了2015年国家社科基金重点项目，于当年6月成功获批立项（项目批准号：15AZX011）。可以说，没有这一课题的立项，就没有这套《日本阳明学家经典著作译注与研究丛书》，因此我们首先要向为这一课题的构思、设计、选材、论证及成功申报给予诸多支持和帮助的时任贵州师范大学副校长的徐晓光教授，贵州阳明文化研究院院长郭齐勇教授、常务副院长韩卉教授，日本中江藤树纪念馆馆长中江彰先生，国际中江藤树思想学会常务副会长海村惟一教授，贵州师范大学刘齐文教授，北京大学潘钧教授等表示由衷的谢意。

这套丛书是在上述国家重点课题结项成果的基础上编辑而成的。课题的目标是对日本近世6位著名阳明学家的7部原著进行中文译注，对著者的生平和该著的成书经纬、思想内容及其价值意义进行专题研究，可称是一项集文本译注与思想研究为一体的综合性、多单元的大课题。其翻译任务之艰巨、注释工作之庞杂、研究难点之繁多、校勘和统稿之耗力，在中国日本学翻译与研究史上也属罕见。也正因如此，本课题从立项开题，确定课题组成员对应6个单元的任务分工开始作业，到完成课题结项，及至编辑成丛书出版，共耗时7年之久。

7年来，课题组成员以完成课题任务为使命，在中外有关专家、学者的支持和指导下，围绕课题的宗旨和目标、翻译的原则和文体、注释的范围和体例、研究的路径方法和内容创新等，先后召开了规模不等的研讨会十数次，集思广益解决译注和研究过程中的问题，公开发表学术论文11篇。为提高译注和研究的水平和质量，在兢兢业业进行艰苦汉译作业的同时，多方求教于阳明学研究专家，"恶补"中日阳明学有关理论知识，广泛借鉴前人的研究成果，潜心研究作家作品和竭力撰写"思想评述"。没有这样一支日文功底深厚、汉译经验丰富、学术思想活跃、内聚力强和敬业务实的学术团队，要完成如此艰巨的课题是不可想象的。这一课题凝聚了每位成员的智慧和汗水。我作为课题主持人，在此谨向课题组全体成员致谢并道一声辛苦。他们是：担任第一辑《中江藤树〈翁问答〉译注与研究》译著的北京邮电大学日本文化研究所所长左汉卿副教授；担任第二辑《熊泽蕃山〈集义和书〉译注与研究》译著的贵州师范大学讲师张凌云博士、严薇老师以及负责审定的刘齐文教授；担任第三辑上卷《三重松庵〈王学名义〉译注与研究》译著的贵州师范大学刘静讲师、担任第三辑中卷《三轮执斋〈日用心法〉〈四句教讲义〉译注与研究》译著的贵州师范大学潘琳静讲师、担任第三辑下卷《佐藤一斋〈言志录〉译注与研究》译著的外交学院日语教研室主任代红光博士；担任第四辑《大盐中斋〈洗心洞札记〉译注与研究》译著的北京邮电大学日语专业负责人李凡荣博士。

当然，本课题之所以能够顺利完成和出版，必须感谢众多中日有关专家、学者的热情支持、多方指导和帮助。他们是：在开题活动中为课题开展出谋划策的贵州师范大学社科处处长杨斌教授、贵州大学王晓梅教授、浙江工商大学李国栋教授等，在课题研究中惠予我们诸多启迪和指导的时任中华日本哲学会会长的王青教授、北京大学魏长海教授、浙江省社会科学院钱明研究员和吴光研究员、复旦大学吴震教授、南开大学刘岳兵教授、山东大学邢永凤教授、日本国际基督教大学小岛康敬教授、日本帝京大学安达义弘教授等，对课题稿件进行审阅和指教的贵州省社会科学院王路平研究员、贵州师范大学娄贵书教授、海南大学金山教授、中国科学院诸葛蔚东教授、宁波社科院陈礼权研究员、广岛大学客座讲师杨刚博士等，谨记于此，一并表示衷心的谢忱和敬意。

本丛书得以作为"阳明文库"系列之一出版，有赖于贵州日报当代融媒集团和孔学堂书局的青睐和鼎力支持。在此谨向为策划、组织丛书出版殚精竭虑的张发贤副总编辑，向为丛书文稿的编辑、校对付出辛勤劳动和智慧的编辑们致以诚挚的感谢！

我们深知，日本阳明学是思想史上一个奇特的现象，日本近世阳学家著作是其集中体现，能否完成好其经典著作的译注与研究任务，对于我们这个多出身于日本语言文化专业的课题组而言，无疑是非常艰巨的挑战。所以尽管我们磨砺7年，尽了最大努力，但肯

定会有不少力所不逮乃至错谬之处，敬请读者和学界同仁不吝批评
和指正。

课题主持人·丛书主编刘金才谨识

2022 年 10 月 16 日于北京